# 地方

## （第 一 辑）

主　　办：中国人民大学国家发展与战略研究院
编辑部地址：北京中关村大街 59 号明德主楼 9 层
邮　　编：100872
电子邮箱：localchina@localchina.net

主　　编：仝志辉
副 主 编：孙　龙　高　原
本辑执行主编：仝志辉
本辑顾问：陈锡文　温铁军　张晓山
编　　辑：张　琦　刘　闯　廖睿力　陈淑龙

**图书在版编目(CIP)数据**

地方：农民综合合作．第一辑/仝志辉主编．—北京：中国社会科学出版社，2017.10
ISBN 978-7-5203-1867-9

Ⅰ.①地…　Ⅱ.①仝…　Ⅲ.①农村合作经济—研究—中国　Ⅳ.①F325.12

中国版本图书馆 CIP 数据核字(2017)第 320805 号

| | | |
|---|---|---|
| 出 版 人 | 赵剑英 | |
| 责任编辑 | 王　茵　马　明 | |
| 责任校对 | 任晓晓 | |
| 责任印制 | 王　超 | |

| | |
|---|---|
| 出　　版 | 中国社会科学出版社 |
| 社　　址 | 北京鼓楼西大街甲 158 号 |
| 邮　　编 | 100720 |
| 网　　址 | http://www.csspw.cn |
| 发 行 部 | 010-84083685 |
| 门 市 部 | 010-84029450 |
| 经　　销 | 新华书店及其他书店 |

| | |
|---|---|
| 印刷装订 | 北京君升印刷有限公司 |
| 版　　次 | 2017 年 10 月第 1 版 |
| 印　　次 | 2017 年 10 月第 1 次印刷 |

| | |
|---|---|
| 开　　本 | 787×1092　1/16 |
| 印　　张 | 18 |
| 字　　数 | 332 千字 |
| 定　　价 | 76.00 元 |

凡购买中国社会科学出版社图书，如有质量问题请与本社营销中心联系调换
电话:010-84083683

# 《地方》发刊词

仝志辉

　　中国革命和发展的脉络使我们关注地方。从晚清、民国到中华人民共和国，各路仁人志士胸怀建设现代国家的中国愿景，从地方起步。从晚清、民国到中华人民共和国，地方的各种努力最终塑造出"中国"这个我们共同的信仰。从地方理解中国将看到更加真实、复杂的中国。在历史中言说中国呈现更加厚重、生动的中国。基于中国关怀、从地方理解中国是《地方》的视角。

　　中国思想和道路的复杂机制使我们关注地方。一百多年间，各界精英和各种组织为了中国而争辩。中国因这种从地方到中国的思想论争而丰富，也因从地方到中国的征程而厚重和伟大。中国共产党从诞生的第一天起，不懈求解新的革命道路和国家建设方案，艰苦锻造新的国家基石和发展方向。本刊以理解中国共产党的奋斗和新中国发展历程为主体，回望、沉潜和前瞻，真切理解中国命运、中国道路和中国经验。中国已然存在，只是我们的思考依然贫弱，中国革命和中国道路已然伟大，只是我们还缺乏新的概念和表达。

　　地方不是一个纯粹的空间概念，它意味着更加复杂的思想和实践过程。我们期许的新的思想和概念离不开大量处理地方档案、基层生活史资料、口述资料，但是我们并不是区域社会研究的平台。我们更为看重的是提出新的具有普遍分析能力的概念和新的脉络。我们希望刊物能够展现对理解中国问题和一般性人类问题具有潜力的知识创造。我们理解具体的经验和思想，并不追求统合、统一。因此，本刊刊发文章的体裁不限，但表达的明晰和有力是我们所要求和期待的。

　　因这一使命的神圣，我们内心充满敬畏；因这一工作的不易，我们以每天的劳作奉献。《地方》是开放的，希望将它最大限度地做成同道者切磋问学的平台。刊物是公共的，这个学术公共平台的旨向和能量需要作者和编者来共同创造。

　　一直以来，我们希望有一个研究中国的严肃和有力的学术平台。我们正在申请

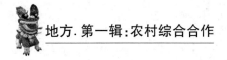

成立中国人民大学地方治理研究中心，希望将来由它来主办这个刊物。实际上，目前的主编、副主编都是这个中心未来的研究人员。本刊第一辑的出版得到了国家首批高端智库中国人民大学国家发展与战略研究院的资助，在此郑重表示对研究院的感谢！

本刊为半年刊，自第一辑起已经试行匿名审稿，第二辑起全面实行。每辑设立执行主编，由编辑或邀请作者任分栏目主持人。出版周期为半年一辑。敬请学界同仁和广大读者多加支持。

# 目　录

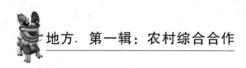

# 中国农民合作体系构建与供销社综合改革

主持人：刘　闯

# 中国农民合作组织体系的构建：
# 基本理念与主要原则

许欣欣[*]

**摘要**：法团主义理论对于探讨构建农民合作组织体系、破解"三农"困境极具启发意义。法团主义理念应该成为中国农民合作组织体系构建的基本理念，相应地，构建还注重建立制度化的利益沟通机制，履行行业代表、行业协调和行业服务职能，坚持合作制以确保农民主体地位和民主控制，并使其具有特别法人地位，在运作模式上，以综合性为主、专业性为辅。

**关键词**：农民合作组织体系　法团主义　行业协会　特别法人

近年来，随着国家市场经济体制改革的不断深化，提高农民组织化程度以应对分散小农对接大市场困境的呼声越来越高。2015 年《中共中央、国务院关于深化供销合作社综合改革的决定》（后文简称"中央 11 号文件"）的发布，更是加快了各地借机构建中国农民合作组织体系的实践，如浙江省委、省政府牵头在全省范围内构建的"农民合作经济组织联合会"体系的实践，以及河北省供销合作社邀请学者参与在内丘县与涉县四个乡镇推行的"新农村综合发展合作协会"实践。[①]

然而，在构建中国农民组织化体系时究竟应该秉持什么样的基本理念并遵循什么样的主要原则，学术界似乎尚无共识，也缺乏理论上的深入探讨。鉴于此，本文拟在这方面做些尝试。下面将分别从结构、功能、性质、法律地位及运作模式方面逐一进行探讨。

---

[*]　许欣欣，中国社会科学院社会学研究所研究员。

[①]　许欣欣：《2015 年：中国农民组织化进程报告》，载李培林等主编《2016 年中国社会形势与预测》，社会科学文献出版社 2015 年版，第 305—318 页。

# 一 在结构上，应秉持法团主义理念

## ——建立制度化的利益沟通机制

法团主义（corporatism），又称"合作主义""统合主义""社团主义"，是一种发端于欧洲大陆的有着悠久历史文化背景的政治理论思潮。宏观而言，法团主义讨论的是一种政治文化和体制类型，特指社会不同部分之间所形成的制度化关系，其重心在集团行为和体制的关系，而不是个人行为或非制度性关系。[1]

关于法团主义的定义，目前最为学者普遍接受的是西方著名学者斯密特于20世纪70年代所做的经典定义，即，法团主义作为一个利益代表系统，是一个特指的观念、模式或制度安排类型，其作用是将公民社会中的组织化利益结合到国家的决策结构中。[2] 具体而言，"这个利益代表系统由一些组织化的功能单位所构成，它们被组合进一个有明确责任（义务）的、数量限定的、非竞争性的、有层级秩序的、功能分化的结构安排之中。这些功能单位得到国家的认可（如果不是由国家建立的话），它们被授予本领域内的绝对代表地位，作为交换，它们在需求表达、领袖选择以及组织支持等方面受到国家的相对控制"[3]。

从上述界定中可以看出，法团主义关注的核心问题是，社会不同利益如何得到有序的集中、传输、协调和组织，并用各方同意的方式进入国家体制，以便使决策过程有序地吸收各方面的社会需求，将社会冲突降低到不损害秩序的限度。为此，法团主义主张建立一种"法团主义结构"。其基于的假定是，在多元主义政制下，自由竞争导致了利益团体权力的不均衡，一部分团体有反映利益的优先渠道，而其他团体却没有。这种参与机会的不平等反映了不同利益团体动员和行动能力的差异，因而对某些团体是不公平的，它可能将一部分弱势群体的利益排除在社会整合之外，这个缺陷需要通过制度化的体制安排来加以解决。[4]

法团主义认为，当代社会由于利益分化而出现的种种问题和冲突，不是个体自

---

① Schmitter, Pilippe C., "Still the Century of Corporatism?", in P. C. Schmitter and G. Lehmbruch (ed.), *Trends Toward Corporatist Intermediation* (Beverly Hills: Sage, 1979), p. 9.

② Ibid. .

③ Ibid., p. 13.

④ Henley, Andrew & Euclid Tsakalotos, *Corporatism and Economic Performance*: *A Comparative Analysis of Market Economics* (Edward Elgar Publishing Limited, 1993), p. 14.

由不足，而是组织化的不足造成的。鉴于"阶级"在现代社会的逐渐消解，通过阶级将利益集中起来影响决策的做法已经不现实，法团主义主张通过行业或职业化的功能团体将社会上分化的利益"组织"到体制可控的轨道上，从而改变压力集团自由竞争的"多元"格局。① 法团主义的应对方案是：第一，以行业（或职业）为基础组建利益团体，垄断利益代表资格，将原先同行业内的多个利益团体整合进新的层级秩序；第二，行业团体内部实行自我管理；第三，在行业团体和国家之间建立起制度化的沟通渠道，行业团体向国家提供咨询，提出利益诉求；国家也对行业团体进行管制。这样，法团主义就解决了多元主义利益表达的弊端：通过利益表达的制度化，使每一种利益都有了平等有效的表达机制；国家的独立和权威也保障了基本的公共利益。

近年来，法团主义在中国的影响力不断增加，其中一个重要的原因就是因为中国的政制模式与权力结构被认为与法团主义存在相似之处，或曰有内在的亲近性。学者康晓光甚至预言，中国未来的发展很可能要采取"分步走"策略，即首先在经济领域完成市场化，紧接着在社会领域完成自治化，最后在政治领域完成民主化。在这一过程中，国家与社会的关系也将经历从"国家法团主义"向"社会法团主义"② 的转变。③

从根本上讲，法团主义处理的是一个经过权力结构分化、充满冲突、需要协调整合的社会结构，今天的中国社会恰恰就形成了这种利益高度分化的格局。从现实来看，中国正处于史无前例的社会转型时期，30 多年的改革开放使中国社会发生了重大的变化，这种变化表现在社会结构上，就是多种不同利益主体的出现。在过去的改革中，中国建立了市场经济的基本制度框架，并在市场经济体制的推动下，实现了经济的快速增长。然而与此同时，理应与市场经济相配套的种种利益均衡机制却没有相应地建立起来，从而导致社会利益格局的严重失衡以及由于利益格局失衡引发的各种社会矛盾大量出现。目前，作为中国最大弱势群体的农民的利益表达

① Cawson, Alan, "Varieties of Corporatism: the Importance of the Meco‐level of Interest Intermediation", in A. Cawson (ed.), *Organized Interests and the State: Studies in Meco‐Corporatism* (Sage Publications Inc, 1985), p. 19.

② 根据政府与社会力量对比的差异，法团主义可分为两种不同类型："国家法团主义"和"社会法团主义"。二者的根本不同在于：主导权力在国家和社会组织间的分布不同，以及利益团体的组建方式不同。前者代表一种自上而下的组织关系，在其中，国家的作用是主要的；后者则代表一种自下而上的组织关系，在其中，社会力量为主导。

③ 王威海：《西方合作主义理论述评》，《上海经济研究》2007 年第 3 期。

问题尤为突出，因为他们既无制度化的利益表达渠道，也无制度化的为自己争取利益的方式。"三农"问题成为中国社会的一个顽症，与农民在利益追求能力上的弱势是联系在一起的。中共十七大报告肯定了人民群众的利益表达权，然而这样的表达权必须通过一系列的机制才能建立起来。对农民而言，形成这个机制的一个重要前提条件，就是构建一个能够代表并上传全体弱势农民利益的组织体系。

在这方面，法团主义为我们提供了很好的思路。如前所述，法团主义认为，当代社会由于利益分化而出现的种种问题和冲突，不是个体自由不足而是组织化的不足造成的。因此，应以行业或职业化的功能团体为基础，将分化的社会利益有序地"组织"起来，进入体制可控的轨道，通过利益表达的制度化，使每一种利益都拥有平等的表达机制，从而改变强势集团自由竞争的多元格局，形成各种力量大体均衡的社会结构与和谐一致的社会秩序。

显然，法团主义理论对于探讨中国构建和谐社会、构建农民合作组织体系、破解"三农"困境极具启发意义。首先，法团主义注重社会的整合、秩序和稳定，强调利益团体的作用与执行公共任务的责任，这与当前中国维护社会稳定、构建和谐社会的政治主张高度契合；其次，法团主义强调结构安排的作用，主张在国家层次上以组织化的行业性（或职业性）功能团体为单元对社会力量进行整合，构建有序的利益表达、利益聚合、利益传输及利益配置机制，避免因过度竞争造成"强者全得"的有失公允的利益格局，这对处于转型期的中国打造均衡的利益结构、重建社会秩序具有重大借鉴意义；最后，法团主义强调在中观层次上以现代利益代表制处理日益增长的利益分化现象时，行业（或职业）团体的体制设计应遵循有国家参与、代表权垄断、数量限制、分层处理、共容互赖的基本原则，这为我们创建一个纵贯全国的农民合作组织体系提供了明确的指导原则。

放眼世界，虽然在宏观层次上能够长期保持法团主义利益协调机制的国家还比较有限，但在中观层次上，即具体行业领域组织化方式上的法团主义机制，则在所多有。尤其在具有弱质性的农业领域，几乎所有发达国家的农业部门都存在着法团主义的组织方式与机制，即便是法团主义程度最低的美国也是如此。[1] 中国的东亚近邻——日本与韩国的农协体系，更堪称成功体现这种法团主义机制的典范。[2]

---

[1] 袁柏顺、刘敏军：《经济问题非政治化——西方新合作主义的政治特色》，《孝感学院学报》2001年第2期。

[2] 许欣欣：《秉持法团主义理念 构建中国农协体系——以日韩经验为借鉴》，《江苏社会科学》2013年第6期。

## 二　在功能上，应秉持行业协会理念
### ——履行行业代表、行业协调、行业服务职能

从上面的论述中不难看出，在法团主义的制度设计里，利益团体是行业式的。"行业（功能团体）统合力量"被认为是新法团主义的理论框架，它把行业（功能部门）视为连接决策、掌握利益、促进整合的基本单位。①

在政治文明和市场经济条件下的利益分配，不能再完全仰仗政府的行政手段，而要在一个政治文明的制度框架内，通过各利益主体的博弈来实现。因此在现代社会中，必然存在着主要是为促进利益表达而形成的社会组织，行业协会正是这种社会组织的典型形式。行业协会的产生和发展是社会化生产和市场经济发展的要求，也是社会对个体经济活动约束的需要。在现代市场经济体系中，由行业协会行使行业管理职能，已成为一种符合国际惯例、普遍有效的制度安排。正如日本经济学家青木昌彦所言："随着交易范围的扩大，当交易具有非人格化特征时，包括协会在内的第三方治理机制的出现就成为必然。"②

行业协会的英文一般是"Trade Association"。虽然行业协会已在人类文明史上存续了1000多年，但其定义至今仍缺乏公认的规范表述。例如，美国《经济学百科全书》的定义是："行业协会是一些为达到共同目标而自愿组织起来的同行或商人的团体"；在英国，关于行业协会的较为普适的定义是："由独立的经营单位组成，用以保护和促进全体成员既定利益的非营利组织"。③尽管莫衷一是，却不难归纳出行业协会的若干共性：行业协会是一个利益共同体，强调自愿基础上的自治、自律和自我维权。

行业协会作为一种重要的社会组织和特殊的市场机制，主要协调会员企业之间以及产业链条中的各种关系，在政府和企业之间发挥桥梁纽带作用，为建立市场秩序、提升行业整体利益提供服务。从性质上讲，行业协会具有市场性、行业性、会

---

① Cawson, Alan, "Varieties of Corporatism: the Importance of the Meco – level of Interest Intermediation", in A. Cawson (ed.), *Organized Interests and the State: Studies in Meco – Corporatism* (Sage Publications Inc, 1985), p. 19.

② 汤蕴懿：《行业协会组织与制度》，上海交通大学出版社2009年版，第9页。

③ 王名：《社会组织论纲》，社会科学文献出版社2013年版，第136页。

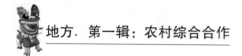
员性、非营利性、非政府性和互益性。①

由于行业协会在有效配置市场资源方面具有天然的优势，因而被视为应对"市场失灵"与"政府失灵"的"第三条道路"。概括而言，现代行业协会的职能主要分为三大类：行业代表、行业协调、行业服务。②

行业协会的代表职能，是指当行业协会作为行业利益的整体代表者出现时，主要面向三个对象：一是政府，包括各级政府和不同的政府部门；二是市场，包括国内市场和国际市场；三是社会，包括其他社会团体利益和社会公共利益。此时，行业协会一般具有明显的经济利益价值导向，为了维护会员的共同经济利益，往往会采取统一的行动与政府部门、其他利益集团或者社会群体进行沟通、谈判、博弈甚至对抗。所采取的方法包括代表会员进行反倾销、反垄断、反补贴调查或向政府提出调查申请；代表会员参加与本行业相关的政府决策论证，提出政策、立法建议；等等。

行业协会的协调职能，是指当行业协会作为行业内部秩序的协调者出现的时候，主要面对的是协会内部的会员企业。所要处理的问题包括部分企业破坏正常的市场竞争秩序（如恶性价格竞争）、大企业和小企业之间的利益冲突、行业整体的社会信誉度下降（如假冒伪劣、污染环境）等。这时的行业协会一般会以维护行业的正常秩序和长远利益为目标，根据协会章程采取相应的行动，包括采取统一的行业自律行动、制定行业技术标准、制订统一的行业发展规划、规范会员的市场行为、协调会员之间的利益冲突、维护公平竞争秩序等。

行业协会的服务职能一般通过以下活动实现：为成员提供企业管理及法律咨询服务；举办论坛，开展经验交流；进行有关资质评定，促进、提高成员业务水平和社会声誉；发放原产地证书，提高成员产品市场竞争力；提供培训服务；举办各种展会，推介相关产品和技术成果，帮助成员开辟新的市场；提供行业范围内的公共物品；等等。

根据各国的法律特征、文化背景和国情，通常将国外行业协会的运行体制分为：大陆模式、英美模式和混合模式。③ 大陆模式往往具有较强的行政色彩，并采取一地（市）一会制度；英美模式最大的特点是自治，且数量众多，一地（市）

① 贾西津、沈恒超、胡文安等：《转型时期的行业协会》，社会科学文献出版社2004年版，第11页。
② 孙春苗：《中国行业协会——中国行业协会失灵研究》，中国社会出版社2010年版，第3—4页。
③ 汤蕴懿：《行业协会组织与制度》，上海交通大学出版社2009年版，第70页。

多会；混合模式也称"东方模式"，以亚洲国家和地区为主。这种模式兼有大陆模式和英美模式的特点，既强调行业协会的独立自主地位，又受到政府的引导和监督，行业协会与政府之间有稳定的沟通渠道和合作关系。

综上所述，不难看出，现代行业协会不仅具有经济功能和政治功能，而且还有积极的社会功能，如同社会润滑剂一样，使得企业与政府和社会的沟通、对话变得容易，许多矛盾得以在协商中解决，一种更可靠、更长久的社会信任机制得以产生，社会结构由此变得更加合理，社会运行更加平稳、有序。

相较于工商领域的行业协会，农业领域的行业协会出现得比较晚，到19世纪下半叶，方才陆续出现各种类型的农业行业协会。第二次世界大战后，农业行业协会得到较快的发展，特别是20世纪90年代后，随着经济全球化进程的加快，发达国家普遍加大了对农业行业协会的支持力度，更加重视和发挥其在农产品国际贸易谈判和解决贸易争端中的参谋和助手作用。①

农业行业协会的英文名称多为 Agricultural Cooperative Federation 或 Federation of Farmers。例如韩国农协的全称为韩国农业协同组合，其英文译名为 National Agricultural Cooperative Federation。从发达国家情况看，农业行业协会普遍存在着一些与工商领域行业协会不同的特点：第一，不同于工商领域以企业为基本单元的行业协会，农业领域的行业协会大都以农业合作社为基本单元而构成；第二，现代社会以来，各国农业行业协会大都得到政府的扶持，因为农业不是一个纯粹开放的市场领域，而是一个关系国计民生、关系国家战略的领域；第三，由于农业行业协会的构成单元是以人为本的非营利性的农民合作组织，不是以资本为核心的营利性工商企业，仅靠收会费无法维持运转，因此，农业行业协会普遍兼有业务经营职能。

在中国，随着经济体制从计划经济向市场经济的转轨，随着经济全球化的推进和加入 WTO 后的发展需求，农业行业协会开始萌生。时至今日，全国已有国家级农产品行业协会40家、省级400多家、市级2000多家、县级1万多家。这些协会在提高农业社会化服务水平、开拓市场、增强农产品竞争力等方面发挥了一些积极作用。但是，与国外发达国家相比，中国农业行业协会的功能与作用可谓相形见绌，正如一些学者概括的那样：第一是缺乏行业代表性。因为中国农业行业协会多为官办型，主要是政府部门转制而成，颇似"二政府"。虽有一些市场自发型协会，但也通常是由一个或几个大公司或专业大户牵头组建，其成员以经营规模为门

---

① 梁田庚等：《中国农产品行业协会发展研究》，中国农业出版社2009年版，第11页。

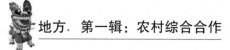

槛，广大小农户根本无缘加盟。第二是缺乏独立性。官办型协会的领导多是兼职或退居二线的政府官员，所以协会名义上是社会团体，实际上有编制、有经费，对政府依赖性很强，离开政府支持便寸步难行；而市场自发型协会则往往由发起者组建、控制和提供经费，通常就是为其服务，离开这些发起者，协会便难以生存。第三是缺乏权威性。许多协会面临生存困境，只是致力于搞评比、拉赞助，提供的服务多与成员需求相悖。第四是缺乏吸引力与凝聚力。协会多以提供技术和信息为主，普遍缺乏品牌建设、共同开拓市场、行业代表、行业协调与行业自律等功能。第五是运作不规范。协会的组织结构及其运作制度很不完善，与保护农民利益、切实为农民服务等应具备的要求差距甚远。①

不可否认，中国农业行业协会上述特征的形成，与政府的导向直接相关。虽然改革开放以来，特别是中国加入 WTO 以来，政府一直鼓励发展农业行业协会，但更多强调的却是协会对政府的辅助和对国有企业利益的保护作用，而忽略了协会的生命之源是为行业内所有成员提供服务，忽略了行业协会所必须具备的行业利益代表职能，忽略了随着市场经济体制的推行，农民已经成为商品经济的生产者与经营者，发展农业行业协会不能将广大农民排除在外的重要现实。因此，才形成了国外发达国家 90% 以上甚至 100% 农民参加农业行业协会，而中国不到 20% 的鲜明对比；形成了中国农业行业协会基本背离其宗旨，功能不到位、服务不到位，既无代表性又无权威性的尴尬现状。不言而喻，要使农业行业协会真正发挥其应有的功能和作用，首先必须保证构成其生命之源的全行业农业人加盟其中。在这方面，日本与韩国农协的经验很值得重视。②

## 三　在性质上，必须坚持合作制原则
### ——确保农民的主体地位与民主控制权

如前所述，不同于工商领域以企业为基本单元的行业协会，农业领域的行业协会大都以农业合作社为基本单元而构成，因此，中国农民合作组织体系的构建，无疑应以合作社为基础，并以合作制为基本原则。

所谓合作社，1995 年国际合作社联盟成立 100 周年代表大会《关于合作社界

---

①　梁田庚等：《中国农产品行业协会发展研究》，中国农业出版社 2009 年版，第 70—71 页。
②　许欣欣：《秉持行业协会理念 构建中国农民合作组织体系》，《云梦学刊》2014 年第 6 期。

定的声明》定义："合作社是自愿联合起来的人们通过联合所有与民主控制的企业来满足他们共同的经济、社会与文化的需求与抱负的自治联合体。"

中国著名合作社研究专家唐宗焜曾对这一定义进行过详细剖析："这个合作社的定义告诉我们：合作社是什么样的组织？——是一个'自治联合体'。谁的自治联合体？——是'自愿联合起来的人们'的自治联合体。他们联合起来干什么？——他们自愿联合起来的目的是'满足他们共同的经济、社会与文化的需求与抱负'。怎样才能实现他们联合的目的？——实现他们联合目的的途径是'通过联合所有与民主控制的企业'。"①

合作社以怎样的制度保证满足社员的需求呢？靠的是合作社制度赖以形成的合作社价值和合作社原则。国际合作社联盟《关于合作社界定的声明》将合作社原则概括为七项。第一项原则："自愿与开放的社员资格"；第二项原则："民主的社员控制"；第三项原则："社员经济参与"；第四项原则："自治与独立"；第五项原则："教育、培训与告知"；第六项原则："合作社之间的合作"；第七项原则："关注社区"。合作社的七项原则是一个有机联系的整体，不能彼此孤立地去对待。特别是前三项原则，即自愿与开放的社员资格原则、民主的社员控制原则和社员经济参与原则，是全部合作社原则的核心。

合作社的定义与原则不是谁发明的，更不是书斋里能够炮制出来的，它是世界上出现合作社200多年来特别是世界上第一个成功的合作社诞生170余年来世界各国合作社实践的历史经验的结晶。1994年5月到圣诞节前夕，英国为罗契戴尔公平先锋社诞辰150周年举行了历时半年之久的隆重庆祝。翻开世界经济史，还没有任何一家其他类型的企业的华诞能够成为举国同庆、世界共贺的盛大庆典。根本原因就在于它创造了一种新的制度，这就是既能增进众多成员的经济、社会、文化权益，又能在市场经济的竞争环境中生存和发展的"合作社制度"。这种制度能够使广大人民特别是生活在社会底层的人们获得实实在在的而不是空想的经济、社会权力，从而改善他们的经济、社会地位。②

然而令人遗憾的是，迄今为止，"合作社"这个名词对于大多数中国人来说，还是既熟悉又陌生。熟悉的是，大家都知道20世纪50年代中国在全国范围内实现了对农业、手工业以至个体商业的"合作化"，普遍建立了"合作社"。陌生的是，

---

① 唐宗焜：《合作社真谛》，知识产权出版社2012年版，第21页。

② 同上。

大家不了解通过这样的"合作化"建立起来的"合作社"以及随后演变成的人民公社其实在本质上是与合作制南辕北辙的集体经济组织；不了解世界上已经积170余年成功经验的合作社究竟是怎样的组织；不了解什么是合作社、什么不是合作社；不了解合作社和集体经济组织有怎样的区别，为什么两者不可混淆；也不了解合作社的生存和发展需要怎样的生态环境，特别是政府对合作社应该做什么，不应该做什么。以致至今还有人在倡导恢复农村的集体经济。因此，必须在此澄清集体制与合作制的混淆。

在中国，集体制和合作制的混淆根深蒂固，几乎自集体经济产生之日起，集体制和合作制就混为一谈。其实，合作制和集体制是两种有着原则性区别的制度。[①]

首先，从所有制结构看，合作社承认和确保社员个人的所有者权益，并由社员通过民主程序联合控制合作社的资本。合作社由社员出资，入社者入股出资是取得社员资格的基本条件。合作社的"社员联合所有"在财产关系上根本区别于集体制的所谓"集体所有"或"共同所有"。集体所有制经济组织取消和否定个人的所有者权益。在财产权利上，它的原则是合并，而不是合作。

其次，从法人治理结构看，合作社是社员控制的自治组织。"社员控制"是合作社的法人治理概念，比"民主管理"概念要广泛、深刻得多。集体制显然没有这样的法人治理机制。

再次，从组织目标看，合作社的唯一宗旨是为社员服务。它们必须为社员去营利，而不是以社员为营利对象。所以，合作社是将人置于首位的企业形态，是以人为本的企业形态。集体经济组织则相反，它使个人依附于集体，而集体依附于行政权力。

最后，从收益分配制度看，合作社的盈余是属于社员的权益，受社员支配，由社员大会决定其分配，对社员实行惠顾返还原则。然而，集体所有制由于否定个人的所有者权益，其盈余和税后利润当然也就不向个人返还，由此形成的"公共积累"归主体不明确的"集体"所有，成为所有者虚置的权益，因而很容易被外部机构或掌权者凭借行政权力肆意侵占。

从发展上看，合作社是市场经济特有的产物。市场经济中的基本经济活动是市场交易，人们在市场交易中能否实现自己的利益，取决于他们在市场上有没有谈判的权力。正如曾任国际合作社联盟主席的沃特金斯所说："合作社联合的初始目的

---

① 唐宗焜：《合作社真谛》，知识产权出版社 2012 年版，第 216—217 页。

是获得权力。无论哪种合作社，都是产生和拥有经济权力的机制，这种经济权力是它们的社员作为个人几乎不可能得到的。在市场经济中，这种权力的最简单的形式就是谈判权力，而联合就可以作为买者或卖者来行使这种权力。"①

中国始于 20 世纪 80 年代的农村改革，本质上是农民权力复归的过程。然而，本应持续的农村制度改革却在 90 年代停滞不前，致使这个刚刚开始的农民权力复归过程未能继续推进。时至今日，中国的经济体制市场化改革已将农民卷入了市场经济的漩涡，但是广大农民在进入市场时却仍处于无组织的分散状态，再加上长期以来对农村和农民根深蒂固的种种政策歧视，这就犹如让赤手空拳的个体农民去同全副武装的有组织的对手博弈，交易双方处在完全不对等的谈判地位。国际经验证明，合作社正是改变这种状况的有效组织形式。中国近邻日本与韩国在政府主导下构建农民合作组织体系并获得成功的实践更充分证明了这一点。② 因此，以合作制为原则构建中国农民合作组织体系必须尽快提上日程。

## 四　在法律上，应享有特别法人地位
### ——兼具合作社、行业协会与职业协会属性

如前所述，法团主义结构不仅是对利益团体的要求，同时也是对国家治理方式的要求。在当代社会，与国家的关系是利益团体权力的一个重要来源，利益团体不一定全靠选举或表达利益来换取成员的支持，它们也可以从国家授权的地位获得支持。立法是国家授权的最高体现。现代文明的一项重要共识是，既要防止权力侵犯穷人利益，也要防止托克维尔所说的"多数的暴政"。因此，以合作社为基础建造的农民合作组织体系的权力必须在国家法律框架内施行，要使得这种权力既具备足够的权威，又不致被滥用。

2006 年，《中华人民共和国农民专业合作社法》（以下简称《农民专业合作社法》）颁布并于 2007 年 7 月 1 日正式实施。这是国家向农民合作组织的最高授权。

---

①　唐宗焜：《合作社真谛》，知识产权出版社 2012 年版，第 13 页。

②　从根本性质上看，日、韩农协都坚持了合作制原则。虽然在创立时期，两国农协都是在政府主导下以"国家法团主义"方式从上至下建构起来的，带有一定的强制性；但是当农协发展到一定阶段后，合作制原则便开始成为主导。国际合作社联盟《关于合作社界定的声明》确立的合作社的七项原则在两国农协的实践中均逐渐成为指导原则。特别是其在吸收非农户加盟时，为确保农民利益不受损而采取了区分"正成员"与"准成员"的办法，通过对加入农协的非农户准成员权利予以限制（主要是投票权限制），有效地保证了农民"正成员"在农协中的民主控制权和主体地位。

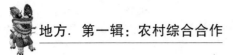

然而时至今日，9 年多时间过去了，中国农村加入农民专业合作社（且不论合作社的真伪）的农户也只占全国总农户的 30% 左右，以合作社为基础构建的能够代表全体农民利益的纵贯全国的农民合作组织体系更是无处觅踪。究其原因，一方面在于国家颁布的《农民专业合作社法》中没有关于构建合作社联合组织体系的相关规定——授权有限；另一方面，则在于《中华人民共和国民法通则》（以下简称《民法通则》）中只规定了机关法人、事业单位法人、企业法人和社团法人 4 种法人类型。按照规定，农民专业合作社属于在政府工商部门注册的企业法人，以农民合作社为基础组建的联盟性行业协会属于社会团体，则应该在政府民政部门注册。这样的法律规定显然极大地制约了农民合作社的发展、壮大，以及其对广大农户的凝聚力和吸引力，从而制约了农民合作组织体系发育成长的空间，阻碍了农民组织化程度提高的进程。

其实，早在 1924 年，美国农业经济学家布莱克便在其研究中列举了 16 个基层合作社无法圆满解决的问题，如质量控制、生产的标准化、调整生产以适应消费、控制消费以适应生产、监测、分级、金融、消除污染型废料等。因此他指出，要关注农业一体化问题，因为在农业营销领域提高效率的最大机会蕴藏在纵向一体化的路径中。[①]

近几十年发达国家的实践已经证明，布莱克提出的纵向一体化方式基本上反映了农业经济发展的客观规律。20 世纪 50 年代后半期，在高度社会分工基础上，农业与其产前、产后部门通过经济上、组织上的结合，形成了一种被称为现代大农业或纵向一体化的农业经营形式。面对经济全球化咄咄逼人的态势，各国农业合作社都在进行合并和扩张，以应对挑战。中国近邻日本和韩国正是看到了这一点，于是针对其小农国家的特征采取了"国家法团主义"的方式，由政府主导从上至下推进其农业合作组织体系的建构。通过颁布《农业协同组合法》（农业合作社法），授予基层农业合作社、地方农业合作社联合会〔包括地方中央会（日本）〕、全国农业合作社中央会〔包括全国联合会（日本）〕"特别法人"地位，实行政府农业部门认可制（无须注册），可享有国家一系列的优惠政策，同时配合国家相关农业政策贯彻执行。正是由于整个农业合作组织体系都得到了国家授予的"特别法人"地位，有效地加快了两国城乡差距和全社会贫富差距的缩小，并在相当程度上促成

---

① 张晓山、苑鹏：《合作经济理论与中国农民合作社的实践》，首都经济贸易大学出版社 2010 年版，第 47 页。

了两国经济在 20 世纪 70 年代和 80 年代的腾飞，日本和韩国农协成为世界上公认的小农国家中最为成功的农业组织形式。

值得庆幸的是，在中国"三农"困境近乎无解的时候，日、韩两国农协的成功经验终于引起了最高当局的关注。2015 年 3 月 23 日，"中央 11 号文件"公开发布，明确指出了在新形势下将供销合作社打造成具有"中国特色为农服务的综合性组织"的紧迫性和重要性。强调供销合作社在综合改革中必须把服务"三农"作为"立身之本、生存之基"，切实做到"为农、务农、姓农"。同时，要利用其"扎根农村、贴近农民，组织体系比较完整，经营网络比较健全，服务功能比较完备"的条件，"成为与农民联结更紧密、为农服务功能更完备、市场化运行更高效的合作经济组织体系"，"成为党和政府密切联系农民群众的桥梁纽带"。为此，要"抓紧制定供销合作社条例"，并"适时启动供销合作社法立法工作"，"确立供销合作社的特定法律地位"。①

"中央 11 号文件"无疑吹响了构建中国农民合作组织体系的进军号。然而，其关于"适时启动供销合作社法立法工作"与"确立供销合作社的特定法律地位"的提法则未免令人质疑。

首先是关于供销合作社立法问题。其实，从功能上讲，供销合作社属于专司流通之职的营销型专业合作社——姑且不论其是否是货真价实的合作社。但是，随着"中央 11 号文件"明确指出供销合作社可以组建合作银行并将承担构建农村合作金融体系的职责时，其专业性质便不复存在，俨然已变成综合性的合作组织。既如此，仍沿用"供销"之名显然名不副实。因此，即便立法，也不能再以《中华人民共和国供销合作社法》冠名。更何况，中国已经有了一部农民专业合作社法。综观世界各国，大都只有一部农业合作社法（"专门法"），或一部适用于工业合作社、城市合作社、农业合作社、住房合作社等所有合作社的合作社法（"基本法"）。同时制定这样两部合作社法的国家也有，如日本。但迄今为止，似乎尚无一个国家为两类"专业"合作社订立专门法，中国大无必要开此先河。考虑到供销合作社的特殊性，为其制定一部供销合作社条例足矣。

其次是关于确立供销合作社特定法律地位问题。"中央 11 号文件"中关于"确立供销合作社的特定法律地位"的提出，显然是中国《民法通则》只规定了机关法人、事业单位法人、企业法人和社团法人这 4 种法人类型所致。但是，这一提

---

① 《中共中央国务院关于深化供销合作社综合改革的决定》（中发〔2015〕11 号），2015 年 3 月 23 日。

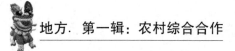

法却导致了许多不必要的困惑与质疑。因为，在日本和韩国，农业合作社以及在其基础上构建的整个农协组织体系，都是享有特定法律地位的"特别法人"（实行政府农业部门认可制）。如果在中国，给予"要办成以农民为基础的合作经济组织"的供销合作社特定法律地位，却不给真正由农民自己创办的合作社组织以特定法律地位，显然于情于理都说不过去。

从现实情况看，虽然目前中国农民专业合作社依法应在工商部门登记注册，但实际上已有许多地方的农民合作组织基于农民的实际需要以及其业务范围的扩大而选择在民政部门以社团法人的形式登记注册。2015 年，浙江省委、省政府牵头在全省范围内创建的"农民合作经济组织联合会"，以及河北省供销合作社在 4 个乡镇基层社改革试点中推行的"新农村综合发展合作协会"，也都是在当地政府民政部门注册的社团法人。之所以如此，纯属无奈。因为前者以农民合作组织为基本构成单元，而后者本身就是基本单元，只是由于功能超出了现行《农民专业合作社法》规定的单一领域而不得已为之。正因此，浙江省委、省政府声称将致力于推动相关立法。①

其实，真正需要给予特定法律地位的应该是以合作社为基础构建的农民合作组织体系。这不仅因为合作社是弱者的组织，不仅因为农民是中国最大的弱势群体，也不仅因为农业是天然的弱质性产业，而且因为在性质上，中国的农民合作组织体系必须兼具行业协会与职业协会的属性。之所以如此，首先是因为中国至今没有代表农民利益的职业团体——农会。其次则在于以合作社为基础构建的农民合作组织体系完全可以行使农民利益代表的职能。因为在 30 多年的市场经济体制改革中，中国农民已经从计划经济时代的纯粹生产者转变为集生产者、所有者、经营者于一身的现代农民。构建农业行业协会的基本单元不同于一般行业协会——不是以资本为核心的工商企业，而是以人为本的合作社，构成合作社的基本单元是以家庭为经营单位的小农户。在工商领域，除了代表行业利益的行业协会外，还需要分别代表资方利益的职业团体——"企业家协会"和代表劳动者利益的职业团体——"工会"。在农业领域，既然农民已经集生产者、所有者、经营者于一体，则无须再做如此细分。

鉴于"中央 11 号文件"中将"姓农"作为供销合作社综合改革的目标，那

① 许欣欣：《2015 年：中国农民组织化进程报告》，载李培林等主编《2016 年中国社会形势与预测》，社会科学文献出版社 2015 年版，第 305—318 页。

么，将来拟"适时启动"的"供销合作社立法"自当与农同姓。农者，农民、农业、农村是也。世界上，小农国家中农民合作组织发展良好且赢得国际公认的国家基本上都设立农业合作社法，例如日本和韩国，其农协法都是农业合作社法①，它们的成功经验无疑值得我们借鉴。虽然全国人民代表大会有关机构正在修订的《农民专业合作社法》中拟增加有关联合社的章节，但由专业合作社组成的联合社充其量不过是规模更大的合作社而已，实质未变。

因此，应尽快启动中国农业合作社法的立法工作，在这部法中，可以仿照日本和韩国，将有利于满足广大农民经济、社会、文化需求与抱负的合作社，以及在其基础上构建的地区及全国性农业行业协会集于一体，授予其特别法人地位。即将综合型农业合作社（以地域为界）、专业型农业合作社，以及兼具行业整合功能和利益代表功能的各种农业合作社联合会、中央会等统统囊括其中，分别设置章节。待时机成熟时，废止现行《农民专业合作社法》。

## 五　在运作模式上，应坚持以综合性为主、以专业性为辅的原则

国外成功经验表明，农业合作组织体系的发展必须以农民需要为前提。在发达国家，农民经由各类合作社组织起来，共同成为地区或全国联合会成员。从类型上看，欧美等大农、中农国家的农业合作社和农业行业协会多以专业性为主、以综合性为辅，而日、韩等小农国家则以综合性为主、以专业性为辅，但不论哪种运作模式，其农民参与率都在90%以上，有些达到了100%，许多农民甚至参加了两个以上合作社或联合会。之所以有这样高的参与率，显然与这些国家的农业合作组织体系很好地满足了农民经济、社会、文化的需求与抱负直接相关。

反观中国，从2006年颁布的《农民专业合作社法》看，真正具有合法地位的农民合作社是"专业"性的合作社；从2002年修订的《中华人民共和国农业法》和政府有关政策看，国家倡导的农业行业协会是"专业"性的农产品行业协会。然而时至今日，中国即便是专业合作社（姑且不论真伪）发展最快的省份其农民参与率也不过30%左右，加盟农产品行业协会的农民更是不及20%。相比当年农

---

①　在日本和韩国，"农协"实际上是"农业协同组合"的简称，而农业协同组合其实就是农业合作社，其英译名为 Agricultural Cooperative。

村家庭联产承包制推出不到两年即在全国 98% 以上地区实施的速度，这样的发展令人汗颜。这说明，局限于"专业"领域的农民合作社无法满足广大农民的多样化需求，因而无法吸引广大农民积极加入。显然，以"专业"合作社为基本单元构建农民合作组织体系的思路需要调整。

确切地说，专业性农业合作组织与综合性农业合作组织最根本的区别在于农村合作金融服务体系的"单立"与"嵌入"。因为现代市场经济中，金融已成为经济增长的重要约束条件，对于资金极度稀缺的农村尤其如此。然而在发展中国家一直存在着一个具有普适性的难题——无论在何种意识形态和政治体制条件下，只要面对高度分散的小农经济，市场化的商业金融都难以提供普遍服务。正规金融机构之所以疏远农村特别是小农，不是因为农民没有信用，而是因为无法掌握农民的信用与信息，为规避风险而不得不为之。

在欧美等以专业性农业合作组织为主的"大农"或"中农"国家，农场主信用较易掌握，因此其农村合作金融体系普遍独立于各类农业合作组织体系之外，自成一体，属于"单立"模式。而在日、韩等以小农经济为主的国家，则在政府支持下采取了将金融业务"嵌入"农民合作组织体系之中的做法，利用村落集居之熟人社会的有效半径，将社区合作与金融合作相结合，成功地破解了小农信用不易掌握的难题，从而为履行农协的各项职能并满足广大农民经济、社会与文化的需求与抱负创造了足够的资金保障，不仅率领广大小农走出了小生产低水平、低效益循环的怪圈，而且有效地缩小了贫富差距和城乡差距，完成了传统社会向现代社会的转型。

其实，日、韩在农村合作金融体系构建上也曾走过一段弯路。1900 年的日本《产业组合法》曾明令禁止信用组合（信用合作社）兼营其他，因而导致资金不能有效地运用到农业经营上去，这一致命弱点直到 1947 年《农业协同组合法》颁布后才得以纠正。韩国 1956 年颁布《农业协同组合法》时，也不允许农协开展金融业务，而将农村金融事业交由农业银行负责。结果，由于农业银行的商业化倾向严重，致使农协在与其他商业机构的竞争中受到极大限制。鉴于此，韩国政府于 1961 年颁布了新的农协法，将农业银行并入农协使其成为内嵌于农协的信贷部门。此后，韩国农协的发展才蒸蒸日上。[①]

日本与韩国的成功经验以小农经营为主且在村落集居的农村社会形态下，以综

---

① 许欣欣：《中国农民组织化与韩国经验》，社会科学文献出版社 2010 年版，第 338 页。

合性农民合作社为基本单元，并在此基础上构建起综合性的农民合作组织体系，将专业性合作组织纳入其中。这样以综合性农民合作组织为主、以专业性农民合作组织为辅的合作组织体系可以更有效地满足农民经济、社会、文化的需求与抱负，更有效地履行其各项职能（包括环境保护、食品安全、乡村治理等），更有效地组织小农对接大市场，更有效地代表与维护农民利益，更有效地执行政府的相关政策。

中国是小农国家并以村落集居为农村主要社会形态，但过去在农村合作金融体系的构建上，却选择了类似于"大农"国家的不利于小农信息掌握的农村合作金融服务体系"单立"方式。结果几十年下来，中国农村信用合作社系统成为学者笔下"负债经营"的"商业银行机构"[①]和农民眼中"门难进、脸难看"的"政府"部门；以致在农村信用合作社像"抽水机"一样源源不断地将农村资金抽往城市和工商资本时，广大农民及其合作组织却因资金短缺而始终停留在小生产与大市场无法对接的窘境之中，农民的经济、社会、文化需求与抱负无法得到满足，"三农"问题愈演愈烈。

不可否认，这种现象的产生一方面与国家没有从法律上规定合作金融机构在农村的存、贷比例有关，世界上很多国家和地区都规定农业合作金融机构对农村地区贷款的比例不得低于90%；[②]另一方面，则与中国没有适当的农民合作组织体系可供其"嵌入"直接相关。显然，我们选择欧美等大农、中农国家的专业化组织模式时，忽略了决定其模式形成的大规模农场经营模式与居住区域高度分散的社会形态，忽略了其在构建专业化农业合作组织体系的同时还伴有类似于职业协会的专司全体农民利益代表职能的协会组织存在，如全美农场主合作社联盟、瑞典农场主联盟、加拿大农场主联盟等。在加拿大，甚至各类农业行业协会或合作社若不加入农场主联盟，便得不到政府的税收优惠。[③]换言之，即便抛开国情不计，我们也应该在选择专业化发展路径的同时建立一个代表全体农民利益的农会体系——而这样做也许难度更大。

目前，中国的城镇化率为56%，按照国家"十三五"规划，未来5年中国户籍人口城镇化率需提高5.1个百分点，即达到61.1%。按照13亿总人口计算，5年后仍将有5亿多农村户籍人口。这说明，中国小农经营模式与村落集居的社会形

① 尹志超：《信用合作组织：理论与实践》，西南财经大学出版社2007年版，第123页。

② 孔祥智：《中国农民专业合作社运行机制与社会效应研究——百社千户调查》，中国农业出版社2012年版，第173页。

③ 梁田庚等：《中国农产品行业协会发展研究》，中国农业出版社2009年版，第83页。

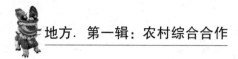
态将继续存在。因此，日、韩以综合性为主、以专业性为辅构建农民合作组织体系的经验更值得借鉴。

2015 年，中共中央、国务院关于推进供销合作社综合改革的 11 号文件明确将组建合作银行并承担构建农村合作金融体系的职责赋予供销合作社，这无疑是中国农民合作组织向综合性体系构建方面迈出的第一步。然而需要注意的是，这个拟构建的农村合作金融体系必须"姓农"，而不能"姓供销"，否则后患无穷。历史教训必须汲取，在中国供销合作社发展史上，1958 年、1965 年和 1977 年被正式宣布全系统"改为"或"成为"全民所有制商业的三次经历中，每一次都有全国供销合作总社主动申请在先的记录。①

## 六　结语

对全国性农民合作组织体系的选择，实际上是一个关系国家社会结构与国家未来发展路径的选择。在这个选择中，农民的长远生计及其多元化的需求与抱负、农业的持续发展，以及农村的社会稳定，始终应当成为考虑问题的出发点和落脚点，因为中国人均农业自然资源稀少的国情难以改变，在相当长时期内农村仍将生活着大量人口的现象难以改变，以村落集居为主要特征的农村社会形态也难以改变。基于此，同为小农国家和地区的日、韩两国在政府农业支持保护政策之下，秉持法团主义理念和行业协会理念，依据特别立法构建纵向一体化综合性农民合作组织体系作为承载国家"三农"战略的组织化平台，并且都成功地经历了从农业社会转型工业社会，再从工业社会转型信息社会的两次大转型，这样的经验不能不引起我们的深层思考。

---

① 唐宗焜：《合作社真谛》，知识产权出版社 2012 年版，第 195—196 页。

# "还社于农"：供销合作社改革的
# 必由之路和必然选择

## 韩长江*

**摘要：**"还社于农"，是本文对供销合作社改革目标取向的一个新概括，其字面含义是"把供销合作社还给农民"，本质要求是回归合作制、回归"三农"。"还社于农"有广义和狭义之分，不能具备实现广义的社会层面上的"还社于农"的政策法律和社会环境，供销合作社改革就很容易迷失方向、摇摆不定。从社会层面的宏观和行业层面的中观角度，本文分析了国家"还社于农"改革政策及其实践中的发展规律，对"还社于农"所涉及的若干理论和现实问题进行了分析。

**关键词：**供销合作社　综合改革　"还社于农"　农民合作社

"还社于农"是本文提出的一个核心概念，既可用于供销合作社系统改革，也可用于其他形式的合作经济组织。就供销合作社改革而言，要实现"还社于农"至少需要明确这样两个最基本的认知问题：一个是供销合作社到底是不是农民的，现在的供销合作社究竟在谁的掌控之中。只有确信供销合作社整体原本是属于农民的，而现在又并非掌握在农民手中，"还社于农"的命题才具合理性、正当性和必然性。另一个是供销合作社到底应该"还什么""怎么还"才算实现了"还社于农"，怎样才能做到改革目标更清晰、衡量尺度更精准。

为此，本文将从历史、现实和发展趋势的角度，从国家宏观改革和供销合作社自身改革两个层面，对"还社于农"问题进行考察，探讨新时期中国需要何种模式的"新供销"，其理论和事实依据何在，又怎样建设这个"新供销"，还有哪些困难和问题需要研究解决。

---

\* 韩长江，河北省供销合作总社调研员。

# 一 "还社于农"是中国合作经济历史演进的必然趋势

合作经济经过一个多世纪的发展，已成为跨越不同社会制度和不同发展水平的一种全球经济现象，成为市场经济条件下与公司制企业并驾齐驱的一种基本的企业制度。综观国际合作社运动，各国合作社虽然都在市场竞争中应运而生，却成长于不同的社会环境，特别是合作社的发展与社会制度密不可分，因此，便有不同的制度环境、发展模式和历史命运。

由于合作社并非生长在真空里，因而，时时刻刻面临各种风险和挑战。除市场风险外，还有一个最大的挑战就是合作社也会发生"变异"问题。合作社的"变异"一般是指"控制权"的"变异"，主要有两种情况：一种是由社员"民主控制"变异为股东"资本控制"；另一种是由"民办企业"变异为"官办组织"。前者一般是由内因引起的"变异"，属于"个体性变异"；后者大多是由于行政干预所致，属于"系统性变异"。有"变异"就需要防范，就需要纠偏与回归。

由于历史原因，合作社"系统性变异"问题在中国表现得尤为普遍和突出。新中国伊始，中国的农业生产合作社、供销合作社和信用合作社都是在党和政府的领导下，按照"民办公助"原则组织发展起来的，"民办"也是"三大传统合作社"的基本模式和共同的初始特征。但随着农业社会主义运动的推进，特别是在1958年"大跃进"运动中，效仿"苏联模式"，"三大传统合作社"被纳入人民公社政权组织体系，成为计划经济中的国家机器，从此走上了"官办"或实际上的"官控"道路。1978年十一届三中全会后，中国率先发起了农村改革运动，也拉开了"还社于农"的历史序幕。"还社于农"首先是一种农民的自发运动，之后又上升为国家意志。20世纪80年代以来，国家的"还社于农"是一个复杂的历史进程，先后经历了实行家庭联产承包责任制赋权于农、改造传统合作制、催生新型合作经济和依法"还社于农"等几个阶段的长期艰辛探索过程。

## （一）"赋权于农"——走向"还社于农"的逻辑前提

土地是财富之母，更是农民的命根子。改革开放后，国家对农民的赋权首先从农地开始，大致经历了落实承包经营权、延长土地承包期和实行"三权分置""三个阶段"。随着土地确权工作的完成，中国以"公有私营""三权分置"为核心内容的土地新政基本形成。新的土地制度"赋予农民更多的财产权"，有力地推动了土地经营权向专业合作社、家庭农场等新型农业生产经营主体集中，既有利于促进农业适度规模经营的迅速发展，也有利于促进农民专业合作社不断发展壮大，进而探索出一条中国式的农业现代化发展道路。

## （二）推陈出新——开辟合作制回归之路

中国对传统合作社的改造始于80年代前期，它与中国的农村土地制度变革一样经历了一个渐进式的演变过程。

### 1. 从推动传统合作社改革到支持发展多种形式的合作经济

在70年代末，除少数个体商贩外，"老三社"在农村仍处于一统天下的霸主地位。1984年之后，中央在推进传统集体经济组织改革发展的同时，积极引导合作经济发展的新生力量。

一是注重发展和完善地区性合作经济组织。1983年"中央1号文件"提出了"地区性合作经济组织"的概念。这种区域性合作经济组织实际上是人民公社解体后原来农业生产合作社的一个"变种"。同时，还提出了"放手发展合作商业"的要求。当时的合作商业组织包括"农工商联合公司、社队企业产品经销部、贸易货栈等"。① 由此可见，当时中央所称的"合作商业"至少包括地区性合作经济组织中的商业组织和供销合作社两个方面。

二是推进供销合作社、信用合作社改革。1982年"中央1号文件"明确指出，"供销合作社要逐步进行体制改革"，"要恢复和加强供销社组织上的群众性、管理上的民主性和经营上的灵活性，使它在组织农村经济生活中发挥更大的作用"。② 1984年"中央1号文件"进一步指出，"供销社体制改革要深入进行下去，真正办成农民群众集体所有的合作商业"。③ 中央在1983年和1984年两个"中央1号文件"中明确提出，"信用社应坚持合作金融组织的性质"，"真正办成群众性的合作金融组织"。④

三是倡导发展新型合作经济。1985年"中央1号文件"明确提出要"按照自

① 《当前农村经济政策的若干问题》（中发〔1983〕1号），1983年1月2日。
② 《全国农村工作会议纪要》（中发〔1982〕1号），1982年1月1日。
③ 《关于一九八四年农村工作的通知》（中发〔1984〕1号），1984年1月1日。
④ 《当前农村经济政策的若干问题》（中发〔1983〕1号），1983年1月2日；《关于一九八四年农村工作的通知》（中发〔1984〕1号），1984年1月1日。

愿互利原则和商品经济要求，积极发展和完善农村合作制"，提倡"合股经营、股金分红的方法"。① 这就改变了只注重发展等同于集体经济的区域性合作经济组织的政策，开创了支持发展新型合作经济的先河。这一政策规定不仅为"新旧合作社""双轨并行"提供了政策支持，而且对带动新型合作经济发展和推动传统合作社改革也产生了重要影响。

**2. 颁布新法，依法推进"还社于农"**

2006 年"中央 1 号文件"进一步推进合作社立法工作，指出要"积极引导和支持农民发展各类专业合作经济组织，加快立法进程，加大扶持力度，建立有利于农民合作经济组织发展的信贷、财税和登记等制度"。② 《中华人民共和国农民专业合作社法》终于在 2006 年底颁布，并于 2007 年 7 月 1 日付诸实施。中国第一部《农民专业合作社法》的重大历史意义不仅在于给了农民合作社一个"准生证"，使其取得了合法的地位，更重要的意义在于它标志着中国从政治上、法律上正式宣布了"还社于农"；也标志着中国合作社制度从此进入新旧两种合作社制度并存的历史阶段；还标志着中国合作社制度实现了与市场经济的融合、与国际惯例的接轨。不过，两者的法律地位却发生了明显的位移，新型农民合作社由"体制外"进入"法定内"，而传统合作社则由"体制内"滑向"法定外"。

2013 年 12 月，国家工商总局、农业部《关于进一步做好农民专业合作社登记与相关管理工作的意见》（工商个字〔2013〕199 号），对"农民专业合作社联合社"注册登记问题做出规定，这实际上等于政府又排他性地将组建农民合作社联合组织的权利交还给了农民。

2007 年银监会制定的《农村资金互助社管理暂行规定》将组建"社区互助性银行业金融机构"的权利赋予农民。2014 年"中央 1 号文件"又进一步明确规定，"在管理民主、运行规范、带动力强的农民合作社和供销合作社基础上，培育发展农村合作金融，不断丰富农村地区金融机构类型"，"推动社区性农村资金互助组织发展"。③ 这标志着农村金融垄断格局已经动摇，行将被打破，中国农民合作社农业全领域覆盖、全产业链渗透、全要素合作、第一二三产业融合发展的新格局正

---

① 《关于进一步活跃农村经济的十项政策》（中发〔1985〕1 号），1985 年 1 月 1 日。

② 《中共中央国务院关于推进社会主义新农村建设的若干意见》（中发〔2006〕1 号），2005 年 12 月 31 日。

③ 《中共中央国务院关于全面深化农村改革加快推进农业现代化的若干意见》（中发〔2014〕1 号），2014 年 1 月 19 日。

在加速形成。

### （三）市场化改革推动供销合作社融入市场经济，回归"三农"

供销合作社问题既是一个社会历史问题，也是一个现实政策问题。不论是改革开放前还是改革开放后，供销合作社管理体制的演变始终是国家经济体制特别是农村流通体制变迁的重要组成部分，也是见证中国改革开放历程的一个"缩影"。

从历史演进的规律看，我们认为，中央推动供销合作社深化改革的大思路、大逻辑主要有两个方面：其一，根据中国经济体制改革的总目标，为供销合作社改革发展提出明确的目标定位和具体的改革任务；其二，通过改革流通体制，放开市场准入，引入市场机制，用经济的办法，推动供销合作社进入市场竞争，回归合作制，回归"三农"。

**1. 根据合作经济的本质属性和农民的需要，提出供销合作社改革目标**

十四届三中全会《决定》从"发展农村社会化服务体系"的角度提出了供销合作社改革的基本目标，指出"各级供销合作社要继续深化改革，真正办成农民的合作经济组织，积极探索向综合性服务组织发展的新路子"。这就为中发〔1995〕5 号文件《关于深化供销合作社改革的决定》的出台提供了政策依据。

**2. 根据市场化改革进程，提出供销合作社体制改革的时代要求**

1998 年后，中国农村流通体制改革力度加大，步伐加快。根据十五届三中全会《中共中央关于农业和农村工作若干重大问题的决定》精神，国务院先后印发了《关于深化化肥流通体制改革的通知》（国发〔1998〕第 39 号）和《关于深化棉花流通体制改革的决定》（国发〔1998〕第 42 号），强力推动流通体制和供销合作社体制改革。

中央确立的棉花流通体制改革的目标是，"逐步建立起在国家宏观调控下，主要依靠市场机制实现棉花资源合理配置的新体制"。为此，自 1999 年开始全面启动了"价格放开、放宽准入"改革，即由国家下达下一年度棉花收购指导性价格、指导性种植面积等政策信息；供销社所属棉花企业、农业部门所属的良种棉加工厂和国营农场、经资格认定的纺织企业均可直接收购、加工和经营棉花。2001 年《国务院关于进一步深化棉花流通体制改革的意见》（国发〔2001〕27 号）进一步实施了以"一放（放开收购）、二分（社企分开、储备与经营分开）、三加强（加强市场管理、质量管理和宏观调控），走产业化经营的路子"为核心内容的改革，倒逼供销合作社棉花经营企业转换经营机制，走向市场竞争。

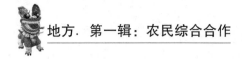

与此同时，化肥流通体制改革同步推进。1998 年国家关于化肥流通体制改革的主要精神是打破供销社系统在化肥流通领域的垄断地位，形成以生产企业、供销社系统和农业"三站"三足鼎立的农资流通新格局。2009 年《国务院关于进一步深化化肥流通体制改革的决定》（国发〔2009〕31 号）全面放开了化肥市场，"取消对化肥经营企业所有制性质的限制，允许具备条件的各种所有制及组织类型的企业、农民专业合作社和个体工商户等市场主体进入化肥流通领域，参与经营，公平竞争"，基本上适应了世界贸易组织提出的市场准入条件和基本的市场环境。

**3. 供销合作社改革在困境中艰难前行**

随着中国棉花和化肥流通体制改革任务的完成，供销合作社在农村的垄断地位土崩瓦解，被彻底打破。受此影响，全国供销合作社系统自 1992 年之后连续 8 年发生全行业亏损，其中 1998 年亏损最多，达到 156.1 亿元。为此，国务院《关于解决当前供销合作社几个突出问题的通知》（国发〔1999〕5 号文件）中指出，"中央 5 号文件提出把供销合作社办成农民的合作经济组织，指明了供销合作社改革的方向，对此，要坚定不移"；强调当前最重要的是要"尽快扭转效益下滑、亏损增加、经营萎缩的被动局面，清理整顿社员股金，防范和化解金融风险"。业内人士将 1999 年"国务院 5 号文件"的基本精神概括为四个字："扭亏""刹车"。国务院的这些政策果然灵验，在文件发出的第二年即 2000 年，全国供销合作社系统在销售收入仅比上一年增长 1.92% 的情况下全系统实现利润 13.8 亿元，与上一年相比扭亏增盈 158 亿元。"供销合作社不消灭亏损，亏损就要消灭供销合作社"，这就是世纪之交供销合作社面临的最大挑战与困境。

2002 年，全国总社提出了"四项改造"新的改革发展思路，即"以参与农业产业化经营改造基层社，以产权多元化改造社有企业，以社企分开、开放办社改造联合社，以现代流通方式改造传统经营网络"。全国总社这一新提法的最大创新和突破之处就是找到了供销合作社改革发展与农村改革发展的契合点、融合点，找到了供销合作社在改革创新中求变图强、在服务"三农"中振兴崛起的正道坦途、希望之路。

# 二　供销合作社"还社于农"的
## 基本内涵及其政策蕴含

基于以上历史分析，笔者认为，"还社于农"不仅是供销合作社历史演变的必然趋势，更是其创新发展的战略抉择和必由之路。需要强调的是，本文提出的

"还社于农"是根据中国国情提出的一种组织改革、体制机制创新、制度安排的一个系统构想，是一种过渡性改革措施和一个由量变到质变的渐进过程，而不是一个抽象的口号概念，更不是激进的"一次性""为还而还"、简单从事的办法。因此，在综合改革中，我们要全面把握"还社于农"概念的理论内涵，对现实中供销合作社体系复杂的组织属性及其主要的体制优势劣势有一个客观清醒的认识，坚持改革的方向性、针对性，增强改革使命感和自觉性。

## （一）"还社于农"的基本内涵

"还社于农"虽是从中国供销社改革中提炼出的一个通俗概念，但我们仍可以赋予其特定的理论内涵，可从以下三个方面来理解。一是从理论层面讲，"还社于农"就是按照合作社的基本理论、原则和国际惯例发展中国的农民合作社。1995年国际合作社联盟（ICA）《关于合作社界定的声明》（以下简称《声明》）是对国际合作社运动成功经验的总结，也是指导未来国际合作社运动的行动纲领。《声明》给出的经典定义是："合作社是自愿联合起来的人们通过联合所有与民主控制的企业来满足他们共同的经济、社会与文化需要与愿望的自治联合组织。"《声明》还确立了"自助、自我负责、民主、平等、公平和团结"六条核心价值观，以及"七大基本原则"，即自愿与开放的社员资格、社员的民主控制、社员的经济参与、自治与独立、教育、培训和信息、社际合作和关心社区。国际合作社联盟关于合作社的定义、价值和基本原则也是指导中国农民合作社发展重要的理论基础和基本原则。二是从法律层面讲，"还社于农"就是依法确立农民合作社的市场主体地位。2007年7月1日实施的《农民专业合作社法》，不仅确立了农民专业合作社的法律地位，弥补了中国立法领域的一项"空白"，而且使合作社制度首次上升为中国的法律制度，是中国农民合作社实现依法治社、规范发展的根本遵循。三是从供销合作社改革层面讲，"还社于农"就是确立农民在供销合作社组织中的基础主体地位，建立健全规范的合作社制度，更好地服务"三农"、造福农民。2015年"中央11号文件"不仅对供销合作社改革提出了明确的目标任务、基本原则，而且对如何实现"还社于农"提出了基本标准、"施工图"和时间表。文件明确指出："为更好地发挥供销合作社独特优势和重要作用，必须确立其法律地位，抓紧制定供销合作社条例，适时启动供销合作社立法工作"。① 相信，不论是《供销合作社条例》

① 《中共中央国务院关于深化供销合作社综合改革的决定》（中发〔2015〕11号），2015年3月23日。

还是《供销合作社法》，都应该是一部"还社于农"的法律或依法推进"还社于农"改革的法律。

## （二）供销合作社的性质及其产权归属问题

由于历史上供销合作社体制多变，组织属性、组织结构极为复杂，对其"三不承认"（农民不承认是自己的组织，供销社职工不承认是农民的，政府不承认是官办的）、视其"四不像"（官不官、民不民、社不社、企不企）的质疑由来已久。其中，认为供销合作社终极产权不属于农民所有的观点给出的理由主要有两条，一条是农民已经退股，另一条是国家支持和国有投资。究其根源还是在法律上缺乏对供销合作社组织体系应有的法律规范，农民权益得不到应有的法律保护。因此，首先需要从法理上厘清以下几个最基本的问题。

### 1. 社员股金的性质决定基层社剩余索取权的归属

产权是所有制的基础，也是判定企业性质的决定因素。基层社性质从财产关系讲就是基层社社员股金的性质以及供销合作社资本积累即剩余索取权的归属问题。社员股金主要是指承认供销合作社章程的农民在申请加入供销合作社时，向基层社投入的原始资本，它既是农民行使社员权利、履行社员义务的凭据，更是供销合作社自有资金的基础。1952 年全国供销合作社社员达到 1.4 亿人（户），社员股金达到 2.44 亿元，1956 年达到 3.86 亿元，1986 年达到 17.91 亿元。虽然，20 世纪 90年代末"股金风波"后，大多数社员股金已经退出（河北省供销合作社系统 2015年底仍有社员股金 14208 万元），但这是否意味着供销合作社与农民在产权上已经"一刀两断"，供销合作社的财产已经没有农民的份了呢？答案是否定的，这是因为供销合作社的终极产权归属是由社员股金的性质决定的。一是社员股金是供销合作社实收资本的重要组成部分，供销合作社就是凭借这些社员股金，并在国家的扶持下逐步发展壮大起来的。因此，基层社是农民群众入股集资兴办的合作经济组织，按照"谁投资、谁所有、谁受益"的原则，基层社终极产权理应归入社农民集体所有。二是法律缺失并不能否定事实的客观存在。1950 年，中国《合作社法（草案）》规定："合作社社员申请退社，须在年终决算一个月前向合作社提出，并在决算后退还其股金；如有亏损按股扣除，如有分红按股照给。"遗憾的是，在那个年代，这一法律并未付诸实施。特别是原商业部 1985 年印发的《供销合作社社员股金和社会集资管理暂行办法》还规定对社员股金实行"保息分红"的政策。虽然提高了农民入社入股的积极性，但也引发了严重的"股金风波"，并留下制度缺陷。但在建社之初，供销合作社的账面上除了社员股金外一无所有。因此，应本着尊重历史、尊重事实的原则，通过适当的政策和法律形式明确农民社员在供销合作社的投资主体地位和社员股金原始投资的性质以及供销合作社终极产权的归属。

**2. 县以上各级联社的原始资本通过自下而上逐级入股等形式形成**

新中国成立初期，全国总社以及各级联社的《章程》都对社员"入社、入股"的条件做出了明确具体的规定。早在 1951 年，全国合作总社还在全系统内的县以上建立了"调剂基金"制度（1958 年中断），1962 年将"调剂基金"的范围扩大到基层社，规定从基层社到各级联社都要按税后盈余的一定比例提取并按规定逐级上缴。这一制度前后虽有名称变化，上缴办法有所调整，但一直执行到 90 年代。基层社上缴的社员社股金相当于联合社的原始股权投资，基层社上缴的互助合作基金实际上相当于农民社员通过基层社对上级联社追加的股权投资。由于供销合作社实行的是"不论入股多少，均实行一人一票"的表决制度，因此，"社员股金永远归社员个人所有"的制度，不仅决定了基层社盈余、积累的性质及其产权归属，也决定了各级联社即全国供销合作社系统的一切产权归属。

**3. 供销合作社中的国有资产如何界定**

社有资产是供销合作社依法占有和控制的经济资源，社有资产总额等于负债和所有者权益两项之和。如何界定供销合作社里有无国有资本可采取两种方法：一是通过清产核资依法认定。供销合作社历史上账面上的"国拨资金"早已还清，通过 90 年代的清产核资，供销合作社与国家的产权关系也已"一清二白"①。二是看账面价值。供销合作社账面中的"国有资本"是指有权代表国家投资的政府部门或机构、直属事业单位及其具有独立法人地位的国有企业（单位）或国有独资企业对企业投资形成的资本金。根据国家投资是否在供销合作社形成"资本金"的判断标准和国家财政的性质，国家对供销合作社如下支持形不成对供销合作社的产权关系：一是国家对供销合作社实行的税收减免、利息补贴属于财政的无偿支持；二是国家对供销合作社的挂账停息政策及本金的处理属于对供销合作社承担政策性亏损的部分补偿；三是国家对"新网工程"及其他建设的投入和补贴属于公益性项目，从性质上讲属于政府的委托事项或购买的公共服务。因此，只有国家和各级政府明确以直接或间接股权投资的形式在一些供销合作社形成的国有产权才能形成供销合作社"所有者权益"中的一部分。需要注意的是，供销合作社的终极所有

---

① 乾长江：《"还社与农"知行论》，《中国合作经济》2014 年第 2 期。

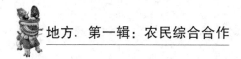

权不能视"国有资本"份额的大小而定，也不能因为实行投资主体多元化，模糊地将合作社定性为所谓的"混合所有制"，更不能按"无主财产"纳入国有资产或量化为职工个人所有。

毫无疑问，各级供销合作社作为独立的法人主体，对其账面现有的一切财产拥有"法人产权"，但其终极产权仍属于农民集体所有，但并不是哪个农民。按ICA的定义，这应属于"不可分割的合作社集体产权"，基层社以及各级联社只是农民集体产权的监护人、代理人，而非真实的业主；供销合作社真正的业主是农民。

中国历次《宪法》明确规定，"农村中的生产、供销、信用、消费等各种形式的合作经济，是社会主义劳动群众集体所有制经济"，因此，坚持供销合作社农民合作经济组织性质及农民在供销合作社集体产权的终极所有者地位不仅有法律依据，而且有不可否认的事实根据。

## （三）管理体制变迁无法改变供销合作社产权关系的本质

众所周知，历史上供销合作社与国营商业曾发生过"三并三分"的体制变迁，其中对供销合作社产生重大影响的是前两次，这是全国性的合并、事实上的合并、彻底的合并，是组织体制上的合并、政策业务上的合并，甚至是财务会计统计上的合并，致使1958—1961年和1967—1975年两个历史阶段全国供销合作社系统的统计、财务汇总数据完全空白、无据可查。但对"三并三分"的性质及其发生的根源，认识并不完全一致。一般认为，前两次合并属于集体所有制转化为全民所有制的"所有制性质升级"，而且认为造成合并的原因主要是受当时"左倾"思想的影响和全国总社的积极争取。

笔者分析，造成前两次合并的客观原因和深层次矛盾主要有四个方面：一是国合商业分工矛盾激化；二是国合商业事实上的地位不平等；三是供销合作社的基本经济职能与其承担的政治任务之间的矛盾；四是干部职工的思想情绪和稳定问题。上述四大矛盾使国合商业的合并成为必然。但即使合并后，也不能完全消除"国合"之间的心理障碍和内部的利益冲突，新的矛盾在所难免，分分合合便成为一种司空见惯的历史现象。其暗藏的更为深刻的经济学原理是，合作社经济与计划经济格格不入，只要存在计划经济，就不会有合作社经济的自由生存及成长的空间和基本条件，也不会产生和形成真正现代意义上的合作社制度。

实际上，管理体制变迁并不能改变供销合作社产权的性质及其归属关系。这是因为，一个组织的性质是指其与生俱来的内在的本质特征，具有很强的内生稳定性。历史上供销合作社的"三并三分"只不过是国家适应当时政治经济形势需要在体制上、政策上、管理上做出的一些权宜性调整和暂时性的制度安排。这种调整虽会对供销合作社的"个性"和表征造成严重扭曲，但不论资金以什么名义、如何"划来转去"，供销合作社的真实产权归属和内在属性一点也不会改变。合作社的内在性质可能一时被剥夺，但根本不能被改变。

## （四）如何全面准确把握供销合作社的组织特征

中央 11 号文件出台后，对供销合作社性质和组织特征问题的争论似乎应该尘埃落定，但实际上仍是一个"业内人讲不清，外行人看不懂"，"盲人摸象、各执一词"的疑难杂症。虽"三不承认""四不像"多遭诟病，但也有人将其视为"国宝社粹"情有独钟，念念不忘。我们既不能敝帚自珍、抱残守缺，也不能"倒洗澡水时连孩子一起倒掉"。为此，需要从以下几个方面整体把握供销合作社的基本性质及其复杂属性。

**1. 从基层社的产权制度和产权结构把握供销合作社的基本性质及其独特性**

一方面，社有资本的终极产权属于农民社员。供销合作社的基本性质包括基层社、联合社及社有企业的整体性质，是由基层社基本的产权制度特别是初始的产权制度安排决定的。如前所述，基层社是农民社员入股兴办的，不仅基层社社员股金而且基层社资产中的终极所有权即剩余索取权必然属于农民；而县以上各级联合社的原始产权主要是由基层社逐级入社入股（"社员社股金"）和逐级上缴的"调剂基金"（后改称"互助合作基金"）组成的，各级联社社有资本的终极产权也必然属于农民；社有企业中的社有资本是由联合社社有资本投资转化形成的，不论投到何处，都属于社有资本，并不会改变终极所有权的性质。随着投资主体多元化，供销合作社资产负债表中的所有者权益也出现了多元化，但社有资本和其他资本分户核算，泾渭分明，也不会因为多元化而改变社有资本的性质及其终极产权归属。另一方面，供销合作社社有资本中的集体资本属于不可分割的集体产权。供销合作社的"实收资本"主要包括"集体资本"和"个人资本"（含社员股金）。社员股金永远归社员个人所有，这一点与其他城乡集体企业别无二致。但"集体资本"另当别论。按照《城镇（或农村）集体所有制管理条例》，这些集体企业中的"集体资本"属于劳动积累，归企业职工所有。但历来的国家政策、社章和财务制度都将供销合作社中"集体资本"的权属明确为入社社员集体所有，各级联合社理事会履行产权代表和管理者职责。供销合作社"集体资本"的不可分割性不仅符合

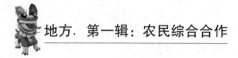 

国际惯例，也有利于合作事业的可持续发展，具有合理合法性和客观必要性。

### 2. 从功能性角度把握供销合作社组织体系的复杂性

把供销合作社视为"四不像"的一个重要原因是认为无论用什么样的衡量标准——政府机关、企事业单位、社会团体或真正意义上的合作组织，供销合作社都似是而非。这不无道理，但应总体把握，从功能的角度分而论之。一是供销合作社的组织主体是基层社和各级联合社，主体制度安排为合作社制度，尽管仍是有缺陷、"不合格"的合作社制度。二是供销合作社还具有一套独立的经营服务系统，因此既有社有企业，还有从事科技教育的事业单位、社团组织等。因此，供销合作社是由一个以合作社制度为基础、以社有企事业单位为支撑的经营服务系统构成的复杂的综合体。供销合作社组织属性的复杂多样性、管理体制的复杂性既会造成人们"雾里看花"、眼花缭乱，也是国家政策、立法的难点所在。这既是优势，也是需要研究的问题。问题不在于总体上的"四不像"，而在于它的各个组成部分往往是，应"是"的"不是"，该"像"的"不像"。

### 3. 从历史、现实和未来逻辑相统一的角度把握供销合作社改革舆论导向

不论是政府部门、业内人士还是学术界，都有几个倾向性的问题值得认真研究把握。一是对供销合作社性质的认定既要符合历史和现实，更要符合改革的目标定位。我们不能一方面不承认供销合作社终极产权归农民所有的历史和现实，另一方面又要求供销合作社回归合作制，实现"还社于农"；也不能因承认供销合作社的终极产权归农民所有，就否定集体产权的存在，主张把供销合作社的净资产量化到社员个人头上。这不是"改造自我"，而是"自我毁灭"，这不仅在理论上讲不通，在实践上更行不通。二是要把握各级联合社制度安排的独特性。对供销合作社改革最容易产生误解的是县以上各级供销合作社既是联合社，又是参公管理的事业单位。应该说把各级联合社办成合作经济联合组织是供销合作社改革的根本要求和长远目标，而对联合社实行参公管理是对供销合作社改革发展的一种过渡性政策扶持保护措施。从时间维度讲，参公管理既不是与生俱来的，也不是终身的；从空间角度讲，国家对联合社扶持的方式也是多种多样的，特别是鼓励县级联合社向实体化改革探索发展，逐步走向独立自立。因此，我们不能因为供销合作社有党的领导和政府的大力支持而将其永远定格在"半官半民"或"上官下民"上，更不能将其作为随意行政干预的理由。三是供销合作社改革不能采取机会主义的态度。不能搞有利的就积极改、无利的就按兵不动，特别是一定要坚持"社企分开"的改革方向，不能为了满足"吃甘蔗两头甜"，就实施逆向改革，不进反退。

我们必须清醒地认识到，供销合作社现行体制与中央提出的改革目标既存在一致性，更存在矛盾性，从体制上讲其突出问题主要表现在以下几个方面。

一是"合作社不合作"。作为整个供销合作事业大厦基石的基层社与农民的合作关系不紧密，基础不牢，必然地动山摇。基层社几经改革变迁，大多实行承包或租赁经营，社员股金大多退清，与农民的关系大多局限于"一买一卖"的业务关系。基层社与其领办的农民专业合作社大都是一种松散的组织关系，没有形成紧密的产权关系，基层社民办化改革困难重重。

二是"联合社不联合"。各级供销合作社之间联系比较松散。只有基层社的人财物归县级社统一管理，联系比较紧密，尽管这种紧密是一种本末倒置的现象，全国总社与省级社、省级社与地市级社、地市级社与县级社之间只是传统的"上下级"关系或"对口管理"关系。各级社理监事会并非由代表大会选举产生，主要是对本级政府负责，在工作上主要采取行政推动的办法，并没有形成真正的"联合社与成员社"的正常关系。

三是社企关系模糊，企业市场主体地位缺失。自 1995 年各级联社退出政府序列、实行政社分开后，中央三令五申实行社企分开，但由于社有企业产权制度改革滞后，公有股一股独大、产权虚置、职责不清的问题依然相当普遍，致使社企关系剪不断理还乱，甚至存在社企不分的旧体制改后复位的危险。社有企业既缺乏民营企业的市场活力，也缺乏国有企业管理的规范性。

## 三　加速推进"还社于农"，全面建设"新供销"

中国农村合作制不断演进的历史，也是全国供销合作社系统不断改革创新发展的过程，展现了全国探索农民合作经济发展规律，代表着中国特色农民合作社发展道路的新趋势、新潮流。深化供销合作社综合改革，是全面深化农村改革的重要内容，是供销合作社自身生存发展的需要。"改造自我，服务农民"是党中央为供销合作社综合改革确立的总目标、总要求。为此，首先需要解决好理念信念、思路出路等一些最基本的认知问题。例如，在新的历史条件下，中国到底需要一个什么样的供销合作社；怎样改革创新，才能建好新体制，办好"新供销"；怎样在坚持"为农、务农、姓农"中加速"还社于农"，实现"民办"目标；怎样在服务"三农"中打造新优势，实现新跨越、展现新作为、做出新贡献。

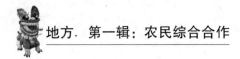

### （一）供销合作社"还社于农"的现实可行性

我们认为，尽管供销合作社仍面临不少困难和问题，但在中国，只有供销合作社才有条件、有能力承担起"打造中国特色为农服务的综合性组织"这一历史重任，但任重道远，关键是改革是否坚决、彻底和到位。

**1. 必要条件基本具备**

中央将"打造中国特色为农服务的综合性组织"的历史重任交付给供销合作社，不只是出于重视和信任，更是基于对供销合作社组织体系现有条件、独特优势和重要作用的客观分析。我们认为，供销合作社的独特优势和重要作用突出表现在以下几个方面。

一是组织体系健全，在全国具有"唯一性"。供销合作社仍是全国组织体系中最完整的合作经济组织，在办成全国综合性农民合作经济组织体系方面具有"唯一性"。省级联合社实现全覆盖，84%的县级联合社组织健全，基层社覆盖90%以上的乡镇。

二是网络覆盖广泛、影响力之大具有"不可比拟性"。经营网络覆盖80%的乡镇和50%的行政村，组织发展农民专业合作社11万家。无论是为农民提供综合服务还是引领农民专业合作社发展都是其他任何政府部门、企业和社团组织不可比拟的。

三是性质地位独特，具有"不可或缺、不可替代性"。供销合作社兼有经营性服务和国家宏观调控的双重使命，"一身二任"的特点使之成为"不可或缺、不可替代"的"第三种力量"，除市场经营业务外，还体现党和政府的政策导向，承担政府委托的公益性服务。

**2. 政策环境极为有利**

除明确稳定县以上社参公管理、"新网工程"、国家储备任务等帮扶政策和其他适用优惠政策外，中央还支持新建基层社、财政投资转股权、开展金融服务和惠农工程等扶持政策。这些政策不仅为综合改革注入新动力，也为供销合作社发展开辟了更为广阔的新机遇、新天地。

### （二）农民需要一个什么样的"新供销"

中央11号文件对供销合作社综合改革确立的基本目标是，"到2020年，把供销合作社系统打造成为与农民联结更紧密、为农服务功能更完备、市场化运行更高效的合作经济组织体系，成为服务农民生产生活的生力军和综合平台，成为党和政府密切联系农民群众的桥梁纽带，切实在农业现代化建设中更好地发挥作用"。按照这一目标，5年后，供销合作社通过全面深化改革，应该建立起一个什么样的全新供销合作社组织体系呢？或者说，到底应该改到什么程度、改成什么样子，才算基本实现了"还社于农"，才算真正办成了农民的合作经济组织体系呢？根据中央11号文件确立供销合作社综合改革的新纲领、新目标和"为农、务农、姓农"新理念，在此对全面建设"新供销"提出四个基本衡量标准或者说定向标杆。

1. 组织属性标杆：切实"把供销合作社真正办成农民的合作经济组织"

这既是"深化改革的根本目标，也是改革能否成功的关键"。具体来讲，主要有三条：一是率先实现基层社"还社于农"。"基层社应直接体现为农服务宗旨和经济性质。"为此，必须首先把基层社办成"规范的、以农民为主体的合作社"，实现"民有、民管、民享"。二是改革县级社。把县级供销合作社改造成以农民为基础，包括基层社在内的各类合作经济组织广泛参与的合作经济联合组织。三是构建全国性农民合作经济组织新体系。按照合作经济联合组织的要求，改革中央、省级和地市级三级供销合作社，把各级供销合作社打造成全国性农民合作经济组织新体系。

2. 经济功能标杆：切实把供销合作社打造成"中国特色为农服务的综合性组织"

这个全国性综合性服务组织体系的总体功能主要是，面向农业现代化、面向农民生产生活，实现"由流通服务向全程农业社会化服务延伸、向全方位城乡社区服务拓展，加快形成综合性、规模化、可持续的为农服务体系"，要"在农资供应、农产品流通、农村服务等重点领域和环节为农民提供便利实惠、安全优质的服务"。具体来讲，应该具备以下主要特征：（1）把基层社打造成"综合性合作社"和综合服务平台。要通过"扩大服务领域，积极发展生产合作、供销合作、消费合作、信用合作"，加快把基层社"办成以农民为主体的综合性合作社"。（2）把社有企业打造成为农服务的生力军和带动系统发展的"航母舰队"。社有企业要坚持为农服务方向，建立健全现代企业制度，不断做大做强，增强服务功能和系统带动能力。要"推进社有企业并购重组，在农资、棉花、粮油、鲜活农产品等重要涉农领域和再生资源行业，培育一批大型企业集团"。为此，需要"加强各层级社有企业间的产权、资本和业务联结，推进社有企业相互参股，建立共同出资的投资平台，推动跨区域横向联合和跨层级纵向整合，促进资源共享，实现共同发展"。

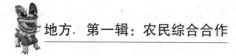

（3）经营性服务和公益性服务兼备。供销合作社的经营服务领域涵盖农业生产服务、农产品流通、城乡社区综合服务、农村合作金融服务"四大板块"。其中一些属于政策性或公益性的服务，如国家"支持社有企业承担化肥、农药等国家储备任务，鼓励符合条件的社有企业参与大宗农产品政策性收储"等宏观调控任务；中央财政支持的"新网工程"建设、"农业综合开发项目"；"将供销合作社农产品市场建设纳入全国农产品市场发展规划"，"政府控股的农产品批发市场可交由供销合作社建设、运营、管护"；"供销合作社联合社、金融监管部门和地方政府要按照职责分工，承担监管职责"，以及"支持基层社作为相关涉农政策和项目的实施主体，承担公益性服务"，都是供销合作社区别于一般商业企业的重要特征。

**3. 现代治理标杆：切实构建和形成联合社"双重治理机制"**

"各级联合社要深化体制改革，创新运行机制，理顺社企关系，密切层级联系，着力构建联合社机关主导的行业指导体系和社有企业支撑的经营服务体系，形成社企分开、上下贯通、整体协调运转的双线运行机制。"要言之，就是"社企分开，双线运行"。

一般认为，"联合社机关主导的行业指导体系和社有企业支撑的经营服务体系"是一种客观存在、普遍现象，而且早已有之，并不是什么新东西。这不无道理。但由于缺乏科学合理和行之有效的组织连接、治理结构、运行机制，至今"合作社不合作、联合社不联合"和社企不分仍是一个相当突出的普遍问题。受此影响，社有企业的市场主体地位难以真正确立，供销合作社的群体优势难以有效发挥。我们认为，联合社改革的基本出发点是构建"双线运行机制"，其归宿应放在建立健全与"双向运行机制"相适应、相配套的现代治理体系上，形成以"两个体系"为载体，以"双重治理"为核心动力和制度保障的"双线运营机制"。为此，应根据联合社的"双重属性"和"双重职能"，实施"双重治理结构"，即"以密切层级联系为核心的联合社纵向治理结构"和"以社有资产出资人制度为核心的横向治理结构"。

**4. 社会责任标杆：切实发挥好政治上的"桥梁纽带"作用**

合作社不仅在经济上具有一定程度弥补市场失灵的"补缺"作用，在促进社会和谐发展中同样具有"社会稳定器"的溢出效应。供销合作社一个最为显著的特点和独特优势就是在历史上形成的"一身二任"的桥梁纽带作用，它既是在经济上沟通城乡、联结生产消费的桥梁纽带，又是在政治上密切党和政府与农民群众联系的桥梁纽带。政治上的桥梁纽带作用主要表现在：（1）重视和加强供销合作事业，是党和政府做好"三农"工作的传统和优势，"重视供销合作社就是重视农业、扶持供销合作社就是扶持农民的理念"成为全党的共识。这是供销合作社事业不断发展壮大最根本的政治保证。（2）供销合作社不仅是"党和政府以合作经济组织形式推动'三农'工作的重要载体"，而且"扎根农村、贴近农民，组织体系比较完整，经营网络比较健全，服务功能比较完备，完全有条件成为党和政府抓得住、用得上的为农服务骨干力量"。（3）供销合作社是"新形势下推动农村经济社会发展不可替代、不可或缺的重要力量"。深化供销合作社综合改革不仅攸关全面深化农村改革大局，也是关乎"巩固党在农村执政基础"的政治问题。通俗地讲，供销合作社在农村也要起到维护和代表农民利益，反映农民诉求，促进农村社会和谐发展的"社会稳定器"的作用。正是出于国家战略的高度，中央才如此重视供销合作事业，大力支持供销合作社综合改革，并将供销合作社立法纳入全面依法治国的重要内容。这是中央对供销合作社综合改革提出的更高政治要求，也是供销合作社在新的历史条件下充分发挥好"两个桥梁纽带"历史作用必须承担起的社会责任。

### （三）怎样建设全新的供销合作社

中央为深化供销合作社综合改革确立的目标任务和实施路径可概括为"两大改革重点"和"三大实施路径"。其中，"改造基层社和创新联合社治理机制"是"两大改革重点"。"三大实施路径"包括：（1）按照"强化基层社合作经济组织属性"的要求，通过"因地制宜推进基层社分类改造，逐步办成规范的、以农民为主体的合作社"；（2）"按照建设合作经济联合组织的要求"，通过"构建联合社双线运行机制"，创新治理机制，"加强联合社层级间的联合合作"，"更好运用市场经济的手段推进工作，切实履行加强行业指导、落实为农服务职责、承担宏观调控任务"；（3）各级联合社要按照社企分开原则理顺社企关系。"联合社机关要切实把握好社有企业为农服务方向，加强社有资产监管，促进社有资产保值增值。"理事会要履行"所有权代表和管理者"职能，"落实社有资产出资人代表职责"，实现"以管资本为主加强对社有资产的监管"的管理创新与职能转变。这三个方面就是供销合作社应该在组织体制机制方面全面实现"还社于农"的核心内容，根本目的是通过做好供销合作社的"四大板块"业务，继续办好供销合作社，更好地履行为农服务职责。

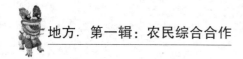

### 1. 明确基层社改造重建标准、路径，加快"还社于农"步伐

基层社是供销合作社在县以下直接面向农民的综合性经营服务组织，是服务"三农"的终端载体和前沿阵地。因此，在综合改革中要在坚持改革目标和基本标准的基础上，因地制宜优先推进基层社改造重建，走好"还社于农""先招棋"，为全面推动系统改革夯实组织基础。

第一，坚持"姓农"标准。要坚持为农服务根本宗旨，实现"为农、务农、姓农"的有机统一。这里的"姓农"就是要按照中央提出的基层社合作经济组织属性的"三条基本标准"，规范和强化基层社组织建设：首先，坚持农民出资原则。要开辟合作途径，创新合作方式，"通过劳动合作、资本合作、土地合作等多种途径，采取合作制、股份合作制等多种形式，广泛吸纳农民和各类新型农业主体入社，不断增强与农民在组织上和经济上的联结"。其次，坚持农民参与原则。按照合作制的民主治理原则，加快完善治理结构，落实"三会"制度，"提高农民的参与度和话语权"。最后，也是最重要的，就是要坚持农民受益原则。要"规范基层社和农民社员的利益分配关系，建立健全按交易额返利和按股分红相结合的分配制度，切实做到农民出资、农民参与、农民受益"。通过密切与农民的经济利益关系，调动农民支持改革、参与经营、参与决策管理的积极性，"实现农民得实惠、基层社得发展的双赢"。这三条标准是一个相辅相成的有机统一体，其中农民出资是基础，农民参与是关键，农民受益是根本，三者缺一不可。

第二，扎实推进基层社分类改造。基层社改造至少有三条可选路径，即"强社"坚持改造拓展并进，"弱社"坚持在帮扶中提升改造，"新建社"坚持资源整合、规范创办。现在的问题是对于基层社"空白乡""空壳县"来讲，除了"采取多种方式新建"，别无选择。在此提出三种方案。

一是直接将基层社注册为专业合作社。中央 11 号文件明确规定："支持符合条件的基层社作为农民专业合作社进行工商注册登记，允许财政项目资金直接投向注册后的基层社，允许财政补助形成的资产转交注册后的基层社持有和管护"。也就是说中央不仅将其视为改造基层社的一条新途径，纳入基层社重建的范畴，而且在财政上给予大力支持。实际上，这种做法早已有之，这也是供销合作社领办、创办、共建专业合作社最简便的做法、最有效的办法、最普遍的现象，这应作为今后供销合作社基层组织创新重建的首选，大力普及推广。

二是直接增资扩股对接。即不论是社有企业还是基层社都可以直接选择发展良好、带动力强、管理民主、符合条件的农民专业合作社作为合作伙伴，直接增资扩股，使其成为供销合作社的新型基层组织。这与第一种方案的共同点是二者都是直接向专业社投资，差别在于一个是新设投资，另一个是扩股增资，虽时间有先后，但本质上无差异，异曲同工，同样也是基层社创新重建的优先选项。

三是用专业社直接代替基层社。据统计，2015年底，全国供销合作社系统共有基层社27746个，比上一年增加2796个。其中，有集体企业19139个、有限责任公司2025个、股份有限公司783个、股份合作公司2060个、农民合作社1909个、其他1830个。研究认为，上述在改革创新中出现的基层社合作制实现形式的多样性，是供销合作社实行开放办社改革的重要成果，说明用农民合作社代替基层社不仅切实可行，而且很可能成为一种新的发展趋势。有权威人士认为，"如果专业合作社发展到一定程度，规模到一定程度，用它来代替我们基层社的组织形式，也不是不可以。这也是一种途径"。实践证明，用农民专业合作社代替基层社，有利于打破在基层社建设上存在的思维定式和路径依赖，尽快摆脱改造难、新建也难的"两难困境"，探索出一条资源整合、低成本发展的开放办社、利农兴社之路。

**2. 补好联合社治理"短板"，切实提高行业治理效能**

联合社的纵向治理体系是一个"双向结构"，包括自下而上的联合社民主治理体系和自上而下的行业垂直治理体系。联合社是供销合作社的联合组织，肩负着领导供销合作事业发展的重要职责。其中，省级和地市级联合社的基本职能是"加强本区域内供销合作社的行业管理、政策协调、资产监管、教育培训，贯彻落实好上级社和地方党委、政府的决策部署"。而以代表会议制度为核心的"三会制度"既是联合社整个纵向治理体系的基石，是合作社的法定制度，也是联合社理事会、监事会行使其基本职能和权力的法理基础。虽然党中央、国务院三令五申强调各级供销合作社要坚持和完善"三会制度"，但并未很好地贯彻落实，理事会"一枝独秀"，监事会残缺不全，代表会议制度有名无实，成为联合社体制机制的"短板"，也是造成"合作社不合作，联合社不联合"，各行其是，甚至一盘散沙的重要制度缺陷性根源。

因此，在综合改革中各级联合社应该把恢复和完善"三会制度"，特别是代表会议制度列入优先日程，尽快补齐修好这一"短板"。要认真坚持联合社民主治理制度，科学设计联合社的"三会制度"，确保社员代表会议如期召开、规范运行，切实发挥"三会"的整体功能和协同效应。县级供销合作社要在大多数基层社恢复社员代表会议的基础上，适时召开县级联合社代表会议，按章程规定吸收农民参加理监事会，改组县联社。基层社"空白县"可主要以农民专业合作社等新型农业主体为成员单位直接改组县联社。省级、地市级联合社可先行召开代表会议，以推动综合改革的各项工作。全国总社、浙江省社等一些省级及部分地市级、县级联合社在实行代表会议制度方面采取在恢复中规范完善、在坚持中创新发展的成功做法值得认真学习借鉴，普及推广。

需要强调的是，"民主控制"是国际合作社联盟于1995年发布的《关于合作社组织特征的声明》中确立的"七大原则"之一，这一原则不仅适用于基层合作社，同样也适用于各级联合社。声明称，"在基层合作社，社员拥有平等的表决权（一人一票），其他层次的合作社也是按照民主的方式组建起来的"。联合社改革在本质上讲属于合作社制度的自我完善，必须遵循国际惯例，坚持"民主控制"原则。特别是在建立健全民主选举制度方面要注意以下几点：一是代表会议要有充分的代表性。县级联合社社员代表大会代表构成要坚持80、70、60原则，即农民身份的社员要占80%以上，理事会、监事会成员中农民代表要占70%以上，理事长、副理事长中农民代表要占60%以上，农民身份的理事、副理事长和监事原来的社会身份不变，不驻会，不领取报酬。二是要注意选举结构的合理性。基层社和各级联合社的选举结构设计的基本原则是权利均等、"一人一票"，少数服从多数，多数人选择少数人，各层级最低选举比例不能低于1∶3。省级、地市级社员代表大会代表名额可按照各市所辖县级社数量及其发展农民社员人数的一定比例，根据代表资格标准通过民主选举的方式产生。

### 3. 加快"出资人制度"建设，提升社企服务带动能力

"产权是所有制的核心"，现代产权制度是现代企业制度的基石。建立健全"归属清晰、权责明确、保护严格、流转顺畅"的现代产权制度是发展现代企业制度的需要，是供销合作社建立社有资产"出资人制度"、改革社有资产管理体制机制的必然要求，也是做大做强社有企业、提升系统服务带动能力的战略举措。

社有资产"出资人制度"的基本目标模式应该是以"社有资产管理委员会+社有资本投资公司+资本授权经营制度"为核心内容的"三位一体"的治理体系。社有资产"出资人制度"建设的具体任务就是要围绕实现这一目标模式，明确"出资人""出资人机构""出资人代表"等当事人之间的权责利关系，破旧立新，改革重组，改章建制，打造社有资产管理新体制、新机制。要围绕建立健全"出资人代表"制度、资本预算制度、考核激励制度和监督问责等几个方面不断完善"资本授权经营制度"。

在实践中，各地可根据不同的发展水平、现有管理体制的多样性、政策环境的

差异性，在坚持"终极治理模式"大方向的前提下，因地制宜地尝试某些过渡性的治理模式，如"双轨制"过渡形式、"社资兼容、管运独立"过渡形式，并采取一些差异性政策措施和过渡性制度安排，积极稳妥推进，逐步规范到位。

模式一：**终极治理模式**。即按照上述"三位一体"出资人制度的基本框架，实行以"两分开、两自由"即"社资分开""管运分开"和"人员自由流动""身份自由转换"为核心内容的规范的现代治理模式。

模式二："**双轨制**"**过渡形式**。这里的"双轨制"过渡形式与"终极治理模式"在组织形式上并无区别，同样需要组建"社有资本投资公司"，实行"资本授权经营制度"，其本质区别在于参公人员可以在企业"兼职不兼薪"，并按《公务员法》的有关规定采取"新人新办法"，实行"聘任制"。

模式三："**社资兼容、管运独立**"**模式**。即"社有资本投资公司"与联合社实行"一体化运营"。核心问题是要逐步打破参公人员在联合社机关和"社有资本投资公司"及社有企业之间自由流动和身份自由转换的政策性障碍。这种管理模式最接近上述社企分开的"终极目标模式"。这样，就不存在"兼职"之必要，也不会出现"兼薪"之问题。

彻底改造"旧体制"、全面建设"新供销"的根本目的是更好地服务"三农"。各级供销合作社要全面履行为农服务职责就需要进一步调整发展布局，优化产业结构，创新经营方式，提升服务能力，实现转型升级、创新发展。为此需要实现以下"四个战略性转移"，即由传统流通服务向全程农业社会化服务转移，由传统有形商品经营向现代流通网络平台建设转移，在城乡社区服务终端建设上由单纯购销型向多业态拓展转移，在与农民合作上由单纯的供销合作向生产、供销、消费、信用等全方位合作转移。

# 四　结束语

本文从历史演进、现行体制和发展趋势三个方面深入研究，旨在探讨不同时期、不同层面供销合作社"还社于农"改革的时代内涵和基本要求，为供销合作社综合改革提供舆论支持和理论支撑。中发〔2015〕11号文件的出台标志着中央顶层设计已经完成，关键在按照中央规划的线路图深入推进，按中央确定的时间表保质保量完成。可以说，深化供销合作社综合改革既是决定供销合作社前途命运的战略之举、长远目标，又是刻不容缓的当务之急、重中之重。如何坚持正确的舆论导向和问题导

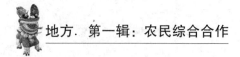

向，统筹规划、聚焦目标、突出重点、精准发力、蹄疾步稳、步步为营、扎实推进，积小胜为大胜，不断取得新进展、新突破，至关重要。随着综合改革的深入推进和全面铺开，一些可能出现的倾向性、苗头性问题需高度关注。

一要防止"两种风险"。一种是不改革的风险，另一种是乱作为的风险。常言道，"不改革等于等死，改错了等于找死"。这两种风险都会贻误改革，甚至断送改革前程。二要防止"两种倾向"。一种是行政化倾向，即单纯依靠行政手段推进改革，搞"一刀切""齐步走""大跃进"；另一种是单纯的企业化倾向。联合社可以而且应该走集团化发展的路子，但如果联合社本身实行集团化，不仅会造成新的社企不分，还会加剧"合作社不合作""联合社不联合"的体制弊端，供销合作社的行业群体优势就难以形成和有效发挥。三要防止"四种病"。第一种是"上热下冷病"，各种资源向联合社集聚，冷落基层改革和发展；第二种是"跛脚病"，只热衷于市场上的抢滩占位、项目上的盲目发展，体制"带病运转"，埋下风险隐患；第三种是"自闭症"，关起门来改革，只在体制内做文章，只看挂了多少"新牌"、铺了多少"新摊"，不问实际效果，使改革的机器"空转"；第四种是"忽悠病"，热衷于建"盆景"、造声势、赶速度，华而不实，欲速不达，经不住实践和历史考验。

对于各地改革进程中可能出现的这些问题，我们应该予以密切关注，保持高度警惕，未雨绸缪，防患于未然，确保综合改革朝着正确的方向、沿着正确的轨道，不断深入推进，持续健康发展。

# 供销社商业模式创新与综合改革

## ——山东省供销社土地托管和村社共建调查

## 董 玄[*]

**摘要：** 山东省供销社在农业生产方式转型的大背景下，主动调整为农户提供社会化服务的方式，通过整合多主体提供公共服务，通过土地托管实现农业服务产业化，通过村社共建联结农民专业合作社，实现了商业模式的创新，壮大了自身实力，也为探索有中国特色的农民合作经济组织探索了新路。本文根据实际调查分析了上述过程，并提供了政策建议。

**关键词：** 供销合作社 土地托管 村社共建

## 一 供销社整合资源，创新商业模式

### （一）公共服务从行政化提供转变为市场化提供

农村税费改革后，农村的公共服务和公共物品大多由各相关部门利用财政项目资金，以行政化的方式提供，但在资金、基层人才和管理、各种服务协同发挥作用等方面，存在诸多问题。

山东省供销社通过整合企业、农户、合作社，以及其他涉农部门服务职能，以市场化的方式提供公共服务。例如，农民培训、农业技术推广常常被认为属于公共服务，理应由财政负担。但在没有农民培训专项补贴情况下，潍坊供销社部分为农服务中心已经成功开展了农民培训，大部分是利用晚间和农闲时请专家、能手讲课；少部分发展成全国性农民培训机构，后者的做法是：（1）同时引进多家农资企业（参与培训的同类农资企业必须在3家以上），直接与农户对接，使厂家节约了经销商、零售商等中间环节的成本，同时让利于农民；（2）整合优质合作社，

---

[*] 董玄，清华大学公共管理学院博士生。

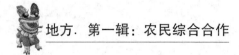

安排农民实地参观、学习技术，使优质合作社和基地有机会复制和扩大经营规模，还使银行有机会筛选对接优质合作社；（3）整合农产品销售渠道，如大型连锁超市、农业流通企业、农村经纪人。这样的培训，农民不用付培训费，但更好地掌握了切实可行的知识技能。同时，农资企业有效对接了优质合作社和大户，增加了销售利润，从中拿出一部分，就可以覆盖农民培训的成本。例如，潍坊市昌乐县供销社，原本县乡两级供销社都已经"空壳化"，开始新一轮供销社综合改革后，地方政府抽调乡镇党委书记担任供销社主任，并给予场所和初始资金支持，昌乐供销社恢复基层社，并抓住农民培训这一切入点，采用市场化运作，迅速发展壮大起来。该县"农民讲习所"基本不收学费，已经培训农民累计6000人次，发放"农艺工"职业资格证200个，培训创业人员600多人（合作社理事长、农村经纪人、庄稼医生）。昌乐供销社"农民讲习所"培训过的职业农民，拿着培训的资格证书，甚至到菲律宾、马来西亚等地都很受市场认可。

除了农民培训，还有其他公共服务，经过整合资源后也可以市场化方式来提供。第一，"小农水"管护。2014年，临沂市河东区供销社在沂自庄村成立水利专业合作社，解决了"小农水"管护问题，每年为村民节约灌溉成本每亩100元。该水利合作社不是靠财政资金负担管护工作，而是通过土地托管、资金互助社赚回管护成本。同时，利用本来就在当地经营农资、超市、恒温库的供销社人员，负责"小农水"日常看护。临沂市全市推广了这个成功经验，所有农业综合开发项目建成后都让供销社去对接，通过土地托管等多领域综合经营，高效利用和管护好这些已建成项目。第二，依托供销社系统经营网络，由供销社储备、管理、施用高毒农药，至今没有出现大的农产品安全事故。第三，农业机械推广。全潍坊市只有宏基农业发展公司（高密供销社与宏基公司合股成立的公司）拥有一台价值100多万元的爱科2204深耕拖拉机，可以深耕30公分，油耗比1204少1/3，马力大，解决了很多地块因干旱导致的耕难问题。宏基公司原本是独立的农机经销商，发挥自身农机购买渠道优势，通过分期付款获得大型机械，通过与供销社合作来对接更多土地托管业务，慢慢赚回大型机械的利润。

## （二）农业规模化与产业融合

供销社为农综合服务的核心逻辑是，通过整合各类农业生产主体和涉农企业，实现农业规模化与产业融合的互相促进——农业规模化为各类涉农企业提供了延伸产业链条的机会，产业融合也反过来提升了农业规模化的收益，降低了农业成本。

潍坊市供销社土地托管覆盖了全市 1/3 的耕地（300 多万亩）。调研发现，山东潍坊供销社组织开展的土地托管，几个作业环节（如耕地、播种、收割等）每亩价格比原来市场价低 30% 以上。

**1. 土地托管案例一：融合农资和储藏产业**

潍坊市寒亭区固堤镇基层社，在 22 个村都有小规模的示范基地，为农民提供良种示范推广、技术指导、统一农资农机农技的套餐服务，提高了农民的种植效益。固堤基层社对农户提供土地托管服务的价格，显著低于市场上其他主体的价格。例如，固堤基层社为某个种植 100 亩花生的大户提供"半托管"服务：耕地、旋地，每亩（两遍）收费 60 元，而市场价是每亩 80 元；播种，每亩收费 80 元，而市场价是每亩 150 元；分土，每亩收费 30 元，而市场价是每亩 50 元；打药，由固堤为农服务中心提供机械，免费供其使用；浇水，由大户自己负责，同临近的潍北农场一起浇灌。

固堤基层社微利提供土地托管服务，年利润中只有 20% 来自土地托管，但是，通过低价托管服务迅速扩大了规模。截至 2016 年年初，固堤基层社环节托管服务已经覆盖全镇 1/3 的耕地（2 万多亩）。扩大规模后，基层社可以依靠规模经济效应，从其他多个产业领域赚回利润。

第一，土地托管省去农资零售环节。拖拉机为农户提供耕种、播种服务，从基层社出发时就捎上化肥和种子，进行种肥同播，农户没必要再到零售店购买化肥和种子。开展飞防植保，也省去了零售农药的环节。

省去零售环节就省出了利润。例如 1 吨化肥，经销商从厂家以 2200 元进货，批发给零售店时加价 100—150 元，零售店销售给农民时又加价 300—500 元。按 1 亩地每年用 0.1 吨化肥计算，省去零售环节，每亩地就可以节省 30—50 元，托管 2 万亩地就可以省 60 万—100 万元。

第二，土地托管带动化肥、农药、种子等农资销售。农民使用了基层社的服务或购买了其农资后，对其低价优质有切身体会，就容易加深品牌认同，自己和亲朋会更多地购买供销社的农资。粗略估计，土地托管带动了 30 万元左右的农资销售利润。

第三，减少农资欠款造成的利息损失。当前，农资销售赊账很普遍，一般腊月才收付欠款。例如，1 袋销售利润 20 元的化肥，赊账 3 个月，利息成本为 6 元，利润就只剩 14 元。2015 年年底，固堤基层社账上还有 80 万元、100 万元的农资欠款，其中有 40 多万元欠款好几年都收不上来。而土地托管在一定程度上可以避免

赊账困扰，因为服务的大户资金实力强，一般都能及时支付。土地托管业务、农资销量的规模逐年增长，已经发挥出规模经济效应，为基层社节约了购置农业机械、建设经营和机具停放场地、聘用管理人员的成本。

第四，基层社建设了几个冷库，可以储存萝卜、花生，待市场价格升高后再出售。例如，2015 年，固堤基层社为托管农户免费提供一批花生种子，并保价每斤0.6 元收购，而收获季节的市场价是每斤仅 0.2 元，基层社采取冷库储存、伺机销售的方式，既保障了农民的收益，基层社也赚到了错峰销售的差价。

第五，供销社初步显现支付平台、融资平台的雏形。在固堤基层社，有的农民很信任基层社，把土地托管后，并不取回粮食出售款（扣除托管费的剩余部分），而是放在供销社账上，不取回销售所得资金，而是将其放在基层社账上，用于支付下一季的托管服务费和农资费用。另外，诸城市相州镇泰丰农村资金互助社、高密市张家庄为农服务中心都是采取供应链金融模式，合作社成员把货物（蔬菜、土豆）放进供销社仓库后，就可以申请获得资金，货物销售后打款进供销社账户，扣除服务费用和资金费用再转账给农户。

土地托管以及整个新商业模式的出现，有赖于地方政府机制的创新。地方政府和上级供销社补贴初期固定投资。固堤基层社拿出社有土地，地方政府和上级供销社提供政策与资金支持，共同投资建成为农服务中心。服务中心累计投资超过千万元，购置了大型机械，兴建了机械停放车库、冷库。省供销社和市供销社支持固堤基层社尝试土地托管，并帮助其引进优质花生品种和有公司保价收购的胶状玉米品种。

### 2. 土地托管案例二：融合农机销售产业

潍坊高密市弘基公司从 2010 年开始经营销售农业机械，后来发展成 4S 店，目前是高密市最大的农机经销商。2014 年，弘基公司为了承接政府的农业机械化项目，成立了弘基农机合作社，统一组织农机手作业。2015 年，弘基合作社与供销社合股成立宏基农业发展公司，并联合建成一个为农服务中心。

该为农服务中心提供土地托管服务，也采用低价微利策略，土地托管利润占弘基公司总利润的不到 30%。但是，通过低价服务迅速形成规模，截至 2016 年年初，为农服务中心提供的土地托管服务，覆盖了高密市约 20% 的土地面积（27 万亩）。

土地托管服务形成规模，意味着占领了未来的农机销售市场，可以从农机销售上赚到更大利润。2013 年、2014 年是高密市农机更新期，农机从背负式更新换代为自走式。新一代机械一般 3 年回本、5 年报废更新，所以 2018 年、2019 年是新一轮农机销售潮。以前是零散作业，假设高密有 1000 台车，进行规模化社会服务后，只需要 700 台，有 300 台要被淘汰。农机手如果希望今后参与弘基公司的土地托管业务，就要优先选购弘基公司经销的农机。

供销社与弘基公司达成合作，因为供销社的劣势在于农机采购和组织农机手，但供销社有农资经营和为农服务中心建设的优势，从而形成优势互补。

最后，为农服务中心的建设和业务发展，离不开地方政府的配套政策，如为农服务中心用地政策、建设资金补贴等。

### （三）筛选对接新型农民与优质合作社

土地托管主要针对大田粮食作物，而对于劳动密集的经济作物，供销社也有筛选对接的办法，依然是靠整合资源、产业融合。下面，以临沂市莒南县供销社"村社共建"为例。

莒南县郝家庄村从 2013 年开始成为第一批村社共建点。它的一个特色是，不通过某个企业或大户把土地流转集中起来，也能实现土地集约化经营。

在村社共建前，郝家庄村有 20 个棚，但分布分散、朝向不统一，效益不高。2013 年开始村社共建后，供销社规划了 400 亩集中种植区。在集中种植区域内，大约有一半土地属于有意愿种植大棚蔬菜的农户。为此，村级组织作为中介，动员没有种植意愿的农户，以 1500 元/亩的价格租给村里其他有种植意愿的农户，从而实现集中种植。在此基础上，村级组织每年接受村民的种棚申请，确定明年新增大棚数量后，供销社和村级组织合作成立的绿园合九合作社，负责整理土地、划分地块，供农民自建大棚种植果蔬，并提供一系列指导、服务和农资供应。

该村常年在村且有劳动能力的农户有 100 户，平均每家种植 2 个棚，年均纯收入达 5 万元，农民实现了增收。同时，村集体也实现了增收。村集体以土地入股，所有产生经济效益的项目都与供销社五五分成，每年集体收入达 5 万元。

上述果蔬种植的村社共建项目之所以能够持续运作，原因在于其创新的商业模式。供销社在郝家庄村实施了另外 3 个"村社共建"项目——供销社农资直营店、供销社日用品店加盟店、果蔬交易市场，从而赚回利润。村里农资销售从前靠代销点，升级为供销社农资直营店后，农资销量 3 年内至少增长 10 倍，可以辐射周边六七个村庄。类似地，日用品店也扩大了营业额。最后，由于果蔬种植形成规模，基础设施投资成本被摊低，果蔬交易市场每年为供销社提供近 5 万元收入。

村社共建项目，由供销社和组织部门、镇党委政府、村级组织共同规划，供销社基层社具体实施和管理。地方政府为初始固定投资提供资金补贴。村社共建项目所需建设资金共120万元，包括村办公楼、基地的基础设施，农资店、交易市场等经营场所的建设，其中一半来自各级政府部门的项目资金，另一半来自供销社基层社投入。

## 二　经验与瓶颈

### （一）经验

很多农业经营项目具有一次性投入大、回报周期长的特点，所以开头起步难。一开始农民看不到经济利益，不敢贸然参与；在基础设施和公共服务缺乏的情况下，如果没有补贴，一般投资者也不敢贸然投资。山东供销社创新的商业模式提供了三条经验：第一，通过整合各部门和各类企业资源，公共服务可以用市场化方式提供，并从产业融合中获得收益；第二，通过整合各产业链环节，土地托管服务可以微利低价提供，并从产业融合中获得收益；第三，筛选并对接容易形成市场契约关系的新型农民与合作社。

山东省供销社创新的商业模式，是为破解为小农提供经营服务、提升规模效益难题所做的一种探索。供销社作为交易中介（或资源整合者），对接农户和投资经营者，通过扩大整合规模来提高产业链效率，一方面通过吸引社会资本设立农业服务公司和建设运营为农服务中心，更好地服务农民；另一方面通过加强经营能力、健全网络体系、拓宽服务职能，更好地组织农民。

### （二）瓶颈

第一，土地托管，总是优先服务那些容易服务的农户，也就是经营规模大的土地流转户，顺便服务愿意连片托管的分散农户或合作社。也就是说，40%的土地可以进行规模化的土地托管，剩下60%的土地，农户分散经营，难以连片托管。所以，一方面需要时间和耐心，大约10年以后，很多老年农民会退出农业劳动；另一方面，需要拓宽服务职能、创新融资工具，使供销社有更多渠道接触广大农户，有更大能力与他们建立紧密联系。

第二，村社共建的瓶颈在于管理人才和资金不足。村社共建所能达到的理想状态是实现农民的组织化，这样，不需要企业集中流转土地，也可以实现土地连片地规模化作业。但是，即使在村社共建最成功的莒南县，一个乡镇也只能把两三个村社共建点做精，实施村社共建的人力和资金都不足。所以，对于很多初始投资大、回报期长的投资建设，资金不能只来源于已有的剩余积累（即企业利润积累和财政补贴），必须建立将未来收益一次性变现的融资机制。

# 三　政策建议

探索建立以农民为主体的有中国特色的农民合作经济组织，供销社应成为广大农民与投资经营者交易、合作的重要中介组织。为此，提出六点政策建议。

第一，加快推进供销社组织体系创新。

把供销社作为农业农村工作的重要抓手，加快推进供销社组织体系创新，将供销社转变为连接农民和市场的服务中介，切实做到为农服务，在为农服务中实现供销社经营方式的转型。

第二，成立"农合联"并配套双线运行机制。

以农民合作社联合社（简称"农合联"）为主体，配套"双线运行"机制。"农合联"为主体，是为了让政府更好地带领和帮助农民，实现以农民为主体的农业现代化。"农合联"应与其管理运营组织（例如供销社）① 先实行"一个机构、两块牌子"。

"农合联"的管理运营组织，应整合更多涉农服务职能。例如，试行把职业农民培训的服务职能和经费转到供销社，用于培训农民、建立基地，示范科学合理施肥施药；把"一喷三防"和"一防双减"的服务职能、风险责任和经费移交供销社；农田水利等农业综合开发设施建成后，移交供销社管理。

整合涉农服务职能的供销社，可能出现新的部门垄断弊病，所以，应该完善供销社双线运行机制，以便促进供销社之间的竞争和市场竞争。

双线运行，是为了同时发挥好政府与市场的作用。供销社及其成立的资产管理委员会是第一条线。供销社资产管理公司与社会上其他企业共同组建的为农服务公司是第二条线。为农服务公司完全市场化运作，可以投资运营为农服务中心，与涉农企业进行交易与合作。

---

① "农合联"的管理运营组织究竟是供销社，还是其他名称的实体组织，本文不做讨论。

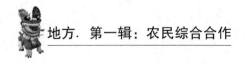
第三，供销社资产管理公司设立统一支付平台。

供销社整合多方资源、开展综合服务的过程中以及土地托管或其他业务开展过程中，涉及很多资金收付和资金沉淀，所以有可能形成专门的支付平台。例如，供销社与社会上各类企业合股成立的多个农业服务公司，资金走账都可以统一到一个账户；有的农户把土地托管给供销社，但不把年终售粮款取回，而是放在供销社基层社账上，用于支付下一季托管费和农资费用；供销社帮助合作社、大户联系销售后打来的货款；供销社电子商务会产生交易支付、农业保险费；政府购买服务打款。如果这些资金流动都经过同一个（县级或市级）供销社支付平台，就会形成较稳定的资金池。供销社资产管理公司能够吸引到的投资者和农户越多，资产管理公司越受到投资者和农户信任，那么资金池就越大。支付平台的资金池可以衍生出金融产品，用于错峰购买化肥、经营周转、固定投资等。

第四，考虑出租为农服务中心经营权。

随着供销社涉农服务职能拓宽和经营实力提升，以及一大批老年农民逐渐退出农业劳动（5—10 年后），供销社可以积累更大规模的土地托管业务。这些业务是可预期的收入流。将未来一定时期、一定范围的为农服务中心业务经营权进行出租，是一个值得考虑的替代方案。当前，供销社建设和运营为农服务中心，只有独资或股份制，但认缴制下的股份制难以清晰界定双方的权、责、利。其实，只要供销社对所出租业务设置一些限定条款——如若违规经营、非农化经营、闲置经营两年以上即可收回经营权，如限定经营权的内容范围——则即使出租给其他企业也并没有太多风险。

出租为农服务中心业务经营权，一个好处是把业务经营权变为信用工具，将未来预期收益一次性变现，用于更多固定投资和战略布局。另一个好处是促进不同地区供销社之间的竞争。只有选点布局合理、基础设施完善、产业融合得当的供销社，才能吸引到投资者购买其发行的为农服务中心经营权。这些好处类似地方政府对城市土地经营权的出售和融资，但那是以政府垄断一级土地市场为条件；而供销社业务要想把为农服务中心经营权租出高租金，则必须提高当地农业产业投资环境。为农服务中心拥有良好的基础设施，并不禁止其他企业也来开展社会化服务。

第五，加强各级供销社与当地农投公司的合作。

供销社和农投公司有很大的合作空间，合作的形式可以是农投公司入股供销社、双方合股建立农业服务公司等。供销社有实体经营网络，可以借助农投公司的融资能力实现战略布局，农投公司也可以借此拓宽投资范围，更好地实现国资保值增值、履行强农使命。

第六，改革人员薪酬制度。

供销社资产管理委员会的管理人员，不应该与市场激励绝缘，而应该建立与经济绩效挂钩的经济奖励和惩罚制度。

# 没落的基层供销社可以东山再起吗？

## ——来自河南省 A 县供销社的调查报告

仝志辉　刘　闯　张俊娜<sup>*</sup>

**摘要：**对供销社系统基层状况进行调查研究，是制定具体的基层供销社改革方案的基础。这篇调查报告，主要以一个县供销社和所属乡社的情况为例，呈现供销社基层社改革所需要解决的主要问题，并尝试分析供销社基层社改革的优势和劣势。翔实细致的资料可以帮助人们体察供销社基层社改革的复杂性。

**关键词：**供销社综合改革　供销社基层社改革　农民合作社

供销社体制存量的改革，是供销社综合改革中最为艰难复杂的部分。对此，供销社系统上下皆知，学界也有相当共识。基层社改革被视为供销社综合改革中的重点和难点。因此，对供销社系统基层状况进行调查研究，是制定具体的基层供销社改革方案的基础。这篇调查报告，主要以一个县供销社和所辖乡社的情况为例，呈现供销社基层社改革所需要解决的主要问题，并思考如何从基层社改革的实际需要出发，把中央 11 号文件和河南省改革方案的内容，凝缩成对此类供销社改革具有启发性的改革思路。

## 一　历史发展的脉络

### （一）在 1950—1951 年迅速建立县乡村三级全覆盖的供销社基层网络

河南省 A 县发展供销合作社的步伐与党和国家的部署保持着同步。1949 年底，

---

* 仝志辉，中国人民大学农业与农村发展学院教授，国家发展与战略研究院研究员；刘闯，中国人民大学农业与农村发展学院博士生；张俊娜，中国人民大学农业与农村发展学院博士生。

河南省合作总社成立。1950年2月10日，河南省人民政府发出《关于扶助合作事业的指示》，要求在城市有重点地建立消费合作社，经过土改的农村以试办供销社为主。在20世纪50年代创办时，供销社是农民自己的合作经济组织，实行社员入股，并定期召开社员大会。1950年4月，A县B镇供销社成立，这是新中国成立后A县成立的第一个供销社。与其他乡镇相比，这个镇基础较好，原来已有传统集市，是商贸活动集中的镇。

1950年7月国家颁布了《中华人民共和国合作社法（草案）》。当年9月份，C镇供销社成立。在B镇和C镇两个基层社的基础上，县供销社筹备委员会成立。紧接着，县供销社筹备委员会一方面筹划成立县级供销社，另一方面继续开展建立基层社的工作。到10月份时，A县供销社联合社正式建立。

据河南省供销合作总社的统计，截至1950年底，全省建立县级及以上供销合作社（包括筹委会）共96个，基层供销合作社432个。A县供销社就是这其中的组成部分。1951年3月，A县供销合作社第一届社员代表大会在县城的剧院召开，大会选举了理事会、监事会。1951年9月县供销社开始在全县的农村建立代购代销店，使供销社在乡镇和村都有了自己的系统网点。

从供销社在县乡村迅速建立三级网络的过程可以看出全国供销合作社的发展在变成由国家统一指导和发动新的政权体系推动后所具有的高效率；同时，也可以看出，由于供销合作社所从事的农村流通事业的特点，乡镇一级的供销社是供销社发展的重要节点，体现了供销合作和农村市场贸易相结合的特征。

## （二）供销社的体制和归属变化

供销社本来是农民群众自己的合作经济组织，随着国家工业化和人民公社化的发展，供销社几经合并，官办色彩渐浓，与农民合作渐行渐远。

1958年3月，全国进入"大跃进"时期。当时存在一种错误认识，即社会主义统一市场已经形成而其他所有制形式的商品经济已无存在的必要，这导致全省范围内县以上的供销社与国营商业部门的第一次合并，开始建立单一的全民所有制商业经济。1958年4月，河南全省农村供销合作社均并入人民公社，变成人民公社所属的商业机构，基层供销合作社的人员、资产及业务管理权均归公社所有。1960年，国家又进一步明确基层供销社既是人民公社的组成部分，又是国营商业的基层组织，受人民公社和县商业局的双重领导，原属供销社管理的合作商店、合作小组也一次性过渡为人民公社供销部，变成国营商业。这段历史是供销社变为国营商业

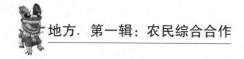

和丧失农民合作经济组织性质的开始。

在县级层面，1958 年 7 月 A 县委根据《关于地方机关编制决定》，将县供销社和商业局合并。10 月，商业体制完成改革，县供销社、商业局合并为商业局。A 县基层供销社随着机构改革和农村人民公社化的推进，人、财、物三权均下放到人民公社。11 月 A 县实行一县一社，成立了"铜山人民公社"，财委、商业、粮食、财政、银行也合并为"A 县人民公社财政贸易部"。

在经历三年困难时期后，国民经济贯彻"调整、巩固、充实、提高"的方针。1961 年 10 月，在省级层面上，省供销合作社与省商业厅分开。A 县也恢复了县供销合作社和各基层供销合作社，各项业务得以复苏。

但是，在 1971 年 10 月，县商业局又和县供销合作社合并，接着县里决定撤销商业局、县供销社革委会，成立县革委商业局。

1975 年 3 月，根据中央调整国民经济的文件精神，政府对各级供销社的归属进行了相应的调整，将县级以上供销社与商业部门分开，再次恢复了全省供销合作社的领导机构、网点，但基层供销合作社仍归人民公社管理。1975 年 5 月，A 县供销社恢复编制。

1980 年，河南省供销社在全省开展了扩大企业自主权的试点工作。1981 年，县供销社联营公司建立。1985 年和 1986 年，县供销社开展了小型承包改革，即把乡镇供销社所有的各个门市部承包给内部职工。由于当时承包方案简单、人员经营管理理念滞后，经营业绩并没有改善，最终又退回到原有体制。

随着市场经济的改革与发展，在 1992 年，A 县供销社也努力抓住机遇再次尝试改革。当时县供销社仍然采用承包的方式，鼓励会做生意、有经营头脑的人承包。承包人主要来自供销社系统，他们分别开办了加油站、粮棉油收购站等。但是，这次承包的结果是赔多赚少。当时，门市部开放给承包人经营，承包人基本都是以供销社的名义贷的款，由于没有赢利，他们就没法还款，最后给供销社遗留了大量的债务。这次改革使得供销社马失前蹄。

1995 年，上级又发文件要求改革，最后也没有改变供销社走下坡路的局面。当地一个乡社主任将供销社历次改革形容为"大搞大赔，小搞小赔，不搞不赔"。可见，大家对改革已经不抱很大期待。渐渐地，供销社丧失了发展的内在动力，也找不到符合本地情况的改革目标。

经过几次改革，县供销社探索并开展了一些业务，但最终都没能做起来。现在银行也不愿意再给县供销社贷款，同时，县供销社欠银行的债也越积越多，累计近

200 亿元。但是，这些年来县供销社的债务一直未消解掉。

供销社的单位性质也几经变动。在 1990 年前，县供销社是政府单位，在 1990 年后县供销社退出政府序列，算作企业单位。2011 年，政府将县供销社作为涉农部门保留，又回归政府管理，成为参照公务员管理的事业单位。在县供销社机关这样频繁的机构变动中，县供销社对于自己的职能定位的认识不能保持一贯性，在县供销社与乡镇基层社的发展上，利益也会有不一致之处。这在既有的对供销社体制的研究中，就笔者所见，并没有系统涉及。

### （三）供销社的资产和业务变化

在改革过程中，供销社的资产由于自身和外界的原因正在渐渐缩减。曾经县和乡镇的繁华地段、商业中心区都有供销社的门面房，后来，供销社进行内部改革，办企业或者承包，使供销社的一部分资产流失。特别是在 1992 年前后，县供销社的日子过得非常艰难，因为乡镇搞城镇改建占用了供销社的资产，协商时，矛盾很大。据县供销社人员介绍，由于与政府其他部门是平级的，相关部门不怎么理会供销社，最后也没有给太多补偿，重新划给供销社的地基本没有太大商业价值。

县供销社的业务也发生了从多到少的变化。在辉煌时期，县供销社统一进货、配货，经营业务非常广泛，效益也非常好。乡镇的供销社门市部一般都配有 2—3 名工作人员。各级乡镇设有布匹、粮、棉、化肥等仓库点，同时设有专门部门去收购棉花、粮食等，并进行分开管理。后来由于供销社受到市场经济的冲击越来越大，以及多次改革不见效果，县供销社和基层社的业务范围逐渐缩小，乃至停滞。如今出租土地和房屋成了供销社的核心业务。

### （四）供销社与农民专业合作社的发展变化

由于其历史上曾经有的合作经济组织性质，也由于改革开放以来历次供销社改革都不同程度地强调恢复供销社的合作经济组织性质，供销社也和改革以来不断发展的农民合作经济组织不断发生交集。在 20 世纪 90 年代，河南省供销社一度把建立以供销合作社为依托的各种专业合作社作为基层供销社发展的一种重要形式。A县供销社在全省供销社的这一战略布局中，曾经走在前列，成为全省系统中的典型。当时，香菇是 A 县的支柱产业，1996 年，全县有 12 万户种植香菇，从业人员有 25 万人，成为全国香菇生产第一大县。1998 年，全县干鲜菇产量达 1.8 万吨，产值为 7 亿元左右，人均菇业收入 700 多元，在全县的农业总产值中，香菇产值约

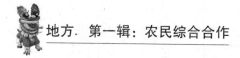

占 37.5%。A 县供销社在这样的产业基础上兴办食用菌专业合作社或专业协会，也组建了食用菌龙头企业，逐步建立起菌种厂、烘烤厂，实行产加销、贸工农一体化经营。当时，供销社对菇农提供了一系列的服务，包括购进分拣与烘干服务、提供资金购买物资、提供技术辅导等。就这样，县供销社依托专业合作社发展了一些与农业相关的产业，但是后来这些产业还是慢慢地不行了。

2007 年国家出台了《农民专业合作社法》，之后，各种农民专业合作社大量涌现出来。2009 年 A 县供销社挂牌成立农村经济合作社联合会，主要是由于政府考虑到专业合作社刚刚起步，需要有个管理挂靠单位，就委托供销社代管。工商局、农机局、农委协助，供销社出面，为专业合作社办理登记，提供相关服务。在农合联下，有 7 个挂靠在供销社的合作社是由供销社员工或者有关系的人所创办。

## 二　没落的现状

### （一）业务缩减和停滞

目前，整个县和乡镇供销社的现状不容乐观。A 县供销社系统现有 29 个基层单位，其中有 5 个勉力维持的直属公司和 1 个批发市场。农产品综合公司和农资公司略有效益，其他公司的经营活动几乎停滞。县供销社曾建有棉花厂，之前受政策保护，能维持经营，现在当地老百姓基本不种棉花了，导致收购不足，最终棉花厂无法继续经营，但是棉花厂的资产还存在。除了县棉花厂，乡镇基层社的棉花厂也都处于闲置状态。

供销社传统的核心业务——农资这块已经是以私营企业经营为主。但是，这些企业都和供销社系统有着千丝万缕的联系，全部农资店中 70% 的店是供销社内部员工开的，剩下的大部分农资店也是供销系统职工的亲属开的。

### （二）员工年龄老化及流失

全县供销社系统有在册员工 4100 人，其中已退休员工 1600 人。平日里来县供销社机关上班的有 21 人，其中 12 人有正式编制，由政府财政供养，其他人员属于机关聘用，聘用人员的工资和办公经费来源于地租以及下属企业和基层社每年上交的管理费。

实际上，29 个基层单位中能够正常发工资的只有 100 多人，乡镇基层社多的有五六人，少的只有一位主任守摊子，发着少量补贴。其他处于正常工作年龄的 2300 名员工实际上都已自谋生路，不再从供销社拿一分钱，其养老保险也是自己买，只是由县供销社帮忙统一汇总缴费。

### （三）资产逐渐流失

县供销社现在的资产主要是当年留下来的地皮，这些地基本上都是供销社当年在县、乡镇的办公和营业网点，以及下属企业所占的地皮。曾经县供销社利用这些地皮进行"招拍挂"解决了职工前几年的养老保险金问题；目前，随着供销社的衰落，社有资产不断流失，资产规模相对已经大大缩小，县供销社现在基本很难开展具体业务来壮大资产，主要是维持现状。

县供销社的直属公司以及每个基层社都是独立法人单位。但按照章程的规定，它们所有的固定资产、资金属于县联社总法人，供县供销社内部统一调配使用。所以，县供销社也在努力保持整个县供销社系统的资产不流失。

### （四）职能范围大大缩小

如今供销社的功能已经大不如从前，职能的担当也在减小。现在县供销社主要通过下面交管理费的形式维持现有的组织管理架构。有些单位没效益了，县供销社就没再要这些单位的管理费。在县供销社成为事业单位后，其财政压力减轻，有些项目也就不再收管理费。对于上交给县供销社的管理费，县供销社设置统一的账户，根据情况统一分拨给乡镇基层社，作为乡镇基层社的工作经费。乡镇基层社也会将部分收入放在自己的账户里，每月上报给县供销社，县供销社每月报给市里一个总数。这个程序，供销社一直在坚持运行着，正如县供销社人员介绍的："虽然没东西了，但还是按部就班地操作着。"

另外，供销社依然承担着物资储备的功能。但由于政府不给储备金，供销社自身没有能力储备，顶多是联系乡村门市，看谁家有麻袋，就记录下电话号码，以保证在防汛需要用时能随时联系到物资。

在乡镇一级，供销社虽然业务基本都已停滞，但仍被看成是一个部门，镇政府有会议时，也会叫上供销社人员参加。如今，县供销社每年底开一次总结会，平常至少一个月开一次会，开会的目的主要有三方面：一是负责内部员工养老、医疗保险收费汇总；二是强调安全生产，帮助协调工商、税务部门；三是顺便联络内部员工的感情。

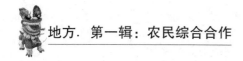

综上，在发展中，供销社虽然几经努力，但仍跌落到目前的境地。供销社的发展沉浮既和农村经济的兴衰相联系，也有其作为一个独立系统内部的原因。但是，最终由于内部机制的改革不顺利，基层供销社系统现在已经处于萎缩的境地。

# 三　A县SW镇供销社的变迁

对SW镇供销社的调查，主要是通过对SW镇流通市场现状的了解以及对镇供销社现任主任的调查进行的。

## （一）受访人情况简介

主要受访人是A县SW镇供销社的现任主任——J主任，他生于1962年，曾经在北京当兵，1985年底回乡，1986年7月1日被分配到SW镇供销社。当时他也想留县城，但听领导们说，年轻人应该先到底下锻炼锻炼，于是就干脆回到老家工作。1996年他任基层社副主任兼会计，到2002年升任正主任。以前在供销社时，他在SW镇卖农资，等孩子长大后，他就在县城边上租了公路旁的一所房子卖农资，虽然他现在还挂着主任的头衔，实际上是个体经营。他有一儿一女，女儿正在上学，儿子在县城另外一个地方卖化肥。他已经卖了七八年的农资，属于季节性的生意，每年干3—5个月。供货的厂家还请他们免费去旅游，每年有一两次。家里的钱都投资到生意上了，现往外面赊账多，不好收回，已有几十万，最长账期有三年，大部分都是当年的账，周转几个月，农民卖了粮食就还钱。

## （二）对SW镇供销社及县供销社发展变化的回顾

据J主任介绍，SW镇供销社曾有五六十个职工，当时设有理事会主任及理事、监事会主任及监事、副主任（2—5人）、人事干事、办公室主任、主管会计、出纳、物价员、采购员等岗位。对于主抓业务的副主任，下面配1—3名业务经理，经理下面配不少于3名采购员。SW街门市部当时就有8个员工，分布在工业品部、日杂百货、布匹针纺织、加油站、化肥部。另外专门收购烟叶的有3—5个人。

改革开放后，A县供销社系统开始受到市场经济的冲击。1982—1992年，A县供销社分布在村里的网点还有很多，基本上是一村一网点。供销社经过考核和审查，利用农户家庭的民房或者大队闲置的房子作为经营网点，约有1—3间房的大小，由农民成立村代销点。乡镇基层社把商品批发给代销店，与后者按照商品销售额分成，比如每销售 1 万元，返给代销点 1200 元。但供销社并不负担村级代销点人员的工资。

1985 年县供销社内部有过小改革，改革的原因有二：一是 80 年代某些领导决策失误，造成损失及职工不满；二是决策程序复杂耗时，贻误商机。改革的主要形式为"小承包"，即根据上一年的销售额规定任务量，达到设定目标则发全额工资，没达到则扣工资，超额完成任务则进行奖励，但是整个激励机制仍然比较单一。

彼时，正赶上国家搞活城乡经济，广泛设置农副产品批发市场。供销社经营的商品价格固定，而私营个体户售卖的东西可以随时根据库存和市场行情调整价格，提高销售量，降低库存率。供销社的商品如果在销售季没有卖完，则只能存在仓库待售，结果导致商品积压，挤占资金，加重债务，再加上供销社职工售货态度不佳，一副爱买不买的样子，顾客流失很严重。

### （三）SW 镇供销社的现状

目前，就 A 县现存的 21 个乡镇供销社的效益来说，SW 镇供销社属于中等，主要是土地和楼房的租金。虽然 SW 镇供销社的经营业务停滞了，但是其遗留下来的地和楼还在。目前 SW 镇供销社还有 5 亩地、6 间房，1 名职工居住在那里。另外，还有几处空院子，其中一个院子现在建了超市，供销社向其收房租，并每年从中拿出 1000 元上交给县供销社。其实基层社上交给县供销社的管理费并没有定数，资产多的就多交。比如，一个镇供销社曾经的生产公司留下了厂房，现租给时代广场，一年收 80 万元租金，每年上交县供销社 50 万元。

SW 镇供销社的开支，除上交管理费以及每年 1000 元左右的接待费，还有为数不多的电话费、车费，另外给 39 名退休的职工交医药费，每人每年交 160 元。没退休的职工有 40 多人，养老金需要自己解决。访谈时，J 主任说，他一年给自己交养老金 5500 元（按城镇职工水准交）。去掉一系列的开支后，镇供销社若有节余的资金则用来还私债，比如曾经欠员工的医疗费、车费等，而欠银行的债暂时未顾及。

目前，镇供销社与县供销社的关系体现最多的是人事关系。县供销社对乡镇供销社有人事任免权。人事关系在县里，是垂直管理关系。另外，县供销社还有监管职能，基层社每月要按程序上报一次财务报表，现在没收入了，也基本不报了。镇供销社每年也要统计有多少职工，然后报给县供销社。

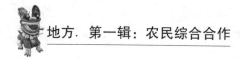

# 四 "县级维持、基层瓦解型供销社"的困境

根据上面的分析，我们可以把 A 县供销社的情况概括为"县级维持、基层瓦解型"供销社。显而易见，基层供销社面临诸多困境。这些困境既构成改革力图改变的现状，也限制了改革所需的资源。

## （一）制度困境

旧有体制僵化，灵活不足，导致效率低下，决策程序复杂耗时，贻误商机。制度规范执行链条已经中断，需要重新建立完整连续的执行及监督体系。供销社的人员激励机制一直是一个问题，激励机制比较单一，内部员工的积极性很难提高。

比如，供销社的一些房子老化，甚至成了危房，很难出租出去经营，改造也比较缺乏资金，部分地也没有土地证，要投资的话，就得审批办证，但是受到制度限制，对这些土地进行审批要遇到很多麻烦，结果导致了县供销社不能充分发挥地处中心地带的优势，实现资产增值收益。

## （二）人员困境

目前，县供销社的人才队伍素质与数量参差不齐，人员流失严重。现有工作人员的年龄结构偏大，县供销社在 1995 年后不再进人，平均年龄为 40 岁左右。因为鲜有年轻力量加入，内部员工的思想观念难以跟上社会形势，"折腾"的动力和劲头已大不如从前，对于进一步的改革基本采取的是等待、观望的态度。为响应中央 11 号文件的改革精神，县供销社专门组织了一次本系统的会议，把各个乡镇社和直属公司的领导叫到县供销社开了文件传达会。而基层社领导普遍认为文件内容比较笼统，缺乏具体政策，在贯彻上也缺乏来自上级的资金。对于基层社来说，具体政策和大笔资金是改革推进所必需的。这明显和供销社改革依靠基层试点、充分调动基层社资源的精神是相悖的。

## （三）经营管理困境

县供销社社办企业经营管理理念落后，经营状况不佳，自身发展缺乏经济支撑，难以拓展新业务。现在县供销社基本不存在实体经营，很难筹集到资金，也很难将曾经系统中有经营能力的人整合在一起，对于仅有的土地和门面资产开发，只能和其他组织或者私人合作。基层社不再体现农民合作社的性质，表现为基层社的职工变成个体户，开展自己的业务，收益归自己分配。此外，历史遗留的债务始终是供销社头顶的乌云，曾经的银行信用黑点增加了贷款难度，财政压力大，员工福利不足，这些因素都抑制了供销社员工参与改革的积极性，加上改革屡次失败，员工的信心也不足。

总之，供销社不再像计划经济时代处于垄断地位，现在市场竞争激烈，若政府不给予一定的特殊扶持和保障，其很难实现生存和新的发展。

## 五 为突破困境与当地企业的合作

供销社现在为实现资产的保值增值，主要的经营方式是出租房屋和土地，有条件的供销社则利用现有资产或者申请到的政府项目入股当地的企业，入股时，一般会要求对方挂上供销社的牌子。

调研期间，县供销社正在与 A 县农林开发有限公司进行合作。该公司是由 A 县企业家唐某于 2010 年 6 月注册成立的，注册资金 2000 万元，是集农林开发、农业种植、畜牧养殖、粮油购销、旅游开发为一体的龙头企业。企业以农业发展、农民增收为己任，先后投资 6000 万元，开发购置山地 1.17 万亩，其中荒山造林 6000 亩、苗圃基地 200 亩、晚秋黄梨 500 亩、桐油树种植 5000 亩。

A 县农民专业合作社联合社（下简称联合社）是由 A 县农林开发有限公司牵头，根据《中华人民共和国农民专业合作社法》的规定，联合 36 家农民专业合作社于 2013 年 6 月成立的，注册资金为 1000 万元，之后由农办牵头，供销社作为主管单位，联合社表面上成了供销社的二级单位。

A 县农林开发有限公司是联合社强有力的后盾，在该公司的支持下，联合社成立了一家生活商贸公司，并在部分乡镇开办了生活超市，以农村乡镇超市为突破口，为联合社的社员提供的商品低于市场价 5% 左右。其中，县供销社占生活超市 34% 的股份，但是这个股份是虚的。对方要县供销社投资，县供销社因为没太多钱，要求先挂上，等有钱了再投。因为生活超市的房屋是乡镇供销社的，于是，由乡镇供销社的主任出面与生活超市单独签订联营协议，签了 20 年合同。合同规定生活超市每年付给镇供销社房租 2 万多元，3 年以后，房租每年会有个递增比例，假如连续 2 年不交房租，合作就终止，供销社收回房屋。租金直接进镇供销社账户，由镇供销社自开自支，但县供销社财务科每年会抽查是否合理，审计局也会

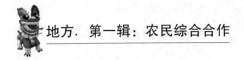

查。双方合作的关系是，县供销社与生活超市是股份制合作关系，乡镇基层社与超市是租赁关系。

# 六　供销社改革的整体态势

## （一）仍存的大量优质资产

县供销社现在的财产主要是当年留下来的房屋和地皮，地皮基本是当年供销社在县、乡镇的办公和营业网点，以及下属企业所占的地。供销社的地皮和楼房虽然在改革的过程中有一定的流失，但剩下的地和门面房多处于县和乡镇的繁华地段或者商业中心区地段。这些资产为供销社寻求对外合作提供了潜在的交易资源。

## （二）健在的流通渠道

目前全县供销社系统，除去退休职工，在册职工还有近 2500 人，在职员工平均年龄为 40 岁左右，业务经验都非常丰富。虽然供销社在历史上经营农资的优势已经不表现为供销社的经济实力，但是公允地说，供销社系统留下的营销人才、营销渠道和专业才能仍然在县农资销售中占有相当重要的地位。他们可以通过关系开拓进货渠道，也相对容易与县里的农机、农技、工商、税务等部门建立和维持关系，而且供销社还整合了乡村传统集市的基础资源，这些一旦连接运转起来仍可以提供强大的产品流通力。基层社的流通渠道打通了，则省社与基层社的业务流通体系就有了贯通的可能。

## （三）丰富的社会资源

县供销社有权统一调配全县直属公司和基层社所有的资产，通过这些资产，县供销社系统直接或者间接地与社会发生广泛的业务联系。另外，供销社作为 A 县农村经济合作社联合会的主管单位，在农民合作社方面积累了丰富的管理经验，在群众中仍有一定的良好基础，特别是在老一辈群众中具有较高知名度。这些为供销社重新开展业务降低了交易成本，增强了竞争力。

## （四）潜在的政府信用支持

县供销社及基层社依然定期参加政府部门的会议，在政府中具有深厚的人脉资源，且拥有政府的信用支撑，供销社若解决了过去的债务问题，将在市场业务竞争以及银行贷款等方面更具信用基础。

现今，逢国家出台《中共中央、国务院关于深化供销合作社综合改革的决定》（中发〔2015〕11号），河南省出台《中共河南省委、河南省人民政府关于深化供销合作社综合改革的意见》（豫发〔2015〕20号），若供销社趁时趁势顺风而上，专注于为"三农"提供优质的服务——千方百计为农业提供覆盖全程、综合配套、便捷高效的生产服务，为农民提供多层次、多样化、便利实惠的生活服务，那么未来仍可期，供销社将继续在发展现代农业、促进农民致富、繁荣城乡经济等方面做出积极的贡献。

# 七　结语

综上，文章通过对一个基层供销社的历史及改革面临的现状的系统梳理，期待能对基层供销社的改革提供启示。这类基层供销社能否东山再起，可谓任重道远。前文已指出，基层社改革被视为供销社综合改革的重点和难点，而这又与整个供销社的方向定位密切相关。计划经济时代，供销社属于政府管理调控农村经济的重要部门，随着市场经济的发展，传统的功能和定位基本已经瓦解。

而未来何去何从？是继续"抱政府的大腿"，还是走向企业化道路？前者多是供销社衰弱地区，期待延续曾经的老路，成为政府的职能部门，但是现在的供销社已很难像林业、工商、科协等部门有核心的政府职能，因此饱受社会对其"吃财政"现象的批评；后者多是供销社业务发展良好地区，期待走向市场，通过股份制改造，部分业务让给民营、部分业务组成国有企业集团来经营。然而这两个方向目前分歧依旧较大，前者难以持久，后者会使供销社成为一个超大型的国企，但影响了政府和社会对其有更大"三农"责任担当的期许。那么，还有没有其他的道路方向呢？道路是人走出来的，中央11号文件的"综合改革"精神本身就给予了探索的鼓励。比如，是否可以探索走综合改革道路方向，打造为农民服务的组织，承接"三农"政策的执行任务，既联系政府，也拥抱市场，成为党和政府部门与农民沟通、农民与市场联系的桥梁？也有可能，从全国范围看，各省供销社的得救之道路方向不唯一。

道路方向的解决将有利于供销社真正解放思想，清晰基层社改革的目标，整合既有人力和资源，恢复基层建设，不致于出现"盲人摸象"的偏向和改革失败的

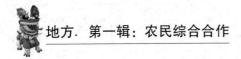

历史重演。同时，有大格局和大魄力的领导居于高位，进行宏观统筹，并适当注入有公心、有能力、本地化的青年人才，作为"种子选手"培养和引领，将更能激发基层供销社的创造力和活力，进而可用事实来回答基层社能否东山再起的问题。

# 晋东南合作化史研究及其当代意涵

主持人：高　原　张　琦

# 山西省平顺县川底村农村合作档案述略

仝志辉　孙枭雄　陈　锋　张　琦[*]

## 一　川底村情况简介

川底村（2010 年改名为三里湾村）位于山西省东南部的太行山区，隶属于长治市平顺县西沟乡。全村土地面积共 7543 亩，常住人口有 196 户、628 人。川底村的主要粮食作物为玉米和小米，部分村民还种有核桃、花椒、党参等经济作物。

川底村是一个有着深厚历史底蕴的村落。从抗战时期开始，在党的领导下，川底村的农业经营体制，从传统的私有制小农分散经营，依次经历私有制基础上的拨工互助、合作化时代的互助合作经营、人民公社制度下的集体化经营和家庭联产承包责任制下的家庭自主经营。

川底村的"五一农业合作社"是中国农业合作化运动的发端，是全国最早一批农业"初级社"之一，也是当时农业"初级社"中绩效最好的一个。从抗战时期的互助组开始，川底村在全国劳模郭玉恩的带领下，以其独到高效的管理经验和劳动生产组织办法闻名全国。各级党政领导长期关注川底村的发展，新闻记者纷至沓来。1951 年 12 月，时任人民日报社社长范长江更是驻村写出了《川底村的农业生产合作社》向全国介绍和宣传川底村的发展经验。

川底村在合作化时期和集体化时期之所以能取得如此的成就，要归功于郭玉恩及其带领的川底村民众，他们在组织的号召下，形成一整套农业生产管理的组织办法，充分利用各种可用的资源，积极引进新式农具、良种、生产技术，强调农村管理中的民主讨论，注重总结各类农业生产经验。作为其管理规定集大成的《平顺

---

* 仝志辉，中国人民大学农业与农村发展学院教授，国家发展与战略研究院研究员；孙枭雄，中国人民大学农业与农村发展学院博士生；陈锋，中国人民大学农业与农村发展学院硕士生；张琦，中国人民大学农业与农村发展学院硕士生。

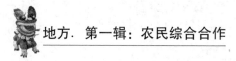

县川底乡农业生产合作社的农业技术操作规程》以"一个农业合作社的农业技术操作规程"为篇名，刊登在由毛泽东同志主编的《中国农村的社会主义高潮》中。

在川底村现存的档案中，我们可以清晰地看到上述历史发展进程。各类的总结报告、管理制度、上级指示、会议讨论、账目凭证一应俱全。充分发掘和研究川底村的历史档案，有助于推动当前川底村的发展，同时有助于完整呈现我国抗日战争以来的农业发展历史，对于未来我国农业与农村的发展也能够提供具有相当价值的经验。

## 二　档案概况

### （一）档案发现过程

2016年8月，中国人民大学仝志辉教授为寻访中国农业合作化史相关资料，来到了川底村，发现了尘封半个多世纪、几近废弃的川底村五一农业生产合作社档案。故从此开始推动川底村档案的发掘和整理进程，在平顺县有关领导、川底村村委、郭玉恩家属和川底村群众等的大力支持下，川底村尘封多年的历史档案得以重见天日。2017年8月，"平顺县三里湾历史档案抢救保护文化工程"正式启动。

### （二）档案数量及形态

川底村档案主要来源于四部分，分别为：（1）川底村村委杂物间所储存的历史资料；这批资料经过几次搬迁，存放条件极其恶劣，但是难能可贵的是20世纪40年代、50年代、60年代的档案非常完整。（2）赵树理《三里湾》创作地纪念馆展示的少量经过整理的档案资料。（3）川底村村民私人收藏，如郭玉恩小儿子郭志福、档案局原局长郭买丑、村委会原主任郭中勤、村支部书记兼村委主任郭进中等人均提供了大量宝贵资料。（4）《郭玉恩传》作者宋建明所提供的《郭玉恩传》及其个人收集简报。

经过仝志辉教授团队、平顺县档案局谷平等，以及川底村郭买丑、原广平等村民的共同努力，原本杂乱无章的档案资料得以重新根据年份、类型、内容等归类，并按照档案管理要求整理装订，并设立专门的档案室，购买专门的档案柜保存。

川底村档案以本村经营管理材料为主，兼有部分上级指示、通知材料。主要包括文书档案、土地档案、户籍档案、账本档案、出版书目等。现已整理完成文书档案共1737件、土地档案18卷、户籍档案25卷。其中文书档案涵盖20世纪40—90

年代的农业生产、基层政权、村庄生活、国家建设等多方面内容，全面涵盖了川底村日常经营、劳动管理、分配制度等各方面情况；土地档案包括了60—90年代的土地生产使用情况；户籍档案包括了不同时期本村常住人口资料、人口迁移证明等。

此外，尚有十几箱村级财务账目档案正在整理归档中。财务档案主要包括劳动工分记录，各式会计账本如分类账、日记账、现金账、来往账等，以及对应的原始凭证。特别是集体化时期的账目资料，十分齐全。

# 三　各时期档案详情

## （一）互助组时期（1943—1951）

太行山区的互助组自发于民间，该地区素有农忙时节变工、拨工等劳动互助的形式，但是由于自发于民间，没有记录的习惯，所保存的资料极少。

川底村的互助组起步于抗战时期。1943年，郭玉恩组织5户村民建立起全村第一个互助组。到1950年时全村有97%的农民加入了互助组，粮食亩产比1937年增长了61%。关于川底村互助组的材料，主要存在于1950年后的县委会调查报告和村级档案中的部分总结性报告中。如时任长治市地委书记王谦在其《劫后余稿》一书中收录了他在20世纪50年代初多篇工作报告，其中就包括对川底村互助组的调研和总结。在他的调查中，川底村是长治地区互助组发展较好的典型代表。

目前村级档案中直接涉及这个时期的主要是两本账簿。一本是关于村店铺永盛昌记出入老账，涉及每户村民日常消费的情况；另一本是关于川底村消费合作社的，主要是社员的入社股金及日常的相关支取等详细账目。一位名叫千峰的作家在1950年5—8月曾到访过川底村，在其1951年出版的《华北平原旅行记》一书中也记录过川底村消费合作社繁忙的景象。

## （二）合作社时期（1951—1958）

互助组对推动革命老区的农业发展起到了极大的作用，解决了农业生产中存在的劳动力、畜力不足等问题，提高了农业生产技术。新中国成立后，在长治这样的老解放区，农村形势发生巨大变化，出现农民两级分化、党支部迷失、互助组涣散、农民感觉生产"到头"等问题。山西省委基于对长治老区农村调查研究，提

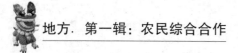

出试办农业合作社建议。1951 年 4 月 10 日，郭玉恩响应号召在川底村成立了农业生产合作社，1953 年，又与该村另一合作社并为"五一"农业社。"五一"农业社不仅促进了川底村农林牧副业全方位发展，同时也推动村庄社会文化风气的进步。

川底村在农业合作化运动中开历史之先河，在其试办农业合作社及随后的发展过程中，积累了大量的档案资料。其中主要有文书档案 563 件，大量的统计报表如劳动工分账、收益分配表等，贯穿了川底村 1951—1958 年整个合作化发展史。

合作化时期档案涉及 20 世纪 50 年代川底村的各个方面，包括农业生产、文化生活、妇女、劳模（个人优秀事迹）、基层党组织建设等多方面，完整地呈现 50年代川底村人民的生产生活状况。首先，农业生产方面，档案主要围绕农业（农林牧副）生产展开，全方位地呈现了川底村的耕地数量、作物产量、农田水利、农具技术、生产计划、劳动管理、收益分配等。其次，妇女发展方面，50 年代档案涵盖妇女劳动、妇女与村庄选举、妇女劳模等内容，呈现出妇女在农业劳动、政治社会中的状态及其变化。再次，文化教育方面，档案初步勾勒了 50 年代川底村的文化生活状况，涉及当时扫盲运动、农民业余文化教育、文艺节目及广播等。最后，档案也涵盖了党的基层组织建设。党作为领导合作化运动的核心，档案中有不少反映合作社发展过程的党建工作、制度执行、工作整顿等，具有较高的学术研究价值。

## （三）人民公社时期（1958—1982）

在"大跃进"和宣传贯彻建设社会主义总路线的高潮中，全国开始逐步建立人民公社体系。1958 年 8 月，长治地区的高级合作化转变为人民公社化，川底村"五一"农业社改名为城关公社川底大队，1971 年后从城关公社划入西沟公社。人民公社体系解体后，川底村延续这一历史变动，行政上隶属于西沟乡。

人民公社时期的资料保存也较为完整，现有文书档案 1200 余件，所留存的财务档案大部分都是关于这个时期的记录。同合作化时期对比，人民公社时期文书档案可以分为两个部分：一部分仍然是川底大队的农业规划、经营总结、工作报告、内部管理、群众活动的记录；另一部分是党政系统上情下达的材料。同时这一时期众多的政治运动、社会变迁，如"大跃进""四清""农业学大寨""文革"等在川底大队的文书档案中也有所体现，并对川底大队的经营管理制度产生一定影响。

此外，集体化时期的基础设施建设、植树造林、农业技术推广、农机建设、社队企业等材料，在川底村文书档案中均有所体现。

川底大队比较完整的财务档案对于研究人民公社时期大队层级的经营绩效情况有重要的参考价值，目前这部分的档案仍在有序地整理之中。

### （四）家庭联产承包责任制时期（1982— ）

1982年，川底村正式实行家庭联产承包责任制。这个时期的川底档案主要包括：80—90年代文书档案92件，账本10余本，农业生产承包书5大卷，林业、苗圃承包合同书2卷，土地承包合同书10大卷；另外，人口普查、人口迁移统计10册，呈现改革开放后人口现状及变动状况。

80—90年代文书档案反映的是改革开放后川底村的农业、经济、社会发展状况，主要涉及农业承包经营、乡镇企业、计划生育等方面内容。相比合作化时期和人民公社时期，这个时期档案资料虽然缺少川底村作为一个主体的自我总结，但对于了解80年代后农村的变化仍有一定参考价值。

## 四　川底村档案抢救保护过程

川底村档案最初大部分集中存放在川底村村委杂物间和原小学废弃教室，长期以来无人看管，仅用麻袋、破木箱等简单保管。以全志辉教授为首的研究团队偶然发现了它们，并迅速组织团队力量投入档案抢救工作。为了更好地保护和开发这批档案，本着在村保护、在村开发、在村利用、研究成果受益于村，逐步开放、搭建合作开发平台的精神，全教授联合平顺县委、平顺县档案局、西沟乡、三里湾村委推动三里湾档案馆修建、建立新的档案管理监管方法等，旨在将历史档案与本村发展相结合，吸引更多研究团队来此研究，并带动当地文化建设和经济发展。在推动三里湾发展的同时，也旨在形成以历史档案为中心的新的学术生产机制。经过数月的抢救、整理、查阅、口述调查，目前川底村文书档案、户籍档案、土地档案的整理工作已顺利完成，财务档案的整理工作正在有序地推进之中。

川底村档案整理编目的过程中，我们在整理归档方面做了创新。我们以恢复历史档案原貌、不破坏档案形态、方便日常查阅、方便学术研究为宗旨，参考《国家档案局8号令》《山西省归档文件整理实施细则》，采用按类、按年、按问题归

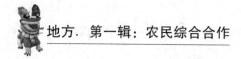

档方式。

首先，按类归档。我们将川底村档案分为文书（"1"）、管理（"2"）、财务（"3"）、声像（"5"）四类。

其次，按年归档。在川底档案整理中，我们参考2002年颁布的《山西省归档文件整理实施细则》，创新归档方式。按照年份归类，即将同一年份的档案按件归档，每件档案单独用不锈钢装订夹装订。一方面完整呈现同一年历史档案全貌，另一方面便于学术研究的抽取利用。

最后，同一年份按问题排序。在川底档案整理中，我们采用"川底村—西沟乡—平顺县—山西省—国家"的归档规整顺序，有利于后续查阅和研究，同时也便于将川底村的发展历史与国家发展的进程相关联。

整个档案保护过程，各方始终围绕着尽最大努力还原档案原始面貌，方便后续的开发利用的精神，共同推动了川底村档案的发掘和整理进程。

# 五　总　结

抗日战争以来的中国农业生产经营体制的变迁与农业发展的兴衰是研究传统农业社会与现代农业发展方向的重要枢纽。川底村这些保存完整的原始档案是研究变迁中的农业社会与农村发展的第一手资料。它作为全国农业合作化历程中的第一社历史史实清晰，相关历史档案弥足珍贵，更获"农业丰产金星奖章"、不同历史时期劳模证书、《人民日报》等的历史性报道，见证了全国合作化的广泛深入的经验传递。川底村作为新中国农业第一生产合作社的历史地位和价值由业已初步进入抢救和保护过程的档案和文物清晰支撑着，这批档案和文物是整个中国的财富，是我们国家进行历史反思和记忆的财富，应该受到高度重视，给予最大限度的保护和利用。

川底合作社作为中国农业合作化运动的起点，它曾经遇到的问题，后来别的村庄也遇到了。问题是为何川底村能妥善解决集体劳动生产中的各种问题，并成为一个全国闻名的先进村。这就需要我们深入这些历史档案之中，重新发掘和研究川底村成功的奥秘所在。这不仅有利于我们更加深入地了解中国农村发展演变的历程，也有助于我们探寻未来中国农村可能的发展道路。

目前以仝志辉教授为首的中国人民大学研究团队正以川底村档案为基础，致力于对该批档案进行深入的学术研究，在推动形成以学术研究为中心的新的学术生产机制的同时，也将川底村档案与川底村的未来发展相结合，推动其更好地发展。但是，仅仅以目前的整理保护力度，不足以呈现这批档案的历史价值，也会延迟它对促进当下历史反思和现实借鉴价值的发挥。业已进行的对这批档案价值的持续开发呼唤来自国家和社会更加有力的支持，呼唤更为有效的保护和利用机制。

# 郭玉恩年谱 (1917—1996)

## （征求意见稿）

仝志辉　　郭买丑　　徐世一　　胡廷琼[*]

## 编写说明

郭玉恩是我国著名劳动模范，他带领川底村村民成立了新中国第一个农业初级合作社，是我国农村合作化实践的重要开拓者，是农村集体经济制度形成和发展的重要参与者。他的一生经历贯穿了从民国初年到新中国成立一直到改革开放的中国农村变革史。读者可以从他的经历中获得中国革命和社会主义建设的重要启示。

《郭玉恩年谱（1917—1996）》记述郭玉恩从出生到逝世共 79 年间的生平，力求全面客观地反映其业绩。编写年谱主要参考的文献有《平顺劳模传略》《平顺农业合作史研究》《平顺县志》《中国共产党平顺县组织史资料》《长治市农业合作化史料》《平顺五十年》《郭玉恩传》《天之脊》《川底村同三里湾》等著作，以及相关杂志、报纸文章。我们还使用了自己在川底村整理的村档案材料，对地方人士的访谈和对郭玉恩家人的访谈。

编制这份年谱，首先是给社会各界及对谱主生平感兴趣的读者提供基本线索。目前年谱完成的程度还非常初步；但为了尽早提供大家使用，编者决定尽快将其发

* 仝志辉，中国人民大学农业与农村发展学院教授，国家发展与战略研究院研究员；郭买丑，原山西省长治市平顺县档案馆局长；徐世一，中国人民大学农业与农村发展学院硕士生；胡廷琼，中国人民大学农业与农村发展学院本科生。

表。因为时间紧张和参考档案资料仍不够充分，有些编者意识到需要增补的内容只能留待以后进行从容和细致的修改。希望读者能对进一步修改年谱提供资料或线索，以便尽快将其发展成一个完善的版本。

在编写过程中，郭玉恩的亲属和生前友人、川底村村民、有关领导同志提供了重要的帮助，中国人民大学农业与农村发展学院仝志辉教授的多位学生提供了从资料查阅到校对的协助。特此致谢！

对于这篇年谱的编写体例，做以下说明：

第一，按年、月、日顺序记事，具体日期考订不清的写旬，旬考订不清的写季。用旬、月、季表述的条目，一般放在该旬、月、季的末尾，有的则视情况而定。只能判定时间为某年的条目，一律放在末尾。

第二，记述谱主的活动，一般省略主语。

第三，部分重大的历史事件，或与谱主有关的地方大事，均列条目按时间顺序写入年谱。

第四，对人名、地名、事件、组织等，一般都做注释。注释放在第一次出现的地方。其中，人名注释主要介绍这一人物在当时的身份或职务。

2017 年 9 月 17 日

### 1917 年　诞生

8 月 11 日（农历六月二十四日）　出生于山西省平顺县川底村①水涨凹。

### 1937 年　20 岁

**是年**　村里地主强占了郭玉恩家的全部 2 亩地，父亲郭海先迫于生计借高利贷 200 元，离家至石埠头给陈姓地主当长工。

---

① 现为山西省长治市平顺县三里湾村。

## 1938 年　21 岁

**是年**　在平顺县公安队任职[①]，参加"赵城事件"[②]。

## 1940 年　23 岁

**6 月**　参加川底村民兵组织，参与平顺（南）[③] 一区区干队的武装活动。

**8 月**　被推选为川底村农会副主席。

**冬**　与作家赵树理[④]于川底村相识。

## 1942 年　25 岁

**2 月 27 日至 3 月 2 日**　日军对平顺（南）县的玉峡关、杨威、龙镇、北坡等地进行扫荡，在南赛带领民兵配合八路军和地方武装沿途伏击，击毙一名日军和两名伪军。

**6 月**　平顺（南）县与平（顺）北县合并，统称平顺县。

**7 月**　被抽调到平顺县北部的浊漳河畔下游灭蝗。

**是年**　带领群众积极响应中国共产党领导的太行区农民减租减息和清债运动，自己家从地主手里清算回 4 亩地。

**是年**　与下井村贫农家的女儿郭新开结婚。

## 1943 年　26 岁

**3 月 8 日**　加入中国共产党，并当选为村武委会副主任。

**7 月**　任中共川底村支部书记、村武委会主任。

**11 月 29 日**　毛泽东在中共中央招待陕甘宁边区劳动英雄大会上发表题为《组织起来》的讲话。

---

[①]　原盘明主编：《平顺县农业劳模传略》，中共平顺县委农工部、平顺县农村经济委员会 1996 年版，第 12 页。

[②]　赵城事件，1938 年 2 月 16 日，日军攻打上党地区；18 日，时任国民党平顺县县长的甄冀廷带着县政府工作人员及公安局全体人员弃城出逃。途中，已被停薪两个月的公安队警察约 50 人发起武装行动，打死甄冀廷，史称"赵城事变"。

[③]　1940 年 1 月，平顺县成立抗日民主政府；6 月，以老马岭一线为界分置平顺（南）、平（顺）北两县。

[④]　赵树理，时任中共太南特委属下的《黄河日报》（潞东版）编辑。

## 1944 年　27 岁

4 月　当地遭遇严重自然灾害，粮食大幅度减产。郭玉恩在实地学习李顺达互助组经验后，与同村村民郭小胖、郭怀考、郭海宝和郭德交共同发起全村第一个互助组，成员共 5 户。全组制订节约用粮计划，集体开荒，秋后收获 150 多布袋山药蛋，全组顺利渡过灾荒。

11 月 7 日　参加中共平顺县委、县政府在城关召开的全县杀敌劳动英雄大会，被评为"头等劳动英雄""支前模范"。

11 月 20 日　与李顺达①同行去长治市黎城县南委泉村②参加中共太行区杀敌英雄和劳动英雄群英会③。

11 月 21 日　与李顺达一起到达南委泉太行区第一届群英会④会场。在会上郭玉恩学习了太行区党委书记李雪峰、军区司令员李达和时任北方局党委代理书记邓小平的重要讲话。

后几日，听取了各个小组代表的发言，发言代表有大会警备队的武器能手张山玉、劳动英雄张喜贵、度荒英雄孟祥英、中央警卫团战士杜森等。期间，郭玉恩也在群英会上发言，阐述自己办互助组的方法和经验，并与其他代表交流。学习了《滕杨方案》⑤，并获得了"金黄后"⑥玉米种。

12 月 5 日　与众多出席太行群英会的英模们一起受到邓小平、滕代远⑦和张廷发⑧等首长亲自接见和招待。

12 月 7 日　和李顺达、郭双龙⑨、白汝林、牛日生、武五妞、申进虎和史联正

---

①　李顺达，1915 年生，山西省平顺县西沟村人，新中国第一代劳模。1943 年，在西沟组建了太行山区第一个农业互助组。

②　今山西省长治市黎城县西井镇南委泉村，1943 年 10 月 31 日中国共产党以山西黎城北部地区设立黎北县，县抗日民主政府驻南委泉，属太行区三专署管辖。1945 年 11 月 5 日并入黎城县。

③　又称"晋、冀、鲁、豫、边区群英大会"。

④　1944 年 11 月 21 日至 12 月 7 日，太行区第一届群英大会在黎城县南委泉村举行，会议由太行区党委书记李雪峰、太行军区司令员李达、晋冀鲁豫边区政府副主席戎武胜主持并做了重要报告。中共中央北方局代理书记邓小平到会祝贺，并发表讲话。

⑤　《滕杨方案》指八路军参谋长滕代远同志和杨立三同志指定的生产节约方案，方案规定参加集体劳动和节约所得以"公八私二"的比例进行分红。

⑥　"金黄后"玉米系留学美国回国后参加革命的专家、时任师部生产部部长的张克威，从美国引进并培育的玉米良种。

⑦　滕代远，时任八路军参谋长，同时参与北方局的领导工作。

⑧　张廷发，时任太行军区第七军分区司令员。

⑨　郭双龙，出生于 1901 年，平顺县城关路家口村人，中共党员。1943 年出席了晋东南行署召开的劳模会议，被授予"劳动英雄"光荣称号。

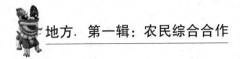

7名来自平顺的同志获得"生产互助英雄"称号，领受锦旗，并得到8只羊的奖励。

12月9日　与平顺的7名同志一起回到了平顺县城，受到了县委书记王宗琪、太行区第四分区司令员石志本及本县群众的热烈欢迎，王宗琪、石志本2人分别做了欢迎讲话和下一步的工作安排。

同日，把奖励的8只山羊中的5只分给了互助组的5户成员，剩下的3只羊，分给了本村八路军军属原小孩、郭建生和郭银锁。

12月10日　和互助组各户一起建起羊圈，将分给各户的羊以股份的形式顶股，由互助组派专人统一放养。

12月11日　去平顺县委，向王宗琪和常三毛①汇报参加太行群英会所学到的经验。

12月26日　同村的郭怀勤等8人成为互助组新成员，互助组扩大到13户。

同日，到平顺县城参加参军参战支前动员会，积极响应参军号召，要求参军上前线，县里同意了他的要求。

12月31日　经县里武委会研究决定，郭玉恩不参加支前，留村发展生产，支援前线。

## 1945年　28岁

3月上旬　青黄不接，郭玉恩互助组通过和城关、王庄、大渠等村庄的互助组换工，换取粮食，既完成了支前任务，又帮互助组成员渡过难关。

3月27日　给壶关县东井岭②方向的一个八路军驻地送粮食。

6月14日　端午节，郭玉恩在村里召开了由村支部、管委会、武委会和各互助组组长参加的"支援前线，猛促生产"会议，制定出了一系列劳动激励政策。

8月16日　带领秧歌队前往平顺县城参加抗战胜利游行。

11月19日　至平顺县委参加县委书记王宗琪离任座谈会，会上王书记高度评价了郭玉恩、李顺达等劳模的贡献。

11月21日　参加平顺县劳模大会，在全县受表彰的59名模范个人中，排名第二。听取了新任县委书记康洛《关于总结经验，确定今后奋斗方向》的报告，

---

① 常三毛，时任太行区一区党委副书记。
② 东井岭，今山西省长治市壶关县东井岭乡地区。

并和李顺达、郭双龙、段毛孩①和王三毛②等劳动模范一起在大会做了经验交流。

12月5日　《新华日报》刊登了平顺县《组织起来，粮食丰收》的报道，其中川底村作为粮食增产的典型被着重报道。

### 1946 年　29 岁

3月5日　受到县委书记康洛约见，讨论互助组发展中的问题。明确了"干工作一定不要靠热情、靠感情，要注意中央的精神和政策"的这一方针。

5月4日　中共中央发布《关于清算减租及土地问题的指示》③。

11月16日　在平顺县参加"平顺县学习掌握土改政策培训会议"。

12月2日　参加太行区第二届群英会，被评为"二等劳模"，在参会期间，向张金成④和杨王俏⑤两位学习办社搞合作的经验。

回村后，将村供销社合作社社员扩大到32人，每人参股小麦10斤。冬季为9个互助组运煤14000斤，打柴58捆，给军烈属运煤7000斤。

**秋**　将培育两年的150多斤"金皇后"玉米种分给互助组组员。

**是年**　互助组成员增加到24户。

响应边区政府组织起来与提高技术相结合的号召，在川底9个互助组中每组出一个技术能手，加上村干部共计18人，组成了川底村农业技术委员会，任主任，从事农业新技术的研究和推广。

### 1948 年　31 岁

5月18日　和李顺达、郭双龙、宋小秋⑥、崔富宝⑦、张建发和王四妞⑧一起

---

① 段毛孩，1914 年生，平顺县北耽车乡北耽车村人。1942 年大灾荒时期，带领群众组织起互助组，50 年代组建起"十个老社"之一的北耽车张建国农业合作社。
② 王三毛，1917 年生，平顺县茅兰岩乡梯后村人。1944 年在霓虹河组织起王三毛互助组。
③ 即《五四指示》。
④ 张金成，时任平顺县井底供销社主任。
⑤ 杨王俏，平顺县羊井底村人，羊井底村小型农业合作社创始人，太行区第二届群英会上被授予小型合作社英雄。
⑥ 宋小秋，山西省平顺县东青北乡东青北村人，时任村政治主任。
⑦ 崔富宝，山西省平顺县安阳村人，1938 年加入中国共产党，1946 年他参加了林南战役 30 多天，同一时期组织青年男女 30 多人，自制织布机和纺线机，掀起了纺织运动的高潮，创造了当时的生产奇迹。
⑧ 王四妞，山西省平顺县龙溪镇上井村人。1943 年担任村妇女主任，1946 年 1 月加入中国共产党，1947 年在全县开展的百日纺织运动中，出色地完成了任务。

向全县劳动英雄发出公开信，号召劳动模范要站在生产的最前列，正确把握土改导向，绝不能因为土改而冲击生产，要确保全年生产指标的实现。

6月1日 《人民日报》全文刊登了郭玉恩等人于5月18日发出的公开信的内容。

6月18日至23日 参加平顺县委、县政府召开的扩大会议，会议着重对土改纠偏工作进行了大辩论，检查前一段工作的偏差。进一步明确坚持以生产为主的方针。郭玉恩在会上没受到批评，也没受到表扬。

8月7日至10日 《新华日报》和《解放日报》分别报道了郭玉恩互助组做到耕三余一①的事迹。

9月3日至23日 县委在王庄村分两期对全县村干部进行调研，宣告全县土地改革结束，明确"定好生产计划"的方针。


## 1949年 32岁

1月25日 参加平顺县关于"抽调优秀乡村领导骨干"的会议，会议要求抽调川底村1名干部支援前线。郭玉恩积极报名参加，但县里安排他留下，带领群众搞好生产。

10月1日 和川底村200多名群众到平顺县城参加新中国成立庆典的实况转播大会。


## 1950年 33岁

春 带领川底村技术委员会②向川底群众发放了本地繁殖出的"金皇后"玉米种子，并为川底村的各个互助组传授该品种的种植技术。

11月20日至12月2日 至太原市参加山西省首届工农业劳动模范表彰大会，并与李顺达、杨峰山③和郭丙福④一同在会上被评为"山西省一等劳动模范"。川

---

① 可能的两种解释，一是耕种三年，积余一年的粮食；二是抗日战争时期，中国共产党领导下的若干边区人民政府在大生产运动中提出的"耕三余一"口号，号召军民积极生产，厉行节约，做到每家一年有四个月的余粮。

② 川底村技术委员会，1946年郭玉恩从当时全村的9个互助组中，每组选取1位有农业技术的农民，连同干部共18人组成的农业技术研究小组，郭在其中担任组长。

③ 杨峰山，平顺县虹梯关乡界畔蛟村人，于1943年成立全乡第一个互助组，并在随后的工作中被山西省评为"先进典型"，于1949年入党。

④ 郭丙福，时任平顺县城关镇路家口供销社主任。

底村在会上被评为山西省 11 个模范村之一。

12 月　至平顺县城出席"平顺县劳模表彰大会"，会上被评为"特等劳动模范"。

1951 年　34 岁

2 月 5 日（农历除夕）　带领川底村支部委员会和村公所干部义务打扫街道。

3 月 26 日　与李顺达一同前往长治市参加全区互助组代表会议。

3 月 27 日　地委书记王谦①在全区互助组代表会议上提出要在互助组的基础上试办农业社。

3 月 28 日　在互助组代表会议中，接受王谦委托，决定试办农业初级合作社②。

3 月 29 日　长治地委批准武乡县寨上村、枣烟村、监漳西村和监漳东村，平顺县川底村、壶关县的翠谷村，长治县南天河村、襄垣县长四合村，屯留县东坡村以及黎城县王家庄村试办合作社，这是全国首批创办的 10 个农业初级合作社，史称"十个老社"。

3 月 30 日　在长治市全区互助组代表会议上和赵树理③相遇，邀请赵树理一同至川底村参与农业初级合作社的试办；同日，与李琳④见面，三人共同协商如何试办农业初级合作社；在川底村村公所召开村干部会议，会上传达了地委关于试办农业初级合作社的决定，规定了合作社基本原则，并将合作社名称确定为"五一初级合作社"。

3 月 31 日　在家中与赵树理和李琳共同制定出农业合作社章程；再次召开川底村村干部会议，会上宣读了农业初级合作社正式章程。

4 月 10 日　五一农业初级合作社正式成立。

在川底村小广场组织"川底五一农业合作社入社财产登记"仪式，带头登记财产；在村公所召开合作社社员会议，会议上确立了分配章程，解决了牲畜和其他

---

①　王谦，时任长治市地委书记。

②　农业初级合作社，是在互助组的基础上，个体农民自愿组织起来的半社会主义性质的集体经济组织。它的特点是土地入股，耕畜、农具作价入社，由社实行统一经营；社员参加集体劳动，劳动产品在扣除农业税、生产费、公积金、公益金和管理费用之后，按照社员的劳动数量和质量及入社的土地等生产资料的多少进行分配。

③　赵树理，著名农民作家，受上级指示前往太行山区体验农民生活。

④　李琳，时任平顺县委宣传部长。

财产入社折价问题，并接受社员推选担任合作社社长。

**4月中旬** 由于合作社规模太大，农业生产出现混乱问题，郭玉恩组织召开社员会议，检讨自己经验主义的错误，针对社内缺乏管理等问题，提出"分组包地"的解决办法。

**6月16日** 送别赵树理离开川底村。

**9月9日** 中共中央在北京召开第一次农业互助合作会议①，会议认为劳动互助的发展方向是农业集体化和社会主义化。

**秋** 川底五一农业社平均每亩产量484斤，创"十个老社"之最，比上一年增产119斤，提高32.7%，超过抗日战争前116%，同时在林副业生产、农田水利建设和提高社员生活水平上取得了明显成果。县委书记李先唐②，地委书记王谦，劳动模范李顺达③、申纪兰④和武侯梨等先后参观川底村五一农业合作社，全县120个互助组强烈要求建社。

**10月15日** 在长治地委召开的会议上，总结试办农业合作社的经验，引起巨大反响。

**10月16日** 受李顺达邀请前往西沟村开展农业合作社工作宣讲，会后被聘请为西沟村名誉农业生产指导员。

**11月** 与李顺达在太原市参加山西省劳模表彰大会，在会上被评为一等劳动模范。

**12月11日** 人民日报社社长范长江⑤前往川底村调研，并写下长篇通讯《范长江同志关于川底村农业生产合作社的调查》。

## 1952年 35岁

**1月27日** 扩大五一农业合作社成员规模；允许申冬鱼⑥在圪台自然村成立农

---

① 第一次农业互助合作会议：1950年冬至1953年春，广大新解放区认真贯彻《中华人民共和国土地改革法》，分期分批地完成了全国土地改革任务。土改完成后，为了不失时机地引导农民走互助合作道路，中共中央于1951年9月9日在北京召开了全国第一次互助合作会议。毛泽东主持了会议。

② 李先唐，1949年10月至1953年4月，任平顺县县委书记。

③ 李顺达，当时为全国著名劳动模范，于1952年在平顺县西沟村成立了西沟农林牧生产合作社并担任社长。

④ 申纪兰，西沟村村民，在西沟村成立的西沟农林牧生产合作社担任副社长。

⑤ 范长江，时任人民日报社社长。

⑥ 申冬鱼，1957年7月至1958年2月，担任川底乡总支委员会副书记。

业初级合作社。

**春** 召开社务会，提出"定工""定质""定时"和"定产"的"四固定"农业合作社生产制度，成立评定委员会，把土地、劳力、牲畜和农具全部固定到生产队。

**4月5日** 与李顺达一同前往北京，随中国农民参观团赴苏联参观学习。回国后，根据苏联经验，制订了五年至十五年的山区建社规划。

**12月下旬** 在家中与赵树理进行交谈，赵树理劝告他不能脱离群众。

**12月17日至25日** "山西省农业丰产劳动模范代表会议"在太原召开。郭玉恩与李顺达等一起被评为"丰产新纪录劳动模范"。川底村郭玉恩合作社与西沟村李顺达农业社和羊井底村武侯梨农业社被评为"一等模范农业社"。

**12月30日** 中央人民政府农业部颁布《奖励1952年农业爱国丰产模范》，模范工作者任国栋，劳动模范李顺达、郭玉恩、吴春安分别被授予"爱国丰产金星奖"，且五一社被评为三个全面丰产甲等模范农业生产合作社。

**是年** 领导全社社员获得全面丰产。全社46户共种秋田241.9，每亩平均产量480.8斤，比1951年提高21.8%，比战前提高128.6%，其中玉米775斤。

亲自试种2.5亩玉米试验田，亩产1581斤，创造了旱地玉米丰产新纪录，人称"玉米王"。

## 1953年 36岁

**2月18日(大年初五)** 同意申冬鱼将圪台合作社并入川底五一合作社的要求。

**3月26日** 带领社员召开社务会议，决定把上一年的季节性包工办法扩大为常年包工包产办法。

**3月28日** 崔志有①接受组织安排，前往川底村帮助五一社开展常年包工包产工作。

郭玉恩前往平顺县委看望即将调离长治地委的县委书记李唐先，并拜访即将担任平顺县委书记的李琳。

**3月29日** 组织召开社员会议讨论"包工包产"的问题，成立评委会，并确定"评工""评产""包地"与"超奖减赔"的包公包产制度。

---

① 崔志有，当时为平顺县农村工作部青年干部，具体职务不详（1961年3月至1965年3月，担任平顺县委办公室副主任）。

**春**　山西日报社记者在平顺县川底村进行为期2个月的采访，写出3万字长篇通讯——《郭玉恩农业社如何实行包工包产制》。

**6月**　帮助圪台小组成员解决干旱中挑水难题。山西日报社记者李珊到川底采访，详细记述了五一农业合作社从季节性包工到全年包工包产在物质生产和精神风貌方面引起的巨大变化。

**9月27日**　接到平顺县委通知，与副县长史书琴①一同参加中国第三届赴朝慰问团②。

**11月8日**　长治地委书记赵军③在李琳陪同下到川底村进行参观调研。

**12月3日**　从朝鲜返国。

**12月6日**　回到天津，随同赴朝慰问团到各地讲演。

**12月21日**　返回平顺。

### 1954 年　37 岁

**2月13日**　在太原市人民大礼堂领受山西省人民政府裴丽生主席受中央人民政府农业部委托颁发的1952年"爱国丰产金星奖章"。奖章颁发后，到太原参观工厂。

**3月15日**　与李顺达一起赴山西省太原市向朝鲜代表团④汇报农业生产工作。

**3月21日**　新华社报道，农业部颁发1952年"爱国丰产金星奖章"，授予模范工作者任国栋，劳动模范李顺达、郭玉恩和吴春安。

**4月6日**　同李顺达赴并会见朝鲜访华代表团，并向代表团副团长全达铉介绍了西沟村民组织发展生产的经验。

**4月21日**　《人民日报》发表了农业部授予"爱国丰产金星奖章"的消息，并配发四位获奖者的照片，同时发表了《向金星奖章获得者学习》的社论。

**4月**　在《农业科学通讯》⑤1954年第4期发表"我们的决心和计划"，提出

---

① 史书琴，1952年12月至1958年11月，任平顺县人民政府副县长。

② 第三届赴朝慰问团，1953年10月4日，中国人民第三届赴朝慰问团5000余人离京赴朝鲜，总团团长为贺龙，老舍为14人总团副团长，陈沂任副团长，刘芝明任文艺工作团总团长，马彦祥任文艺工作团副总团长。全团四千余人，最广泛地代表了全中国各族人民的心意，向志愿军及英雄的朝鲜人民表示慰问和祝贺。

③ 赵军，时任长治市地委书记处第一书记。

④ 朝鲜代表团，1953年朝鲜战争结束后朝鲜为发展农业向中国派遣代表团学习农业生产经验。

⑤ 该刊是华北农业科学研究所编译委员会编辑，是全国性农业工作刊物之一。

平均每亩地要增产 56 斤粮食。

9 月　担任中共川底乡总支委员会书记（任期为 1954 年 9 月至 1956 年 3 月）。

9 月 15 日　和李顺达①、申纪兰②一同在北京参加了中华人民共和国第一届人民代表大会，并获得毛泽东、刘少奇和周恩来等中央领导人的接见。

新华社报道，太原 9 月 19 日电，全国人民代表大会代表，著名的农业劳动模范郭玉恩、吴春安、曲耀离发言要求彻底肃清一切反革命分子。

10 月 17 日　毛主席编定的《中国农村的社会主义高潮》一书中，收录山西省委农工部"川底农业社的技术操作规程"一文。

1954 年　川底村 92 户人家全部入社。

### 1955 年　38 岁

3 月 30 日　《山西日报》发表了"我们的玉米为啥能连年丰产"一文，该文由郭玉恩口述，刘仪记录。

5 月　由赵树理创作，以川底村人物和故事作为原型的小说《三里湾》③ 正式出版。小说在国内外产生了巨大影响。

12 月 6 日　在平顺县委召开的劳模座谈会上推出"四固定"和"实行劳动定额"两种农业合作社管理新办法。

12 月 20 日　向平顺县委书记李琳④请求成立高级农业社⑤。

12 月 25 日　川底村五一高级农业社成立，下设 4 个生产小队，16 个生产小组。

### 1956 年　39 岁

2 月 29 日至 3 月 6 日　山西省农村社会主义建设积极分子大会在太原召开，川底村的郭玉恩、郭建廷（合作社会计）、郭仁则（村治安主任）三位同时入选

---

① 李顺达，1953 年 12 月至 1958 年 8 月间任西沟村公所村长。

② 申纪兰，当时全国著名妇女劳动模范，于 1953 年 4 月参加全国妇女代表大会，受到毛泽东接见，并被选为全国妇女联合会委员以及出席世界妇女大会的中国代表，同年 8 月被选举为全国人民代表大会代表。

③《三里湾》，赵树理著长篇小说，是我国第一部反映农业合作化运动的优秀作品。成于 1954 年底，1955 年 1 月在《人民文学》连载，同年 5 月由通俗读物出版社出版。

④ 李琳，1955 年 1 月至 1957 年 9 月，间任平顺县委书记。

⑤ 高级农业社，即高级农业生产合作社，以主要生产资料集体所有制为基础的农民合作的经济组织，简称"高级社"。高级农业生产合作社内部建立适应生产需要的劳动组织，其基本单位是生产队。

"农村社会主义建设积极分子"。

4月5日　川底村全村社员代表会通过《五一高级农业生产合作社章程》。

7月　川底村连续遭受灾害天气影响，带领五一社社员展开互助。

10月　川底村五一高级社农业产量较去年有了明显增长，获得丰收。

12月17日　与李顺达、申纪兰①和武侯梨②向全国农业生产合作社、互助组和农民提出开展全国规模的农业增产竞赛运动的倡议书。

**是年**　实行社员投肥制度。

**是年**　山西省《农业合作汇编》收录郭玉恩所写的"社员当家民主办社——川底"一文。

### 1957年　40岁

4月　华北局第一书记李雪峰在中共山西省委书记陶鲁笳、中共晋东南地委书记赵军的陪同下到西沟视察工作，与李顺达、郭玉恩和申纪兰合影留念。

6月7日　和李顺达、武侯梨以及李天柱③等一同去北京参加社会主义建设积极分子代表大会，受到毛主席、刘少奇和周恩来等中央领导人的接见。

7月8日　代表五一农业合作社向来访的苏联参观团做了农业生产工作汇报，苏联专家赠送给村里一台缝纫机。

9月　与李顺达、吴春安、曲耀离、申纪兰联名在《新华半月刊》1957年第17期发表"欢迎毕业学生参加农业生产"。

11月8日　苏联专家吉洪诺夫和叶欣到平顺县西沟村、川底村与农民共同欢庆"十月革命"胜利40周年。会后，李顺达、郭玉恩和申纪兰把他们丰收的苹果、梨子等赠与苏联专家。

### 1958年　41岁

3月5日至16日　山西省农村社会主义建设积极分子大会在太原召开，郭玉恩再次入选"农村社会主义建设积极分子"。

---

①　申纪兰，时任西沟村农林牧生产合作社副社长。

②　武侯梨，1956年4月至1958年8月任羊井底村公所村长，于1955年12月24日领导羊井底村初级农林牧合作社正式转为高级社。

③　李天柱，川底村村民，被评为全国"红勤巧标兵"。

8月6日　平顺县第一个人民公社①羊井底"红星"人民公社成立。

8月19日　在平顺县委召开的入社动员大会上发言，会后，川底村编为川底管理区；中共平顺县委将全县242个高级农业生产合作社以乡为单位合并成立了24个人民公社，实行政社合一体制。

8月20日　主持召开川底村党支部和川底管理区会议。会上由城关公社主任刘科岐②传达了粮食和炼钢任务指标。

8月21日　主持召开川底管理区社员大会。

8月28日　川底管理区开办食堂。

8月　担任城关（红旗）公社管理委员会第一主任（任期为1958年8月至1958年11月）。

11月15日　壶关县和平顺县合并为壶关县，县城设在平顺。

11月　兼任城关（红旗）公社管理委员会第一主任（任期为1958年11月至1959年7月）。

### 1959年　42岁

7月　原平顺县建制恢复。兼任平顺县城关公社管理委员会主任（任期为1959年7月至1963年5月）。

《公社会计》（农业部主办）发表胡计松撰写的关于川底大队财务管理制度的通讯报道。

8月19日　接待胡乔木③视察川底管理区，被批评思想保守。

12月　受"一平二调"④和"大炼钢铁"的影响，城关公社大部分管理区粮食严重减产；但李天柱⑤领导的川底管理区第一生产小队却取得了丰收。

---

①　人民公社，是我国社会主义社会结构的、工农商学兵相结合的基层单位，同时又是社会主义组织的基层单位。我国人民公社运动是从1958年夏季开始的，很短时间内，全国农村就实现了公社化。人民公社是党的整风运动、社会主义建设总路线和1958年社会主义建设大跃进的产物。

②　刘科岐，1958年8月至1959年7月任城关公社管理委员会主任。

③　胡乔木，时任中共第八届中央委员、中央书记处候补书记。

④　一平二调，指在新中国成立初期盛行一时的农村基层组织"人民公社"内部所实行的平均主义的供给制、食堂制（一平），对生产队的劳力、财物无偿调拨（二调）。

⑤　李天柱，川底管理区村民，具体担任职务不详。

## 1960 年　43 岁

3 月 16 日　父亲郭海先在为川底村伐树劳动时遭遇意外身亡。

7 月 15 日　李琳①视察川底管理区。

8 月 22 日　《人民日报》发表李琳所写的"从'富贵图'说起"一文，详细介绍了川底发展前景图②。

## 1961 年　44 岁

2 月 2 日　《山西日报》发表"郭玉恩传家宝"，介绍了川底经营管理经验，即"四固定""三包一奖"以及劳动管理和评工记分等。

**春**　在《山西日报》发表"我们的玉米为何连年增产"，《时事手册》1961 年底第 8 期转载。

4 月　中共中央候补委员，中央农业部部长廖鲁言同志，同山西省副省长刘开基同志，至西沟、川底进行视察。

6 月　中央纠正原先政策，停止农村大炼钢铁运动，解散食堂。郭玉恩离开城关公社，回到川底管理区主持村内工作。

**是年**　川底管理区获得大丰收，亩产达到 540 斤。

## 1962 年　45 岁

3 月 6 日　平顺县委和农工部组织检查团对平顺县三年困难时期的发展状况进行评估。

3 月 20 日　参加平顺县委三级干部会议③，会议通报了检查结果，并传达了《农业六十条》④。

5 月　川底管理区改为川底大队。

---

①　李琳，1959 年 7 月至 1961 年 11 月任平顺县县委书记。

②　川底发展前景图包括"川底基本情况介绍图""生产发展图""今年全面跃进表""一年早知道表""成本核算表""群众经济分析活动表"等。

③　三级干部会议，县级三级干部会议就是县、乡镇、村主要负责同志的会议。

④　《农业六十条》，指 1961 年 3 月 22 日，中央工作会议通过的《农村人民公社工作条例（草案）》，文件共 10 章 60 条，故简称《农业六十条》。《农业六十条》是人民公社的宪法。

5月29日　与李顺达①和武侯梨②前往大寨③参观学习，陈永贵④向他们介绍了生产工作。

10月　在《农村工作通讯》1962年第10期发表文章"目标在社员多投肥"，介绍川底生产大队社员投肥制度，经验是"公私兼顾""等价互利"和"认真兑现"。

11月　县里有关部门和川底大队共同举办"庆祝办社十一周年纪念活动"，活动根据地委、县委关于庆祝办社周年纪念的指示，通过组织各种会议和宣传活动，让广大农民群众看清集体化的优越性。活动中宣传了郭玉恩，村里打出标语"我们的好领班——郭玉恩"。

**是年**　结合当地实际，把自留树、自留地还给了社员。克服了一平二调，坚持了定额管理，使村里的生产和生活秩序得到了恢复。

### 1963年　46岁

4月13日—19日　山西省1962年度农业生产先进单位代表会议在太原人民大礼堂召开。川底大队被评为"特级先进集体"，郭玉恩被评为"特级先进个人"。

### 1964年　47岁

5月16日　母亲张长秀在家中因病去世。

**是年**　西沟公社、西沟大队、川底大队、羊井底大队被县里评为"先进社队"。

**是年**　同李顺达、申纪兰、武侯梨联名在人民日报社主办的《新闻业务》1965年第2期（增刊）发表"五点建议"，倡导文章"力争再短点、再好点、再精点"，"再通俗点"，"再多开辟点小专栏"，"多介绍些科学技术"，"在思想战线上再多增加一些讨论性文章"。这篇文章是《山西日报》编辑部邀请山西省几位著名的农业劳动模范给山西日报提出意见时所作。

---

①　李顺达，1958年8月至1966年5月任西沟公社管理委员会主任。
②　武侯梨，1958年8月至1967年1月任羊井底公社管理委员会主任。
③　大寨，位于山西省昔阳县大寨乡，地处太行山麓。1964年的一句"工业学大庆，农业学大寨"，使大寨成为自力更生进行农田基本建设的样板，被中央政府向全国农村推广。
④　陈永贵，时任大寨公社党委副书记兼大寨党支部书记。

1965 年　48 岁

6 月 16 日　向视察川底大队工作的薄一波①汇报工作。

7 月　发表"用大寨的钥匙开川底的锁"，收录于《学习大寨后进变先进先进更先进》（中共山西省委农村政治部编，山西人民出版社 1965 年版）。

1966 年　49 岁

5 月 16 日　毛主席起草《中国共产党中央委员会通知》②，"文化大革命"开始。

5 月 24 日　平顺县县委召开党委扩大会议，决定在全县开展"文化大革命"。

1967 年　50 岁

2 月 24 日　平顺县核心小组③成立。

4 月　川底大队成立核心小组，郭玉恩担任组长（任期为 1967 年 4 月至 1970 年 12 月）。

4 月下旬　因 1946 年土改中所谓的问题被批斗。

5 月 16 日　郭玉恩妻子郭新开在家中因病去世。

5 月 26 日　接受平顺县核心小组调令，担任城关公社革命委员会主任（任期为 1967 年 5 月至 1973 年 5 月）。

9 月 28 日　参加西沟召开的平顺县学大寨现场会议。

1970 年　53 岁

3 月 5 日　代表川底大队接收下乡知识青年。

12 月　担任中共川底大队支部委员会书记（任期为 1970 年 12 月至 1983

---

①　薄一波，时任国家计划经济委员会副主任，参与制定第三个五年计划。

②　《中国共产党中央委员会通知》，1966 年 5 月 16 日，中共中央政治局扩大会议在北京通过了毛泽东主持起草的指导"文化大革命"的纲领性文件《中国共产党中央委员会通知》（即"五一六通知"）。一是前言，宣布撤销《二月提纲》和"文化革命五人小组"及其办事机构，提出重新设立"文化革命小组"，隶属于政治局常委会；二是列举《二月提纲》10 条罪状，逐条批判，提出一套"左"的理论、路线、方针、政策；三是结语，要求各级党委立即停止执行《二月提纲》，夺取文化领域中的领导权，号召向党、政、军、文各界的"资产阶级代表人物"猛烈开火。

③　核心小组，"文化大革命"时期，省、市、自治区在革委会中都设立了"党的核心小组"。当时，它是作为特殊历史条件下党的领导机构的一种"史无前例"的特殊组织形式。

年5月）。

### 1971 年　54 岁

6 月　川底大队被划入西沟公社。开始担任西沟公社管理委员会主任。

### 1972 年　55 岁

**是年**　西沟公社领导研究给川底大队分配一个上大学的名额，想让郭玉恩的小儿子郭志福去。郭玉恩坚持要开支委会研究，支委会决定推荐的是贫困户子弟郭买丑。

### 1973 年　56 岁

5 月　兼任西沟公社革命委员会主任（任期为 1973 年 5 月至 1976 年 10 月）

**是年**　准备修建新大队部，外出到政府有关部门和厂家联系建筑备料，开始修建。

### 1974 年　57 岁

**是年**　新大队队部落成使用，共 66 间房，为当时全县各村中办公面积最大、建筑构造最先进的大队办公楼。

6 月　带领川底大队社员盖新式排房，设计为两层砖房，每间不足 6 米宽，村民后称为"窄房"。共修建 7 排 35 间。

7 月 30 日　《人民日报》刊登文章"太行山下一山村巨变"，报道郭玉恩领导的平顺县西沟公社川底大队的事迹。

### 1975 年　58 岁

7 月　兼任平顺县贫农下中农协会主任（任期为 1975 年 7 月至 1984 年 3 月）。

### 1976 年　59 岁

**夏**　组织村民仿照长治地委家属院住房样式设计新一代农民住宅，每间有 9 米宽，村民称为"宽房"。共修建 305 间。

10 月　"文化大革命"结束。

兼任西沟公社革命委员会主任（任期为 1976 年 10 月至 1977 年 3 月）。

## 1978 年　61 岁

1 月 8 日　参加平顺县委召开的以揭批李顺达为主要内容的三级干部会议。

12 月 18 日　中共十一届三中全会①召开，对农民实行责任承包制。

## 1980 年　63 岁

2 月 26 日至 3 月 3 日　山西省农业先进单位和劳动模范代表会议在太原召开，和申纪兰、武侯梨一起被评为"1979—1980 年度山西劳动模范"。川底大队与西沟大队、阳高大队、羊井底大队、北社大队、东禅大队 13 队被评为"先进单位"。

**是年**　川底大队开始分配队内生产资料。

## 1981 年　64 岁

**冬**　川底大队执行分田到户政策，当年分配完毕。

**年底**　川底大队开始分配队内生产资料。

## 1982 年　65 岁

2 月 16 日至 22 日　山西省先进集体和劳动模范代表会议在太原召开，和申纪兰、武侯梨一起被评为"1981—1982 年度山西劳动模范"。

3 月 12 日　获得平顺县劳动模范证书。

## 1983 年　66 岁

**是年**　郭玉恩主动找县委，请求批准他不再担任村党支部书记。县委批准了他的请求。

## 1984 年　67 岁

3 月　川底大队改为川底村民委员会。

**是年**　郭玉恩计划在长治市开办村集体兴办的旅社，兼具农副产品销售、餐饮

---

①　中共十一届三中全会，1978 年 12 月 18 日—22 日，中国共产党第十一届中央委员会第三次全体会议在北京举行。出席会议的中央委员 169 人，候补中央委员 112 人。会议由时任中共中央主席华国锋主持。全会的中心议题是根据华国锋同志的指示讨论把全党的工作重点转移到社会主义现代化建设上来。

功能，并亲自物色好地址，并得到政府的支持，后因多种原因未获推进。

## 1991 年　74 岁

9 月 26 日　因眼疾严重住院。

## 1992 年　75 岁

**是年**　川底村村民委员会换届。参加村委换届大会，提醒新上任的村委干部郭志福、郭忠勤和原广平等人"要长吃，不要短吃"，要求他们不能对集体多吃、多占，要做村民满意的干部。

## 1993 年　76 岁

6 月　全国第一条山区高速公路——山西太旧高速公路开土动工。

## 1994 年　77 岁

2 月 25 日（**农历正月十六**）　村里组织洋鼓队，恢复多年停办的大马等传统文艺形式，到县城进行表演。

3 月 10 日　郭玉恩提议，村支部、村委会利用清明节召开村里在外工作人员座谈会，共谋村集体发展。

6 月 16 日　前往太原接受手术，山西省委书记胡富国[①]前往探望。

**是年**　省委书记胡富国于 8 月 12 日发表"坚定不移地把太旧高速公路建设搞上去"讲话，号召全省干部为 1993 年 6 月开工的太旧高速公路建设捐款，郭玉恩积极响应，回绝村两委用集体资金代为捐款的建议，以村干部个人身份捐款500 元。

**是年**　促成平顺县冶金公司进驻川底村，公司驻村后，为村集体带来 15 万元的收入。

## 1995 年　78 岁

**是年**　郭玉恩提出把村里的石池围起来。在这一年，村里整修加宽了崖上、圪台上、村至公路便道。由郭开明（小）原广平负责，修起了圪台上自来水高位池。

---

① 胡富国，1993 年 9 月至 1995 年 2 月任山西省委书记、省政协主席。

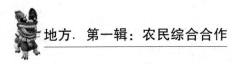

村里部分农户喝上自来水。

### 1996 年　79 岁

4 月　病重，川底全体村委成员前去看望。对前去医院看望自己的村委干部提出"三不"要求，即不向村里报销医药费、不给集体增加负担、不能给后人留下怨言。

4 月 14 日　下午 5 点 10 分因病医治无效去世，享年 79 岁。

# 郭玉恩往事回忆

## 郭永福

**编者按** 本篇收录了郭玉恩的大儿子郭永福在"郭玉恩百年诞辰纪念会"（2017 年 8 月 15 日，山西省平顺县西沟乡三里湾村）上的发言。发言中，郭永福追忆了父亲生前工作与生活的几件往事，并将发言稿授权给《地方》独家发表。这篇文稿既是郭永福对父亲工作生活往事的回忆，也是研究合作化时代农民带头人、劳模制度的重要文献。

各位领导，各位乡亲，大家好！今天聚集在这里纪念我父亲诞辰 100 周年，缅怀他为社会、为人民、为乡亲所做的工作成绩。也使我深受感动，并更加领会了不管什么人，只要是为党为人民做过一些有益的事，后人就不会忘记，就会把你记在心中这个道理。

今天借此机会，我代表我们家的后代们从所知道的他的一些事入手，说几件往事：

第一，我父亲是一位听党话，跟党走，爱国、爱社的农村好干部。1937 年"七七"事变之后，全国人民掀起抗战高潮，广大人民投入抗击日本帝国主义的斗争。从此，我父亲走上了在共产党领导下的抗日战争。从当民兵开始，保卫祖国，保卫家乡，积极参加支前、送粮、送物，认真负责，使川底村的民兵名扬平顺。特别是从 1943 年，他参加了共产党，工作积极性更加高涨。只要是党的指导、命令，一声召唤，闻风而动，从不打折扣。减租减息，土改运动，组织起来，互助合作，开荒种地，生产自救，父亲的工作样样出色，都取得有目共睹的成绩，得到上级领导的表扬。他的名字开始在平顺县传扬。特别是在 1943 年秋天参加的黎城县南委泉召开的"发展生产，支援前线"的总结评比大会上，被评为"劳动模范"，领回一面锦旗和八只羊。这些事，使他看清了跟党走，听党话，是一条光明大道。随着

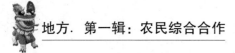

父亲成绩越来越高，在解放战争中，担任了主要领导，带领全村党员和村民在参军支前的各项工作中成绩更加突出，先后送走多名参军青年和南下工作人员；为迎接全国解放和建设新中国做出新的更大贡献。

第二，我父亲是一位勇于创新，开拓农业生产合作社劳动管理工分化的第一人。中华人民共和国的成立，开始了社会主义建设高潮。这时，美帝国主义在朝鲜挑起战争，把战火燃烧到鸭绿江边，我国和平建设受到影响。我父亲又一次响应党的号召开展了"努力生产，保家卫国，支援前线"的爱国生产运动，在地区和县里的领导下，承担起试办农业生产合作社的重任。他团结全村党员，打破千百年来小农经济的束缚，在土改后农民分得土地在手里还没暖热的情况下，克服重重困难，教育社员拿出自己的土地入社，但有的社员入坏地不入好地，入远地不入近地，入社后一小部分社员多出勤，少出力，干轻活，不干重活。这种错误思想和行为，我父亲看在眼里，记在心里，经过多少次的开动脑筋，制定出一套各种农活工分值的劳动定额制度，大大调动了社员的积极性。使合作社1952年农业大丰收，获得全国最高亩产，成为"全国第一社"，特别是以劳动工分化为基础的生产管理，就像工厂的计件工资制，得到广泛应用，他本人是全国获得仅四块金星奖章的其中一人。以上所有这些都为赵树理创作《三里湾》提供了生活源泉，也使川底村名扬四海。1954年我父亲被选为全国人大代表，新华社记者范长江在《人民日报》发文推广，在全国宣传，当时推动了农业合作化走向高潮。

第三，他是一位重视科学技术与农业生产发展相结合的带头人。他在工作中非常细心、善于钻研，新生事物的发展，科学技术的引进，会使得农业生产产生巨大变化。例如，土玉米、土谷子，亩产很低，农民生产一年，秋后才打百十斤粮食，除去自己的口粮和种子，不会有更多的粮食交给国家，更不能支援国家建设。这是摆在农村生产面前的重大课题，也是摆在作为一位农村带头人面前的一只"拦路虎"。不能解决这些问题，农村工作就难取得重大进展。我父亲从南委泉开会回来，引进"金皇后"，这一良种的试种，使亩产大大提高，达到一千多斤，这才使我父亲认识到科学技术对农业的巨大作用。从此，在上级的大力支持下，开始在荒山阴坡种松柏，在阳坡种山桃野杏，在地头种核桃，在腰池、南叉凹种苹果、葡萄。种植业多样化发展，改变了单一经营的状态，使集体经济的优势大大提高。老一辈人都知道，单铧犁、双铧犁的引进，由于咱们本地地块小，不能发挥作用，很难推广。只有小推车能解放生产力。实现电气化更是我父亲的愿望，为了摆脱推碾、拉磨、粮食加工问题，在 1953 年，全县除县城外没有一个地方通电，我父亲大胆设想，开平顺之先河，用柴油机带动发电机发电，实现了村民点灯不用油的心愿。回顾川底村的农业发展，从我家自留地不难看出我父亲对科技的重视，在沟河自留地里种各种树、桃、李、杏、苹果等。只要有新品种，他先在自己地里试，成功后，再推广。1951 年，他从东北引进苹果树种，在川底试接成功，后来在全县推广。为了提高产量，在六亩地开辟了试验田，邀请县里、地区和省里的技术人员常年在村里住着搞试验。一桩桩、一件件的事说明我父亲是一个重视科学技术的带头人。为使全村成为农、林、牧、副全面发展的典型，他贡献了毕生精力，他辛勤工作，不分昼夜，长期劳累，积劳成疾，使他的身体受到极大的影响。

第四，在大队他是一个好带头人，在家里他也是一位慈祥可亲的好父亲。我们兄弟姐妹六人，没有一个受到父亲的打骂，得到的是言传身教。他经常语重心长地对我们说：在家里要尊重长辈，在学校要尊重老师，团结同学，爱护公物，在单位要积极工作，遵守纪律。小时候家庭困难，没有四季的服装，冬天的棉衣，春天改成单衣，就这样仍然教育要我们俭朴生活，不要和别人比吃穿。白天父亲忙到黑。在家一有空就自学，虽然没有上过多少学，但经过自己刻苦用功，到后来也能记一些东西，大部分文件书籍也能看懂。

我父亲工作忙，大家都知道，那时没有通讯工具，吃饭时间就成了小会场，端着碗，东家进，西家出，安排生活，工作安排完了，碗也不知丢到哪里了，我奶奶经常给他找碗，就这也成了村里人的笑话，实际那是真事。

我父亲在外面再忙，只要回到家里看见我们，就很高兴，问长问短，冷不冷，热不热。记得有一次，我换牙，痛得不能吃饭，我父亲轻轻抚着我的头，一边跟我说话，一边让我张开嘴看看，一不注意牙就被他拔下来了，一点也不痛。我们虽然小时候和父亲相处的时间很短，但确实处处都感到父亲对我们的关爱，现在回想起来，都会感到无比甜蜜和幸福。

我的父亲离我们而去已经二十多年，但是我们一直怀念他。我们在各自的工作岗位上兢兢业业工作，没有给父亲丢脸。回想起来我们有今天，无不与父亲的言传身教有关。

亲爱的父亲，您安息吧，您那一辈的事业，今天会得到很好的继承，我们在以

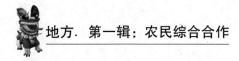

习近平同志为核心的党中央领导下，以后的生活会更好。

最后，感谢乡亲们，感谢各位领导。谢谢大家！

2017 年 8 月 15 日

于川底（三里湾）

# 20世纪50年代农业合作社领导人影响力的来源
## ——以郭玉恩为例

宋唐旭*

**摘要：** 20世纪50年代涌现的一批合作社带头人是农业合作社取得成就的重要原因。本文以山西平顺县川底村的"五一"农业生产合作社社长郭玉恩为例，分析了其时代背景赋予的创业使命感、科学管理合作社的管理水平以及先公后私等精神品质。这些构成了20世纪50年代农业合作社领导人影响力的来源。

**关键词：** 劳动模范　50年代　合作社　领导人影响力

山西省平顺县在20世纪50年代就出现了李顺达、郭玉恩、申纪兰、武侯梨4名全国著名劳动模范及崔富保、王三毛、段毛孩、王四妞等多名省级劳动模范。这些劳动模范，心不离群众，身不离劳动，站在时代前沿，抗衡着顽劣的大自然，为百姓谋生存，把自己的行为和事绩印在人民的心头，写入平顺的历史。

平顺是太行山区典型的山地贫困县，中华人民共和国成立以来，一直是全国著名的"劳模县"。这些劳模都有着艰苦奋斗的共同特点，有着"为国家做贡献，为群众谋利益"的强烈信念。本文就以50年代农业合作社搞得最好，也是全国第一个农业初级合作社的川底"五一"农业社的社长郭玉恩（1917—1996）为例，从他创办农业合作社的时代背景、合作社管理中的领导水平和精神特质等方面对其影响力来源做一简要的分析。

## 一　时代赋予的创业使命感

1938年，日寇占领了长治，从此，战争的阴云笼罩着上党大地，敌寇对中国抗日根据地烧杀抢掠，仅1942年平顺县就遭受过敌寇三次扫荡，军民损失巨大，

* 宋唐旭，山西省平顺县杏城镇赵城村第一书记。

仅川底村就被鬼子杀死 9 人。川底临近的西沟村被杀死 20 人。伴随战争来袭的就是蝗灾，《平顺县志》里对蝗灾有这样的一段记载：随着一声巨大、奇特、令人毛骨悚然的巨响，天边的地平线上出现了滚滚升腾的乌云，那乌云急速地向上滚动，瞬时间变成四五里宽几十里长的长阵，遮天蔽日。这乌云扑下来如风卷残云，所到之处，所有的绿色一扫而光……全县连年闹饥荒，相当一部分地区颗粒无收，有 19030 人没有饭吃，占人口的 17.8%，仅漳河岸的三区就饿死 213 人，一个不足 300 口人的黄花村，就饿死 39 人。在战争和灾荒的胁迫下，年轻的郭玉恩却保持有足够的历史自觉，其扶民、救民的担当意识除源于当时的情势外，主要是党的启蒙和教育。1938 年，距川底上游三里远的池底村农民张文成成立了平顺县的第一个党支部，儿童团员郭玉恩受到了"暗八路"的教育和启蒙。之后的年月里，他经常随当地武装参加武装斗争，多次参加池底党支部召开的反扫荡生产自救会议。1943 年 3 月，他加入了党组织，并成立了互助组。

互助组确保私有性质，其运作方式是用工打拨、等价交换、折工换工，方式灵活多样。郭玉恩以高度的自信施展着智慧和才华，操作得当，每个工折还 2 斤小米，1.5 个工折为 1 个畜工。工对工，人对人，工折粮，粮还工，正拨零还，零拨正还，男拨女还，解决了生产力不足的困难。1943 年遇到灾荒，基本是绝收，郭玉恩就组织大家换茬种菜，又开出了 6 亩地，每户按工作股分，实现了生产自救，印证了"组织起来"的巨大能量。组织的关怀、群众的信任，个人在苦绝环境中的勇气和担当组成的"三维结构"，把他推到时代前沿。整个互助组时期的探索，使他认识到"拧成的麻绳拉不断"，只有把农民组织起来才能克服困难、才能生存。互助组的框架中，内系着起关键作用的合作因素，这为他以后创立全国第一个农业初级合作社提供了依据。

## 二　在合作社管理中彰显的科学领导水平

随着互助组的渐进和生产力的需求，农民对生活的平衡感以及幸福感不只存在于家庭的内部，而且上升为超越互助组的一种对生产共同体的期望。体察到农民这一诉求，在充分调查的基础上，长治地委在山西省委的支持下，在全国率先决定试办农业合作社。川底村 1951 年 3 月被长治地区定为试办的"十个老社"之一。合作社以私有制为基础，是以土地入股为特点的群众自愿参加的生产联合体，是互助组的高级形式，也是"集体"的开端。

组织的信任源于受命者的"实力"。郭玉恩不光有精神上的自信，而且还有个人坚实的行为基础和充分的能力保证。办社之初，他率先采用了"包产到组"的管理办法，解决了生产环节中的一个个细节问题，调动了群众的生产积极性，大幅度地提高了生产力，粮食亩产量 484 斤，最高达到亩产 1581 斤，亩总产和单产创"十个老社"之最，显示出超越互助组的更大优越性。合作社呈现了三个特点：一是提高了科技革新的能力。统一经营土地，变"吃啥种啥"为"宜长啥种啥"，引入良种浸泡、科学施肥等新技术。二是发挥了劳力的潜在力量，开始做到"各尽所能，按劳分配"，劳动效率得到提高。三是搞好农副业，增加农民收入。郭玉恩大念"包字经"，年年新套套，继而扩大为"三包"，即包产、包工、包成本，使产量、工效、节约三者有机结合起来，防止顾此失彼；实行了定额计酬，也即定额记工分，细化为三等九级 100 种农活；对生产小组（小队）实行"四固定"，即土地固定、劳力固定、牲畜固定、农具固定。使生产小组有更多的自主权。郭玉恩的系列管理体现了平衡的法则，把地亩的远近、农活的轻重、劳力的强弱、技术的高低、季节的忙闲等方方面面都考虑进去，尽可能地减少差别，凸显按劳分配的原则；把爱国丰产和群众的利益紧密结合起来，社员收入显著增加，在分配上体现多劳多得的同时，保证军烈属的利益，照顾老弱病残，体现了社会主义制度的优越性。1952 年，郭玉恩获得了全国农业"爱国丰产金星奖章"，由山西省农工部根据川底管理经验撰写的"川底农业社的技术操作规程"收录入毛泽东主席编定的《中国农村的社会主义高潮》一书。

## 三 推动合作化中凸显的先进分子特质

抓（生产）经济的内行首先必须兼备较高的政治素质，使群众在其影响和感召下把品格内化为行为规范。这一点，郭玉恩可称 50 年代合作化时期平顺劳模中的典范。他的政治素质——也可谓他的精神特质——显著体现在以下几个方面。

第一，坚定执行党在各个历史时期的各项方针政策，无论是互助组、初级社、高级社、人民公社时期，还是改革开放时期，模范执行党的政策，走在时代前沿，自觉服从国家意志。

第二，把群众的经济利益作为调动群众生产积极性的第一要素。即使在国家政策去私有制的时期，他也要保证群众应得的利益，如在公社化时期留足群众的自留地，"文化大革命"时期给群众盖起了全县第一处排房。

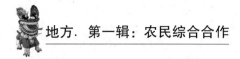

第三，把自己家庭的生活水平置于村里中等水平线以下，先公后私，或公而忘私，永葆劳模本色。他在公社化和"文化大革命"时期，曾多年在公社、县里任职，但到了1990年后的晚年才只领每月20元的补助，也从来不要求工资待遇，以至生活窘迫，到妻子下葬时一条薄被铺一半盖一半。

第四，艰苦奋斗防止干部的腐败，有意识地压低干部的工分待遇。如《川底村农业初级合作社章程》第20条规定：社内干部参加生产劳动，根据个人所负担任务的多少和工作的好坏，由社员公议评定。社长和其他干部，根据工作的多少实做实记，出外开会，自己买吃一天记10分，公家管饭一天记7分。

第五，生产小队以上的干部都是"定额计酬"中的普通一员，长年以生产劳动为主，不因公务当脱离生产的"甩手掌柜"。如在担粪或其他艰巨的劳动中，生产小组长或队长总是队伍前面的第一人。

郭玉恩合作社已随着共和国那个曾经的时代走进了历史，但其创造的合作形式、管理办法，以及树立的干部形象，在改革开放日新月异发展的今天，仍有一定的借鉴意义。在农村实行实质上的分田到户后，需不需要合作起来、组织起来，需要负责任的历史思考，为了新的合作，建立个人或集体的防腐反腐制度，以保证合作机制的健康运行等，也成为当今政府需要面对的严肃的时代命题。

# 《三里湾》：作家"写大作品"的自觉

程江河<sup>*</sup>程江河[*]

**摘要：** 本文通过对互助组、初级农业生产合作社、高级农业生产合作社和人民公社的利弊分析，从互助组的出现、赵树理对初级农业生产合作社的态度、赵树理对高级农业生产合作社和人民公社的态度三个方面，阐明了作家赵树理所著《三里湾》是对1953年中共中央正式颁布的《关于农业生产互助合作的决议》的某种诠释，是作家"写大作品"的一种不自觉的自觉。

**关键词：** 赵树理　三里湾　农业生产合作化

赵树理的长篇小说《三里湾》，1953年3月初开始动笔，1954年底完成，1955年1月《人民文学》连载，同年5月由通俗读物出版社出版。

《三里湾》出版两个月后的1955年7月，毛泽东在省、市、自治区党委书记会议上作《关于农业合作化问题》的报告。同年10月，中共七届六中全会通过《关于农业合作化问题的决议》。

因此，有人认为《三里湾》出版两个月后，毛泽东推动全国农村合作化运动高潮的政治报告《关于农业合作化问题》的出台，似乎又一次印证了赵树理与毛泽东的"不谋而合"，表明赵树理是农村合作化运动的先知先觉者。事实果真如此吗？

## 一　从互助组谈起

互助组是太行老区人民长期与恶劣的生产自然条件做斗争的产物，将有限的劳

---

\* 程江河，山西省长治市赵树理文学研究会会长。

动力、牲畜、农具等集中到一块，提高了抵御恶劣自然环境的能力。① 直至现在，每年秋收时节仍然能看到当年互助组的影子，两三户农家组成一个小集体，西家的劳动力掰玉米，东家的三轮车拉玉米，给东家收了再给西家收，优势互补，提高了劳动效率，节省了开支。

长治老区 1946 年 7 月全境解放，1948 年底土地改革基本完成。随着战争的结束、生产的基本稳定，以及生产条件的改善，一方面部分逐渐富裕（相对而言）起来的农民出现了不愿意继续参加互助组的单干思想，另一方面极少数农民出现了卖地、借债的返贫现象。

鉴于"愿意单干"和"阶级分化"的趋势，1950 年，时任长治地委书记王谦以中共长治地委的名义给中共山西省委起草了《关于组织起来的情况与问题的报告》和《长治专区互助组中的公共财产与公积金问题》两个报告，提出把互助组提高为"合作社"当作老区农业的今后"发展方向"。②

同年 11 月 14 日，《人民日报》发表了中共长治地委的《关于组织起来的情况与问题的报告》，并在"编者按"中强调指出："中共长治地委关于组织起来的情况与问题的报告，提出了老区农业互助合作运动中的一些新问题。这个报告，并提出了长治地委对于这些问题的看法和做法。这是一个很重要的报告，值得各地参考与研究。"

此事引起山西省委和中共中央华北局政策调查研究室的高度重视。山西省委研究后明确地提出了"把老区的互助组织提高一步"的指导方针。王谦同志查阅资料，受斯大林一篇讲话启发，经时任山西省委书记赖若愚同意，定下了由互助组提高为"农业生产合作社"这个名称。1951 年春，中共山西省委正式批准中共长治地委试办 10 个初级农业生产合作社。这 10 个初级农业生产合作社分别是：武乡县窑上沟村农业合作社（社长：王锦云），监漳村红光农业合作社（俗称"东社"，社长：暴银锁），监漳村曙光农业合作社（俗称"西社"，社长：崔五林），枣烟村农业合作社（社长：魏名标），黎城县王家庄农业合作社（社长：董桃气），平顺县川底村农业合作社（社长：郭玉恩），壶关县翠谷村农业合作社（社长：冯海科），长治县南天河村农业合作社（社长：曹林水），襄垣县长畛村农业合作社

---

① 高洁、辛逸：《长治老区互助组织与社会主义——山西十个农业生产合作社的重新解读》，《中共党史研究》2010 年第 1 期。

② 张国祥：《"他是个帅才，也是个秀才"——纪念赖若愚同志诞辰 100 周年》，《党史文汇》2010 年第 6 期。

（社长：陈二明），屯留县东坡村农业合作社（社长：王成喜），共 190 户，3018 亩土地，其中入社土地 2212 亩，占 73.29%。"土地入股、统一经营"，"劳力分红为主、兼顾土地入股分红"，原则是"入社自愿，退社自由"。①

中共中央华北局政策调查研究室派出调查组到长治了解情况，对试办初级农业生产合作社提出了异议，认为动摇了私有基础，决定召开全区农村互助合作会议，专门讨论山西试办初级农业生产合作社的问题。

为了出席全区农村互助合作会议，1951 年 4 月 17 日，中共山西省委召开常委扩大会议，讨论通过了赖若愚代中共山西省委起草的关于《把老区的互助组织提高一步》的报告，并委托王谦将报告面交中共中央华北局常务副书记刘澜涛。

会上，山西代表认为试办初级农业生产合作社动摇私有基础无可非议，中共中央华北局的代表认为试办初级农业生产合作社和动摇私有基础违背了党的七届二中全会《决议》和《共同纲领》的精神。经过激烈的争论，会议的结论是：不同意中共山西省委的意见和主张，并责成其做出检讨。

针对会议召开的情形及结论，赖若愚又代中共山西省委起草了《关于互助组会议的几个问题》的申述报告，依然坚持"把老区的互助组织提高一步"的指导方针不变。

此争论引起了中共中央领导人的关注。中共中央书记处书记刘少奇赞同中共中央华北局的意见，认为中共山西省委《把老区的互助组织提高一步》的报告所反映的"是一种错误的、危险的、空想的农业社会主义思想"②。

毛泽东知道此事后，找刘少奇和中共中央华北局的主要负责人薄一波、刘澜涛谈话，说他不能支持刘少奇和中共中央华北局，而支持中共山西省委，认为山西省委的这一做法"突破了苏联的模式，为中国农业社会主义改造走出了一条新的路子"③。

在毛泽东提议下，1951 年 9 月，中共中央在北京召开第一次全国互助合作会议，认为山西以"土地入股、统一经营"为特点的试办初级农业生产合作社是"走向社会主义农业的过渡的形式"，是"富有生命的有前途的形式"，并通过了《中共中央关于农业互助合作的决议（草案）》，指出："根据土改后农民中存在的

---

① 张国祥、雒春普：《新中国农业生产合作社的由来》，《百年潮》2010 年第 1 期。
② 同上。
③ 同上。

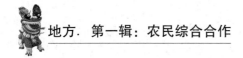

个体经济与互助合作两种积极性，以及农村中出现两极分化的情况，要求各级党委根据生产发展的需要和可能的条件，按照积极发展、稳步前进的方针和自愿互利的原则，逐步引导农民走集体化道路。"①

1951 年 12 月，中共中央颁发《关于农业生产互助合作的决议（草案）》。至此，山西试办初级农业生产合作社的做法向全国推广开来。截至 1952 年底，全国初级农业生产合作社达到 3600 多个。

1953 年 2 月 15 日，中共中央正式颁布《关于农业生产互助合作的决议》。

赵树理发表于《文艺学习》1956 年第 8 期上的《表明态度》，草拟于 1951 年夏天，写的也是关于互助组的事。太行山区贫农王永富，先是当了武装主任，土改后又买了牛，"有地，有人，有牲口"，就不想参加互助组了。王永富的女儿腊梅是村里的青年团支书，做王永富的思想工作，没有做通，一气之下搬到了丈夫小春家里住。村支部书记找王永富谈话，也做不通他的工作。后来因为工作上的原因，县武装主任当众宣布撤了王永富武装主任的职。最后王永富才意识到自己的错误，"可恨是自从有了一碗饱饭吃，就变成个自私自利鬼，互助也不参加了，干部也不愿当了，党的工作不想做还想留个虚名"，重新回到了互助组里。

《表明态度》与《三里湾》中部分内容极其相似，主人公王永富与《三里湾》的"翻得高"如出一辙。当年，赵树理为什么没有把这个作品拿出来表明自己对农业合作社的态度？1951 年他参加长治地区试办 10 个初级农业生产合作社，为什么在中共中央正式颁布《关于农业生产互助合作的决议》后的 1953 年 3 月初才开始动笔写《三里湾》？主要是出于政策上的考虑——1951 年中央高层在试办初级农业生产合作社问题上存在争议，以及 1953 年 2 月中共中央正式颁布《关于农业生产互助合作的决议》的政策支持，而不是因为他对初级农业生产合作社的态度还不明确。

1966 年，"文化大革命"开始，赵树理在他写的第一份检查材料《回忆历史认识自己》中讲，1951 年，胡乔木同志批评他写的东西不大，"那年秋天，我便重返晋东南，接触了试办农业社的问题，写过一个电影故事名叫《表明态度》，原写的是试办合作社，后来北京对合作社有争论，不让写，才改为互助组。写的是一个老干部纠正他亲家在全国解放后产生的退坡思想的，未被制片厂采用，后曾在《人民文学》上发表过。来年又到平顺川底住过一个时期，回去

① 张国祥、雒春普：《新中国农业生产合作社的由来》，《百年潮》2010 年第 1 期。

才着手写《三里湾》"。

可见，北京有争议、不让写的试办合作社，赵树理是不能写的，是写了也不能公开出来的。在这种情况下，赵树理不仅不可能有先见性地与毛泽东"不谋而合"，而且只能被束缚在政策支持下从事创作。

## 二 从赵树理对初级农业生产合作社的态度谈起

《陶鲁笳：建国初一次高层讨论》一文中对当时的农村情况做了一些介绍：农村中相当多的党员、干部，在土改结束后农业生产迅速恢复发展的情况下，看不到前进的方向，产生了"退坡"思想，满足于"三十亩地一头牛，老婆孩子热炕头"的生活，认为"革命到了头"。突出的事例是，晋东南襄垣县的一个农村党支部书记公开宣布解散党支部，他在全体党员会议上说："我们支部参加了抗日、打老蒋，现在土改分了地，日本、老蒋都打倒了，任务完成了，所以我们的支部宣布解散。"1950年春在省委召开的农村工作会议上，王谦同志汇报说，今年入春以来，长治地区土地买卖现象之多，是历年来所没有的。同年8月，省政府农业厅厅长武光汤同志和省委政策研究室郭忠同志写的《晋东南武乡县农村考察报告》中也说："据六个村的调查，1949年到1950年两年，有139户（占总数的11.8%）出卖土地410亩（占耕地总数的2.28%）。有些富裕农民占有的耕地超过本村人均占有耕地的一倍、两倍以至三倍。有的富裕农民买不到地就放高利贷，说什么'人赚钱累死人，钱赚钱发大财'，其年利率高达60%，甚至180%。"

赵树理出身于农民家庭，对农民和农村非常了解。他在《〈三里湾〉写作前后》中谈到"为甚要写《三里湾》"时讲："在农业生产方面的互助组织，原是从克服战争破坏的困难和克服初分得土地、生产条件不足的困难的情况下组织起来的，而这时候两种困难都已经克服了，有少数人并且取得向富农方面发展的条件了；同时在好多年中已把'互助'这一初级组织形式中可能增产的优越条件发挥得差不多了，如果不再增加更能提高生产的新内容，大家便对组织起来不感兴趣了。"可见，他也认为有通过增加更能提高生产的新内容让大家对组织起来感兴趣的必要，对长治地区试办农业合作社的做法是支持的。否则，他不可能积极参与长治地区试办农业合作社，不可能亲自去帮助一些合作社建社、扩社，更不可能去创作《表明态度》和《三里湾》。

我们在对《三里湾》进行解读时，常常过于侧重其宣传农业生产合作社的一

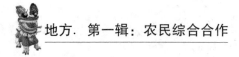

面，却忽视了里面"落后"人物也代表的是真实的民意。

在1951年召开的全国第一次互助合作会议上，熟悉农村情况的赵树理认为，农民不愿意参加合作社，连互助组也不愿意参加。主持会议的陈伯达说："你这纯粹是资本主义思想嘛！"（参见马国川著《共和国部长访谈录》）

"农民不愿意参加合作社，连互助组也不愿意参加"的思想，赵树理在《表明态度》和《三里湾》里都写得非常具体，对"落后"人物的描写比对先进人物的描写着墨更多，其形象更突出。赵树理在《〈三里湾〉写作前后》中谈及《三里湾》"还有几个缺点"时，自己也认为："又如写马多寿等人仍比金生、玉生等人突出。"

尊重事实，有啥写啥，不虚构和想象，是赵树理创作的特点之一。1951—1952年，赵树理先后在平顺县川底村、武乡县监漳村、长治县金圪道村等地体验生活，参与和帮助村里办社，积累《三里湾》创作素材。我认为，他在创作《三里湾》时不是不想把先进人物写得生动形象突出，而是在积累创作素材过程中没有碰到先进人物的突出表现和生动素材；相反，碰到的多是"落后"人物对合作化运动的极力抵制。"有多少写多少"是《三里湾》的"缺点"之一，先进人物素材少就少写，"落后"人物素材多就多写，正是这个"缺点"，把当时部分逐步走向富裕农民不想入社的想法真实地表现了出来。

"农民不愿意参加合作社，连互助组也不愿意参加"是赵树理对初级农业生产合作社认识上的担忧，也是赵树理对初级农业生产合作社认识上的清醒。既要支持广大贫下中农合作互助的积极性，把大家组织起来，提高农业生产，也不能无视富裕中农和富农单干的积极性，损害富裕中农和富农的利益，对农业生产造成不利影响，赵树理对初级农业生产合作社的认识和态度是非常清晰和正确的。

对初级农业生产合作社心存担忧的赵树理，除了用《三里湾》来告诉大家自己的担忧和引导更多的农民走上合作社的道路外，并没有也不可能自觉地去不谋而合和宣扬高级农业生产合作社的到来。

## 三 从赵树理对高级农业生产合作社和人民公社的态度谈起

农民作家赵树理，他不希望农民卖地、借高利贷，在刚刚获得解放后又返贫去受"二茬苦"，而是希望用新的形式来把农民组织起来，代替互助组这种已经失去优越性的形式。但是，对于初级农业生产合作社这种新的组织形式，他又表现出既支持又担忧的矛盾心理。

历史常常是会捉弄人的。一个人心中的某种担忧往往不会随时间的推移而消失，反而会变成现实，让你无法应付自如。

赵树理 1955 年还在用《论"吃社果"说法的错误》为入社贫民"辩护"，1956 年就开始忍不住给长治地委××写信反映社里发生的问题。

1956 年初，初级农业生产合作社开始向高级农业生产合作社发展，赵树理对初级农业生产合作社的担心开始变成现实。同年 8 月 23 日，他给长治地委××写信反映情况："最近有人从沁水县嘉峰乡来，谈起该地区农业社发生的问题，严重得十分惊人。兹举数例如下：一、供应粮食不足。二、缺草。三、缺钱。四、命令太死板。五、买煤难。六、基本建设要求太快。七、地荒了、麦霉了。"①

1958 年，高级农业生产合作社转为人民公社，名为"一大二公"，实为"一平二调"。此时的赵树理就更摸不着农村的工作方法了。面对人民公社出现的各种弊端，他在 1959 年先后写了《给邵荃麟的信》《高级农业合作社遗留给公社的几个主要问题》《写给中央某负责人同志的两封信》《公社应该如何领导农业生产之我见》等，不断向有关部门和负责人反映问题。

在高级农业生产合作社和人民公社时期，赵树理的内心是痛苦的，他既不能公开反对，也无法容忍不了解农村和农民实际情况的瞎指挥。实践证明，赵树理对初级农业合作化的担忧是必要的，认识是正确的。1962 年 8 月，中国作协在大连召开农村题材短篇小说座谈会，周扬指出："中国作家中真正熟悉农民、熟悉农村的，没有一个能超过赵树理。他对农村有自己的见解，敢于坚持，你贴大字报也不动摇。"②

今天，我们回过头来看赵树理《三里湾》里宣传和支持的初级农业生产合作社，与高级农业生产合作社和人民公社是有本质区别的。

赵树理在《〈三里湾〉写作前后》中讲：长治地区试办 10 个农业生产合作社，"这次新的试验，果然给领导生产的县区干部开辟了新道路，给附近农村增加了发展生产的新刺激力——虽然生产动力和土地所有制没有变动，但以统一经营的方式增加了土地、劳力、投资等的生产效率，以土地、劳力按比例分红的办法照顾了土地私有制，保证了增加产量和增加每个社员的收入——试验的结果良好，附近农民愿意接受，中央也批准推广。"我们从中不难看出初级性的特点：生产动力和土地

① 赵树理：《赵树理全集》，北岳文艺出版社 2000 年版，第 249—251 页。
② 戴光中：《赵树理传》，北京出版社 1987 年版，第 383 页。

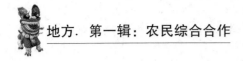

所有制没有变动，农民自愿加入，提高了生产效率，增加了每个社员的收入。

高级社的特点：生产资料集体所有，取消了土地报酬，实行按劳分配。人民公社的特点：一大（规模大）、二公（公有化程度高），实际上是一平（平均主义）、二调（无偿调拨）。高级社和人民公社否定了私有基础，损害了富裕中农和富农的利益，扼杀了富裕中农和富农单干的积极性，特别是人民公社的"平均主义"、吃"大锅饭"，严重挫伤了广大农民生产的积极性，给农业生产和农民生活造成严重困难。

高级社和人民公社与赵树理《三里湾》中宣扬的初级农业生产合作社是截然不同、存在本质区别的，如果把赵树理创作《三里湾》说成与毛泽东所作政治报告《关于农业合作化问题》的"不谋而合"，是不正确的。

《三里湾》里的初级农业生产合作社，比互助组的优越性大：人尽其才，玉生负责农业技术，"翻得高"女儿当了会计；集体的力量大，土地得到有效利用，开渠、兴修水利成为可能。现在，我们又在提倡农业合作化，虽然与当年的农业合作化有本质上的区别，但是，增加农民收入，推动农业产业化发展，提高农业生产效率，这些内涵是一致的。一篇题为《习近平三农战略思想》的文章内讲："十八届三中全会的《决定》，要求加快构建新型农业经营体系，鼓励农村发展合作经济，扶持发展'规模化'经营，这就揭示了合作经济是规模经营的重要途径。""习近平很早提出'要走组织化的农村市场化发展路子'，'探索像日本农协、台湾农会的机制'，'组织农民是我们党的独特优长'，并豪迈预言：'新型的合作化道路将会越走越广阔'。"

赵树理在《〈三里湾〉写作前后》中讲："为了迅速地配合当前政治任务，固然应该快一点写，但在写作之前准备得不充分的时候，正确的做法是赶紧把不充分的地方补充准备一下然后再写，而不是就在那不充分的条件下写起来。我愿意在今后努力克服这些缺点，准备以缺点更少的作品和大家再见。"这里的"政治任务"显然是指中共七届六中全会通过《关于农业合作化问题的决议》。

因此，《三里湾》已经不是像《小二黑结婚》那样与毛泽东"讲话"精神的不谋而合，而是对1953年中共中央正式颁布的《关于农业生产互助合作的决议》的某种诠释，是作家赵树理"写大作品"的一种不自觉的自觉。

# 围绕山西试办合作社的党内争论探析[*]

## 仝志辉[**]

**摘要：** 20 世纪 50 年代初关于山西试办 10 个合作社的党内争论，既有理论争论的性质，也在一定程度上反映出官僚制中的上下级关系。这场党内的理论争论，在已经公开的中国共产党党史上非常罕见，是在地方"探索"阶段和全国大面积推广阶段之间存在的一种特殊的政策协商或政策研判。其中反映出不同参与者对合作制的不同认知、各自的经验背景以及在权力结构中的不同位置。历史上的这场争论对理解今天发展农民合作的立法和政策过程具有诸多启示。

**关键词：** 农民合作事业　党的领导　地方试验　制度设计

农业合作化运动是中国社会主义制度建立的先声。而社会主义制度在中国的建立，实现了中国各方面制度的重大改革。在这一过程中，农村经济体制的变革绝对是革命性的。今天实行的集体土地所有制基础上的家庭承包经营，虽然在某种意义上仍然承接着绵延千年的小农村社制度，但是，其内在的产权关系和分配体制已经和历史上任何时期的制度都截然不同。构成这一制度发端的是在土地改革平分土地之后的农业合作化运动。这场运动不仅仅是生产组织形式上从农户单干到统一经营，而且是农村整个利益结构、社会结构和文化心理结构的大变革。

1951 年山西试办合作社则是全国农业合作化运动的先声。试办引发了党内的争论，争论的结束使得合作化运动大面积启动，并确定了其走向社会主义的方向，

---

　* 本文是作者对农村合作化历程研究的一个部分，只是一个初步的研究，本文中叙事部分的内容曾经发表于《综合农协："三农"改革的突破口》（中国社会科学出版社 2015 年版）。这次尝试以新的视角来重新叙述有关史实，侧重对党内重大决策争论的分析。感谢对本文前一稿提出评论和建议的杨团、辛逸、刘金龙、高原。本文文责自负。

　** 仝志辉，中国人民大学农业与农村发展学院教授，中国人民大学国家发展与战略研究院研究员。

为最终确定农村集体经济制度提供了重要推动。更为重要的是，这场争论的发生机制、展开过程和最终解决方式，充分展现了新的党和国家领导体制在初步形成时期的内部张力，地方探索与中央决策，既展现了这一体制解决国家重大战略问题的潜力，又蕴含着这一解决方式可能产生的问题。

随着历史文献的披露和当事人回忆的不断挖掘，围绕试点的争论全貌终于基本呈现在人们眼前。本文在薄一波、王谦、陶鲁笳、李贵仁、马社香等人提供的有关历史过程的记述的基础上①，阐发地方试验、党内争论与合作化方向和进程的关系。全文主要部分叙述夹叙夹议，意在展现这一讨论过程的丰富性、多元参与主体的互动机制，以便凸显当时党和国家领导体制的实际状态。今天谋划农民合作事业的进一步展开，也必须看到党和国家领导制度这个根本制度，以及在这一领导制度中开出健全的理论思考空间的可能，思考怎样借这个制度的特有优势，推动更加健康有效的中央和地方、法律和政策协力发展农民合作局面的形成。

# 一 山西试办合作社的动因

解释这段历史，首先碰到的就是山西省委为什么要试办合作社。在中华人民共和国成立初期，试办虽然是山西省委自己动议和操作，但是在试办过程中山西省委也向中共中央华北局有过报告。山西省委和华北局之间顺畅但并不是非常程式化的工作关系也是这场争论得以密集发生的一个制度条件。

1951年3月，在中共长治地委召开主题为试办农业生产合作社的"长治专区互助组代表会议"时，中共中央华北局政策研究室的4名同志以春耕工作调查组的名义，未接受邀请就去听会。期间，就是否要试办农业生产合作社与地委书记王谦和与会代表发生争论。华北局同志在争论中质疑召开这个会议有无经过华北局同意。王谦回答说：这是试办，已经经过山西省委的同意。也就在同一个月，山西省委就全省第二次党代会向华北局的报告中也汇报了试办的想法。也就是

---

① 薄一波：《若干重大事件与决策的回顾（修订本）》（上卷），人民出版社1997年版；马社香：《中国农业合作化运动口述史》，中央文献出版社2012年版；张国祥：《王谦：一个省委书记的风雨征程》，中共党史出版社2009年版；中共山西省委党史办公室：《赖若愚纪念文集》，中共党史出版社2012年版；李贵仁：《赖若愚传》，山西人民出版社1994年版；陶鲁笳：《毛主席教我们当省委书记》，中央文献出版社2003年版。

说，试办的同时，他们已经向党的上级机构报告。但是可以想到，这样的试办并不一定就能保证试办的效果。而华北局政策研究室的质疑，不会仅是就试办是否会对山西的农业和农村发展产生具体的影响（地方试办对地方经济等的影响）而质疑，而是质疑这一政策背后的基本制度原理以及它对于全国农业的适用性。

虽然试办经过了正常的组织程序，但想法却是山西省委自己产生的①，并已经做了大量的组织工作。王谦和陶鲁笳在后来的回忆中，确认是当时的山西省委书记赖若愚提议和主导了试办合作社，目的是将老解放区土改后的"互助组在组织形式上提高一步"。这是山西省委试办合作社的目的的最直接表述。

时任山西省委书记的赖若愚是当时全国的省委书记中工作水平很高的人，日后也得到毛泽东主席的器重，被调到北京任全国总工会主席。他对于老区怎样进一步发展互助组的问题很重视。1949 年 9 月 5 日②，在王谦赴晋东南就任长治地委书记前，作为省委第一副书记实际主持山西工作的赖若愚对王谦说：省委成立后，两年左右的主要工作放在同蒲线 400 万人口地区的土改工作上，没有更多精力考虑老解放区问题。老区土改已经过去两年，老区农村要走什么道路，这次你去后要重点探索。

在抗日战争时期，王谦就曾经在晋冀豫根据地的榆社县率先搞起互助组。那是通过动员农民"以工换工，或以畜工换人工、人工换畜工"，按照"自愿结合，等价交换，及时结算"的原则开展互助合作，以解决春耕下种时劳力、畜力不足的问题。农民群众参与非常积极，由于成效显著还得到了区委的表彰。解放战争时期，配合土改，也配合农民支前参军，又搞互助组，同样是解决劳力和畜力不足。而到了 1950 年，生产有了一定发展，劳力和畜力不足的问题相当程度上得到解决。中农成为了农民的大多数。多数中农看着富农，而富农则畏惧土改政策，怕冒富。互助组内一遇到什么问题，农民就会闹着解散互助组。与此同时，党支部也出现涣散的局面，党支部参与互助工作的领导也处于放任状态。

长治地委对此局面形成原因的分析是，农民单干发家致富的愿望要远远超过合伙干的愿望，这使农村出现两极分化的危险。而党对互助组的发展在此时没有及时提出带有方向性的口号，引导互助组的下一步发展。王谦认为，只有为互助组提出更多要完成的任务，并且结合提高技术，才能提高互助组，从根本上扭转

---

① 这并不意味着在中华人民共和国成立之前的根据地时期，没有农业生产合作社的尝试。

② 1949 年 9 月 1 日，中共山西省委成立。

涣散的趋势。这一想法他多次书面和口头上向山西省委汇报，得到了赖若愚和省委一班领导的肯定。从这里可以看出，赖若愚提出试办合作社也是经过了上下级之间针对互助组发展实际的探讨和充分交流，并不是完全在封闭条件下自以为是的决策。

试办合作社，虽然其直接目的是增加农业生产、改善农民生活，但是从赖若愚主政山西最初两年的行动和有关论述来看，他作为地方大员，和当时的党中央一样，也是从国家工业化的全局来看待农业生产问题和互助组的发展的。作为地方大员，对于粮食产量对新生的地方政权的重要性，他有着切身体会，并进行着密集和自觉的思考。他是自觉地把试办合作社和更长远的目标联系起来的。但是，对于山西省委来说，他们还有一个更大的目标，就是要"引导农民向集体化、近代化的方向前进"。因此，"以集体主义精神和科学事实教育农民，组织农民参加互助合作、使用科学技术"，而且，"这还不够，除此之外，还必须了解我们的农业生产只是整个经济建设中的一个重要的部分。我们整个经济建设的目标是工业化，是准备在将来走到社会主义去。因此，农业生产要为工业的发展创造条件"[①]。这说明，经过新中国成立前后全党的学习和思想统一，对于新中国要尽快实现工业化的目标，在党的高级干部中是有相当高的共识的，也构成了他们对一个地方的政策和工作安排的大局观。

但是，赖若愚以及王谦思考的理论资源有着当时时代的特点，这些资源并不丰厚，也仅仅是包括：对苏联集体农庄的初步了解，对马列著作和毛泽东有关著作的学习，对党的有关文件的学习。部分地由于对这些理论资源的不同理解，中央和地方的领导会有认识上的分歧，也在一定程度上决定他们对具体政策内容、实施步骤的不同看法。

省委一级在新中国成立初期已有相当成熟的大局观，有执政党的担当和视野，这应当归功于卓有成效的党的政治领导和整风运动。他们虽然是针对山西农业发展的问题而思考出试办合作社的对策，但是因为农民发展生产的积极性、农业和工业的关系已经是全党干部都在关心的问题，所以他们思考的对策也会不自觉地被他们自己和更高的党中央以对解决全国农业问题是否有用来衡量。这意味着山西的做法将必须经过一个辩难的过程。

---

① 出自赖若愚的一篇文章，参见马社香《中国农业合作化运动口述史》，中央文献出版社 2012 年版中的引述。

## 二 试办合作社触及向社会主义过渡的重大全局问题

农业生产关系的改革，对农民的人心向背和农村生产力发展具有重要作用，党内干部已经有相当了解，山西省委要试办的合作社与互助组有着本质的区别，所以，必然引起党内强烈的关注。

互助组是指拥有不同数量劳力和畜力的农户互换人工或畜力，共同劳动，分配关系相对简单，组合容易，也不固定参加期限。而合作社则是土地入股，牲畜和农具作价入股，归合作社统一使用，分配时按劳分配和按土地分配相结合，并每年提取一定的公积金。相比互助组下的土地私有和不稳定的共同劳动关系，合作社则是要将土地入股，劳力、畜力和农具统一调配，这将影响土改后的土地私有和个体经营状态，在生产经营的组织上也比互助组复杂很多。合作社发展多了，还会缩小土地买卖的空间，乃至最终限制土地买卖。总之，发展合作社是对农业生产方式的一个大的变动。

相比陷入涣散状态的互助组，新提议的合作社究竟会对农民产生什么样的影响呢？这需要区分对不同农民的影响。在山西搞互助组积极的是缺劳力、畜力的贫农，而等生产得到一定发展以后，多数贫农发展成中农，他们搞互助组的积极性下降，对于合作社是否对他们有利，他们要看畜力和土地多的富农是否加入。如果合作社按劳分配的比例高，土地少劳力多的贫农和中农就能获益，而土地多劳力少的那些富农就会受损，土地多劳力多的富农多半情况下也会受损。在合作社刚刚提出的时候，对于合作社提取公共积累、劳力分工提高效率等好处农民没有办法体会，而对于相对自己单干马上就能体会到的损益，则马上可以看清楚。而且，合作社内部管理复杂，带头人有无足够的能力和可信的品德管理好合作社，也是农民颇为担心的问题。也就是说，要在土改后生产力得到相当恢复的老区农村办合作社，在一开始并不会得到农民支持，也很难等待农民在未来自己做合作社。

部分地基于对土改后农户需求的把握和对实际生产情况的了解，华北局以及后来的刘少奇才对试办合作社的远大目的及其具体形式提出了尖锐的质疑。质疑之一是，试办合作社是否符合农民和农业发展的现实需要；质疑之二是，试办合作社发展社会主义因素的目的，不可避免地要联系到更为基本和重大的理论问题和实践问题，如对新民主主义社会形态的长期性、从新民主主义社会过渡到社会主义社会的

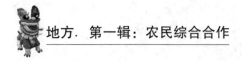

方式和步骤等。这里简要分析第二个质疑。

试办合作社涉及对当时党有关新民主主义社会形态的判断。如果新民主主义社会是一个独立的社会形态，包括私有制、土地买卖、租佃等制度要素就应该长期保留，而山西省委试办合作社却提出要限制私有制、土地买卖和租佃。这就要面临以下问题：试办合作社以限制私有制为方向对不对？是否从现在开始就要限制？在新民主主义社会里，要不要限制农业中的私有制？

当时对于在新民主主义社会是否要发展社会主义因素，党内高层有着较为一致的认识。也就是说，党内是把新民主主义社会形态看作一个过渡性的社会形态，其所处阶段是一个过渡性的阶段。但是，在这个阶段，采取怎样的发展社会主义的方法，也就是在过渡阶段的具体工作任务，党内并没有深入地讨论。试办合作社对于在新民主主义社会这一过渡阶段中发展社会主义因素的方式，提出了两个根本性问题：一是发展社会主义是要直接限制私有制因素，还是保持私有制和公有制之间的和平竞赛？二是发展社会主义是要从工业开始，还是从农业开始？

先从工业还是农业开始，涉及农业合作化的道路问题。对于农业合作化的目标是苏联式的集体农场，党内有着基本的共识。苏联式的集体农场就是大规模采用机械、土地规模较大的现代化生产。如何达到这一目标，有着先机械化再合作化和先合作化再机械化两种答案。如果要先机械化，就必须先发展工业制造能力，也就是说，先工业化再合作化。这样对于农业领域的现有阶级关系和所有制关系，就不需要触动。如果是从农业开始，也就意味着不一定马上用先进的机械，只是先通过集体占有生产资料集体劳动开始发展社会主义。与此紧密相连的问题是，这样的方式是不是社会主义，通过这样的方式最终能否进展到当时先进的苏联集体农场？

所有这些重要问题，因为试办合作社问题而凸显出来。因此，也就引起了华北局和在党中央的刘少奇的高度重视。

## 三　刘少奇和华北局反对山西试办的理由

正是基于在以上问题上的分歧，华北局才在一开始否定了试办合作社的提议，刘少奇也否定试办合作社赋予试办的发展社会主义的性质。① 这里就其争论中的分歧和认识差异做分析。

华北局调查组在与王谦多次讨论后，认为长治地委看到的问题不一定代表老区的普遍情况，其提出的提高互助组的办法，如增加按劳分配和提高公积金也有欠妥之处。但是，有意思的是，会议代表中以李顺达为首的农民却公开支持地委的倡议。原来他被选中到苏联看过集体农庄，集体农庄中发达的农业生产力给他留下过深刻的印象，而且，李顺达的政治品格中有紧跟形势的一面。李顺达的态度表现出了农民朴素的理想主义，或者说是有些盲目的理想主义，同时还有着强烈的政治实用主义。集体农庄实现的先进生产力理想在动员 10 个互助组的农民时也发挥了作用。

但是对集体农庄有着更多了解的党的高层干部，面对集体农庄，就不是像农民那样的理想化，对于如何达到集体农庄也必须有着现实的考虑。山西省委似乎没有把集体农庄看成农村实现社会主义的唯一形式，思考的却是在具体的中国农村怎样提高农民集体化水平。他们设想用先进技术来提高互助组的生产水平，而这样的先进技术可用公共资金购买，进一步增强互助组对农户的吸引力。而刘少奇去过苏联，了解集体农庄，认为集体农庄是中国农业发展应该追求的形式。但他更加强调集体农庄和新中国成立初期农村生产力水平的差距，认为必须要等农村生产力发展到相当水平时，工业化水平达到可以提供大型农业机械的时候，才能实行集体农庄。在如何达成集体农庄上，山西省委的考虑是一步步逼近这个目标，而刘少奇则认为要等必要的条件发展成熟以后，再来考虑实现这个目标。因此，如果是从集体农庄的目标角度看，则很难说山西省委的做法就是"左"的，刘少奇就是"右"的。山西省委提出的在合作社内部发展公有成分的做法较之刘少奇设想的将来彻底

① 对于这一争论发展的过程，高洁（2008），辛逸、高洁（2010），马社香（2012）等都已经有了很详尽的研究，本文不再做更多研究。高洁：《把老区互助组织提高一步——山西省委与十个农业生产合作社》，硕士学位论文，中国人民大学，2008 年；辛逸、高洁：《"自上而下的社会主义"——新中国初期山西省委与长治老区的十个合作社》，《中共党史研究》2010 年第 6 期。有关历史文献参见山西省志史研究院编《山西农业合作化》，山西人民出版社 2001 年版，第 355—359、52—54、63—64 页；华北局《关于农村生产情况与劳动互助问题向毛主席的报告（1950 年 7 月 27 日）》，《建设》第 80 期；王谦《劫后余稿——试办初级社文存》，山西人民出版社 1995 年版，第 212—213 页；《农业集体化重要文件汇编》（上册），中央党校出版社 1981 年版，第 33—36 页；《刘少奇论新中国经济建设》，中央文献出版社 1993 年版，第 197—222 页；陶鲁笳《毛主席教我们当省委书记》，第 194—207、220—222 页；薄一波《若干重大决策与事件的回顾（修订本）》（上卷），人民出版社 1997 年版，第 194、196—197 页；石英《回忆两次小白楼会议》，载《中国农业合作史资料》1986 年（试刊）。

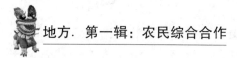

剥夺富农的办法，形式上似乎更加温和，而刘少奇的办法则激进程度更高。这里争论的双方，似乎对中国要搞集体农庄的农业社会主义并没有多大分歧。

对于农村经济发展的基础适不适合搞类似集体农庄的土地规模经营形式的不同认识，使得华北局调查组对于山西省委提出的两条提高互助组的办法有不同认识。他们认为这两条办法并不能提高生产力，也不同意用这种办法来削弱私有制因素。

面对华北局调查组的反对，山西省委召开常委会，支持长治试点办法，并进一步从理论上论证试办合作社及其具体设想的正确性。会议决定由赖若愚向华北局递交请示报告，进一步阐明基本想法。这份报告经过省委常委扩大会议通过后，正式递交华北局。华北局调查组把在山西省委遭遇到的试办合作社问题的争论提交给刘少奇，刘少奇明确表示不能同意，并要求华北局接到山西省委正式报告后，应予以批评。这就使得山西省委同华北局的争论上升到中央层次。这里可以看出，省委为了取得试办在体制内的合法性，需要按照上下级关系进行汇报。

随后，华北局针对山西省委的请示报告，给予了正式批复。在回复中，首先是点明"新民主主义革命时期，革命任务是动摇封建私有、帝国主义在华特权和官僚资本主义私有，一般地动摇私有财产是社会主义革命时期的任务。提高和巩固互助组的主要问题，是如何充实互助组的生产内容，以满足农民进一步发展生产的要求，而不是逐渐动摇私有的问题"，"用积累公积金和按劳分配来逐步动摇、削弱私有基础直至否定私有基础，是和党的新民主主义时期的政策及《共同纲领》精神不相符合的，因而是错误的"。但同时说明，同意长治地委试办合作社，但主要用于研究、展览和教育农民之用。批复还要求山西省委将研究讨论后的意见告华北局。刘少奇看了华北局第一书记薄一波面交的山西省委的请示报告后，明确表示了两点：一是现在采取动摇私有制的步骤，条件不成熟；第二，没有拖拉机，没有化肥，不要急于搞合作社。言下之意，合作社要等实现了机械化以后再搞。华北局和刘少奇的意见既有基于工作步骤安排的考虑，也有基于试办合作社背后的制度原理的考虑。

1951年5月7日和7月5日，刘少奇分别在全国宣传工作会议和向马列学院一班学员讲话时，公开批评山西省委的做法。他说："山西省委在农村里边要组织农业生产合作社（苏联叫共耕社），这种合作社也是初步的。""这种合作社是有社会主义性质的，可是单用这一种农业合作社、互助组的办法，使我们中国的农业直接走向社会主义化是不可能的。""那是一种空想的农业社会主义，是实现不了的。""我们中国党内有很大的一部分同志存在有农业社会主义思想，这种思想要纠正。"

"农业社会化要依靠工业。"①

1951 年 7 月 3 日，刘少奇批印山西省委报告，他撰写的按语中说，通过合作社去"逐步地动摇、削弱直至否定私有基础，战胜农民的自发因素"的想法是"一种错误的、危险的、空想的农业社会主义思想。"华北局和刘少奇的否定，使山西省委感觉需要进一步从理论高度上来论证试办合作社的意义。试办合作社的争论从一开始就被定位在在农村发展什么样的社会主义、如何发展这样的社会主义的高度上。党内不同意见的争论促使各方展开对这些问题的深入思考。

## 四　山西省委申述中的理论及策略

山西省委在拿到王谦带回的华北局的批复后开会讨论，赖若愚连夜起草了一份申述报告。② 从这份申述报告中我们可以看到，在合作社发展问题上存在争议的问题和在当时语境下应该划清的界限，以至于为什么后来有些问题还可以被作为划分社会主义和资本主义两条路线的界限。

山西省委的申述主要讲了以下一些观点：第一，农业生产合作社是半社会主义的，社会主义因素的存在就是对私有制的否定。农业生产合作社属于合作社的性质，土地分红和劳力分红同时存在，也抽一定的公积金。劳力分红和公积金应该视为社会主义因素。因为有这些因素，农业生产合作社既有私有制因素，也有社会主义因素，因而是半社会主义的。合作社内部社会主义因素的存在就是对其中的私有基础的否定。第二，农业生产合作社限制富农，意思是在合作社内部限制富农。第三，目前的合作社只是试办，数量少，对它的发展前途没有结论，谈不上混淆新民主主义革命与社会主义革命。第四，请示报告只是涉及互助组和合作社内部的问题，不是一般地讨论农村问题或农业生产问题。③

这个申述的要点在于，一是澄清试办只是就具体的合作社的作用及其内部原则提出方案和进行探索；二是澄清试办并无意涉及合作社的前途和未来发展。这两点

---

① 参见薄一波《若干重大事件与决策的回顾（修订本）》（上卷），人民出版社 1997 年版，第 195—197 页。

② 对于山西省委的申述，有研究者认为山西省委的申述"据理力争，充分反映了一个先进的无产阶级政党的党内民主，深刻体现了中国共产党人上下求索追求真理的无私无畏的精神"。参见马社香《中国农业合作化运动口述史》，中央文献出版社 2012 年版，第 66 页。

③ 山西省委 1951 年 5 月《关于互助组会议的几个问题》，参见薄一波《若干重大事件与决策的回顾（修订本）》和马社香《中国农业合作化运动口述史》。

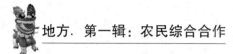

澄清，将试办合作社问题同在合作社之外的一般意义上的农业生产、限制富农剥削，以及扩大试点和将其作为方向等问题隔离开来，对于后者不去涉及也不表明态度，而对于合作社内部的问题则鲜明地表明态度。这既是自觉认识到基于省委和中央的不同职责分工，将试办合作社视为农业生产具体工作和控制在有限范围的制度创新，也是在有分寸地讨论基本理论问题。前者是自我保护的做法，后者虽然一再在语言表达上淡化，但根本上是想阐述自己的想法。有分寸地讨论基本理论问题，一方面是因为赖若愚等人本身就具有了一定的理论水平和认识高度，自觉地从基本理论上思考合作社的前途和必要性；另一方面也是对华北局回复中从农业生产的一般问题和新民主主义革命阶段任务等基本问题上对试办合作社进行定性，故不得不有所回应。

从这个申述中我们可以看出，山西省委这级在逐步明晰的党的官僚制体制中对自己具体执行政策的位置的自觉定位和有限超越。[①] 这种有限超越首先仍然是解决省域内老解放区的农业发展道路问题，但是由于共产党自身使命的超越性而自然在党的高级干部中产生了从全党和全国视角看待自己工作的超越性。当然，这种超越在不同的省份表现也会不同，程度也会不同。此时在山西的省地两级，赖若愚和王谦都恰好是自我认知为"有理论水平"及服从真理、尊重实际的干部，这时，面对有着理论探讨空间并无确切结论的大问题，自然有思考的积极主动性。这也是新中国成立初期中国共产党的活力所在。

在以省委名义发出这个申述之后，赖若愚和山西省委第一副书记解学恭又以两个人的个人名义追加一份申述。这个申述明确提出：党的七届二中全会已经明确规定半社会主义性质的合作社是新民主主义五种经济成分之一，省委试办的 10 个初级社就是具有半社会主义性质的农业生产合作社，因此不存在违背《共同纲领》的问题。

我们可以理解这份申诉实际上用肯定合作社的半社会主义性质，即用其符合共产党的宗旨和目标的方式，也用符合党的中央全会决议，即用符合党的组织路线的方式，为试办合作社寻找最高的合法性。

两个申述结合起来，其实暗含了公积金（集体性质或者共有性质）和按劳分

---

① 这里的"官僚制"是一个中性词，指由韦伯奠定的官僚制理论所揭示的组织现象，它是一种理性化的管理组织结构，基本职能是执行决策者经任命产生的官员所组成的大型组织。它必须遵循一套特定的规则与程序，有明确的权威等级，权责自上而下传递。

配就是社会主义性质的制度设计的思想。这在当时用在具体的农业生产组织之中，无疑也是很大的理论创新探索。这两个申述也以某种非常特别的方式提出了《共同纲领》有关农村的新民主主义经济的前途问题，触及了在 1948 年党内就开始讨论的新民主主义革命阶段是向社会主义革命过渡时期的命题。用薄一波的话说，"争论的问题……实质是涉及当时老区农村或土改后的农村要不要开始起步向社会主义过渡的问题"。

不难看出，赖若愚具有"从局部看全局谈全局"① 的理论视野和工作风格。不知道这是否是那个时期毛主席和党中央对省委书记和省委工作的要求，但是，我们看到，正是在这一点上，省委和中央的具体机构之间有了平等的地位。但是，在涉及重大理论和政策的理解歧义，甚至在联系到了具体的工作的定性发生了争论时，在党内这种争论又是如何解决的呢？

## 五　毛泽东对争论的理论解决方式及其重要意涵

上节叙述的以赖若愚为主导的两次申述，流露出"从局部看全局谈全局"② 的理论视野和工作风格，但是，我们看到，就是这样的理论视野和工作风格的加入，使得党内的政治生活和重大问题决策呈现出健康生动的局面。接下来，耐人寻味的是，这场争论最终的解决也是以理论讨论的方式加以解决的。

毛泽东找刘少奇、薄一波和刘澜涛谈话，明确表示他不能支持刘少奇和华北局，而是支持山西省委的意见。毛泽东针对互助组不能成长为农业生产合作社的观点和现阶段不能动摇私有基础的观点，用马克思论述资本主义工场手工业阶段中协作提高生产力的论述，说明互助组和合作社中的协作劳动可以在没有大机器的时候形成生产力，动摇私有基础。这个道理把三个人说服了。刘少奇收回了 7 月 5 日的讲稿。围绕山西试办合作社的争论就此结束了。③ 争论作结之后，毛主席指示陈伯达组织召开互助合作会议，着手起草全党有关推动互助合作的决议。中国农村的生产关系变革转向了发展具有社会主义性质的合作社，并最终走向集体化的方向。

---

① 马社香对赖若愚一篇学习毛泽东《实践论》的文章的体会文章的评价，参见马社香《中国农业合作化运动口述史》，第 95 页。

② 同上。

③ 薄一波：《若干重大事件与决策的回顾（修订本）》（上卷），人民出版社 1997 年版，第 197—198 页。

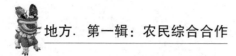

饶有意味的是，目前披露的材料强调的是，毛泽东不是靠他在党内的最高领导人地位结束这场争论的，而是运用他对马克思主义的理解，说服了中央其他领导人（他们是有不同意见的一方）。也许，就当事人刘少奇、薄一波和刘澜涛而言，服从毛泽东的理解不一定完全是因为毛泽东所讲的道理他们没有任何怀疑，但起码，他们还无法提出超越毛泽东的理解的思考。①

争论的整个过程似乎一直围绕着理论是非在进行，参与争论者所持道理的正确与否起着更重要的作用，而党和国家领导体制内的上下级关系在争论中的作用则显得不那么重要。这意味着什么呢？我们前面已经在隐约讨论这对于健康的争论展开的意义。我们想表达的是，在严格的集权制和官僚制下，这种围绕工作思路的不同意见，似乎很难发生，或者即使有也不会持续这么久，但恰是基于对大局和工作负责的精神，对马克思主义理论探求的执着，以及对自己探求得来的认识的坚持，使得这种争论得以发生，并且一步步深化。

同时也要看到，中国共产党是基于分散的农村根据地、在完成诸多战争和革命任务中成长起来的，其建立的国家政权带有这种经历的某种特征。也正因为如此，各中央局和各省委都有着根据各地基本情况独立开展工作的能力，也有着创造地方经验和结合马克思主义理论探索革命道路和走向社会主义道路的自觉性。这恰恰形成了新中国成立初期在重大战略和政策上勇于试点、充分讨论的风气。这种风气对于找到一条组织农民合作走向社会主义的道路是有着重要作用的。

我们还可以继续尝试从共产党本身及其从事的社会主义事业的性质来理解这场争论。共产党的使命是建设社会主义，实现共产主义。社会主义的伟大事业是一个开创性的事业，并没有多少现成的经验可循。在20世纪50年代，中国共产党很快发现苏联模式也有不适用的地方。建设社会主义的事业和在新民主主义革命时期谋求建立全国性政权一样，都是前无古人的创造。从这个意义上说，探索如何走向社会主义的做法，既是具体的策略问题，也时刻联系着重大的战略。于是，在建立社会主义的过程中，具体工作步骤的选择就很容易被上升为重要的战略问题，被从最终目标和方向的角度来考问。而有战略远见的实践者，也是自觉地从对最终目标的意义来认识自己工作的价值的。毛泽东和山西省委对于初级社的认识就是从它对建

① 吴帆、吴毅则认为，虽然毛泽东说服刘少奇等人是依靠理论说服力，但是，毛、刘等人都共享通过农民合作化建设社会主义的目标，而他们对社会主义的理解又都强调生产资料公有制，这就使得毛和刘等人的争论只是对于农民合作化具体步骤和发展阶段的争论。但是，社会主义目标和对社会主义理解的意识形态是理论争辩的大前提（吴毅、吴帆，2013）。

设社会主义的大目标的意义去认识的。

各方可以基于初级社对于社会主义目标的意义去进行说理式的争论，可能还有一个条件，那就是全党在当时对于什么是社会主义、怎样建设这样的社会主义，并没有权威的标准答案，也没有党内公认的全面的理论表述。这才使得争论可以在多个场合展开。在新中国成立初期，社会主义目标在中国的具体形式是不清晰的，一时并没有完全权威的意见可以遵循。这时候，毛泽东阐述的道理在实质上还是他一人的道理，他还需要通过辨析理论的方式为人所理解。这也说明，在健康的共产党的领导体制里，必须存在理论争辩和路线讨论的空间，而作为理论争论和路线讨论的结果往往体现为党的最高领导人的思想，而这一思想又必须能汇集和代表全党智慧，这样才能最大限度地加强党内在重大决策上的理论深度和行动统一性。

党的最高领导的理论权威性和生成这一理论的充分讨论，是党能充分发挥领导作用的必要条件。

## 六　历史争论对新的时代条件下党领导农民合作事业的启示

这篇文章展现了当时党内思考农业初级社问题的视野和求得共识的方式。当然，这离不开当时党和国家领导体制、中央和地方之间的领导体制。

在根据地时期的生产互助运动中，党已经知道了组织起来和互助劳动对于提高产量和改进农业技术的作用，也通过土地革命和土地改革知道了耕者有其田对于调动农民生产积极性和对党的支持的巨大作用。初级社作为新的农业组织形式设计，要让农民用土地入股，要保证劳动分红在收益分配中的比例，这就涉及农民与土地关系的处理。在新中国成立初期的50年代，对于农民与土地关系的处理，既是出于经济的目标，也是出于政治的目标。共产党通过以往的革命经历深刻认识到，在农民经济最基本的生产组织形式的变革上，它有着改变人心格局的重大作用，也就是说，它有着强大的政治影响。也是因为此，对于农业组织形式的变化，党中央是高度重视的，党的高级干部是高度重视的。

正是因为在农业组织形式上政治和经济缠绕的特征，才使得山西试办10个初级社这样一个涉及村庄数量不多的地方制度变化会引起上至中央最高领导人的关注。而且最高领导人的关注至今都不被认为是超越了某种应该不予表态和关注的规则。但是，即使是最高领导人的关注，也是使用了一种非常不同寻常的方式，就是政策辩论或者说是用理论来争辩和讨论政策的方式。作为中国农村合作化运动开端

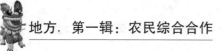

的山西试办合作社以及围绕它的争论，给我们展示了丰富的信息，本文主要是从这种争论在党和国家领导体制中的作用的角度阐发的。这场争论也给我们思考怎样在农民合作化中加强党的领导提供了启示。

争论的第一个启示是，农民合作事业需要党的领导，尤其是党中央的领导。农民合作的客观需要是可以在实践中显现的，但是对于这种需要的性质和发展前途需要科学定位。今天，对于中国农业和农村的发展，乃至整个中国全局的发展，农民的合作到底具有怎样的地位和作用，是需要根据变化了时代条件给予审慎和明确的回答的。只有这样，才能把握农民合作的有利时机，提出农民合作事业的正确方向。这也符合党领导农村工作的一贯传统，为全党和全国人民所接受。

要实现党对农民合作事业的坚强领导，党就必须能对农民合作的基本理论提出深刻理解。今天我们发展农民合作事业，仍然有一系列重大问题需要明确。合作社作为一种经济组织方式，它和市场经济的关系是什么？农民合作社作为一种经营主体，它在农业和农村发展中所起的作用和其他经营主体相比有什么不同？农民合作社和农村集体经济之间是什么关系？基于我国小规模兼业农户数量众多，单户农民生产规模小、生产剩余少的实际情况，适宜发展的农民合作经济形式是什么？这些都需要做出回答。

第二个启示是，全党上下要善于从具体经验中理解大局，也要警惕动辄对具体政策问题上纲上线。在山西试办初级生产合作社期间，党中央从发展社会主义因素最终走向社会主义的高度，明确支持土地入股、劳力分红和公积金等做法，对推动农民合作起到了关键作用。党中央对于组建农民合作社的原则和制度给予了规定，并且适时制定了有关章程，使得发展初级农业生产合作社的进程迅速展开，并且有所遵循。这些规定由中央给出具有权威性，早给也有利于工作上早日处于主动。今天，发展农民合作事业面临着更加复杂的环境，既要把握农民合作的根本原则和方向，又需要对各种试点和探索给予充分空间。发展农民合作的原则必须是有利于多数农民、促进真正的农业规模经营和统筹城乡的发展。在这一原则下，要鼓励各种形式合作的发展；对涉及大局的发展农民合作事业的方向性政策要提供明确指导；要能使各种发展农民合作事业的力量真正形成合力。

第三个启示是，党中央要对农民合作事业的重点给予适时明确。发展农民合作事业不论是从何时开始，都是一项系统工程。针对具体的时代条件，这项工程中诸方面任务何为重点，都需要根据工程展开的不同时期，予以明确。今天，我们发展农民合作事业的重点是发展农民专业合作社。但是对于现实中存在的以村庄、乡镇等为地域范围的综合性社区合作组织，对于集体经济组织，对于合作社的联合组织，这些组织在农民合作事业发展中，究竟各自处于什么地位，相互之间是什么关系，不能简单地由"发展各类合作组织"这样一个模糊政策来应对。强调覆盖多数农户和提供综合服务的农民综合合作对于我国农民合作事业发展到底具有什么意义，应该怎样让其发展和进入"三农"工作的整体格局中，应该由中央加以回答并定位，早做谋划。发展农民合作事业，在特定时期内也必然是有重点的，各种形式之间也必然是要发生相互关系的。党不能放弃对农民合作事业中体制设计、改革和试验工作的领导和对其中重大问题的指导，放弃只能使问题越积越多，最终还是会以影响工作全局的负面严重性"逼迫"中央做出回答。

今天的农民专业合作社发展势头正劲，有关发展方向的争论也非常激烈，也正需要我党根据时代要求把握农民合作事业发展的根本方向、整体战略和要处理的重大问题拿出无愧于时代要求的答案。该怎样求得这个答案？该如何理解来自不同地方的探索？如何洞悉方向迥异的不同农民的需求？如何发挥不同部门和不同层级地方的积极性？如何把握中央在其中的方向引导、战略指挥和提醒纠偏等的时机和作用？如何协调立法、政策在促进合作社发展中的不同作用？今天的舆论环境、中央地方关系、官僚体制、民众参与和期待都和20世纪50年代初的中国有了很大的不同，但是作为合作化运动先声的那场争论，仍以它足够的复杂和力度，对这些问题的回答展现出卓有深度的启示。对此，本文的理解只是一个初步的尝试。

# 信用合作与农村合作实践

主持人：王东宾

# 如何理解土地流转信托创新？

崔之元　　王东宾<sup>*</sup>

**摘要：** 结合梅特兰对信托制度起源和作用的论述，对中国当下的土地流转信托实践做出阐释，提出 2014 年两办《关于引导农村土地经营权有序流转发展农业适度规模经营的意见》的落实需要以土地流转信托为代表的制度创新和政策工具创新。

**关键词：** 土地流转信托　"三权分置"　信托　社会实验

土地制度改革是农村全面深化改革的最重要课题。2014 年 11 月，中共中央办公厅、国务院办公厅印发《关于引导农村土地经营权有序流转发展农业适度规模经营的意见》（本文以下称《意见》），是新时期农村土地制度改革的里程碑式文件，集中在三个方面：一是正式确立农村土地制度的"三权分置"（所有权、承包权、经营权）原则，并将政策目标定为坚持集体所有权、稳定承包权、放活经营权；二是坚持土地流转中农民的主体地位，"让农民成为土地流转和规模经营的积极参与者和真正受益者"；三是强调"有序流转"和"适度规模"（可视为处理好"稳定"与"放活"关系的政策路径）。显然，实现公平与效率的兼顾、"稳定承包权，放活经营权"之政策目标，需要在同一块土地上同时实现"稳定"与"放活"，包括实践摸索适度规模经营的尺度以符合"三个适应"原则，[①] 这本身既需要解放思想，客观上也需要制度创新与政策工具创新。其中，土地流转信托就是值得关注的重要实践探索。

中国改革的实践创新往往先于政策、制度与理论创新。十八届三中全会前后，以中信信托土地流转信托计划 001 期（宿州）项目为标志，开启了商业信托机构

---

* 崔之元，清华大学公共管理学院教授；王东宾，北京大学经济学院博士后。

① "三个适应"，即农业适度规模经营要与城镇化进程和农村劳动力转移规模相适应，与农业科技进步和生产手段改进程度相适应，与农业社会化服务水平提高相适应。

进入农村土地流转领域的新时期。对于中国信托业整体而言，2013 年也具有特殊意义，这一年信托业资产总规模突破 10 万亿元（自 2009 年至 2012 年，信托资产总规模连续四年保持 50% 以上的同比增长率，信托资产规模由 2012 年的 7.47 万亿元增长至 2013 年的 10.91 万亿元，同比增长 46%）。继中信信托安徽宿州项目于 2013 年 10 月 15 日成功落地后，中粮信托、北京信托先后在黑龙江肇东、江苏无锡等地启动各自的土地流转信托计划，并且逐步向全国布局。

信托制度的起源与土地制度联系紧密，英国著名法律史家梅特兰（F. W. Maitland，1850—1906）强调"被称为信托的这种法律制度肇始于英国土地法中的一些硬性规定。它逐渐发展为一种一般性法律制度，在实践中发挥着重要作用，成为一种存在于所有法律生活领域中的极其精妙复杂的法律形式"①。中信信托原董事长蒲坚（现任中信集团执行董事）认为："研究在社会主义市场经济条件下，共同富裕的目标约束下的土地问题，用中介理论视野下的信托模式认识土地流转以及围绕土地流通的政治社会问题，是一项具有挑战性的任务。"② 自 2013 年 10 月以来，中信信托已经在十几个省开展了土地流转信托项目，进行"土地信托共有制"的社会实验。而梅特兰《国家、信托与法人》一书最精彩之处在于对信托的重大社会、政治和经济意义的深刻分析。将二者对比来看，可帮助我们从更广阔的视野理解中国改革开放中的制度创新，并且可更清晰地理解中国土地流转信托社会实验的大致图景。

## 一 信托：理解和实现"三权分置"的 有效制度工具

"三权分置"的土地制度是重大理论创新③，具有重大的政治、经济和社会意义，其重大意义在于进一步打破了绝对排他的所有权原则，形成了"财产权利束"。洛克认为"土地私有制起源于优先占有"，并且土地所有权意味着对土地的绝对控制权。洛克的财产权理论受到蒲鲁东的挑战，核心问题是所有权的无限期控

---

① ［英］F. W. 梅特兰：《国家、信托与法人》，樊安译，北京大学出版社 2008 年版，第 96 页。

② 蒲坚：《解放土地——新一轮土地信托化改革》，中信出版社 2014 年版，前言。

③ 农业部部长韩长赋在宣传贯彻《关于引导农村土地经营权有序流转发展农业适度规模经营的意见》视频会议上的讲话，2014 年 12 月 4 日，教育部门户网站（http://www.moa.gov.cn/zwllm/tzgg/tfw/201412/t20141219_4302344.htm）。

制与人口变化之间的矛盾，即私人土地所有意味着部分所有者对其无限期地控制，那么它就不能适应人口的变化，也因此私人土地所有就不可能成为每个人的普遍权利。如果私人土地所有制适应人口的变化，它就不是所有者无限期控制意义上的私有制。改革开放后中国的土地所有制恰恰证明了蒲鲁东的这个洞察力。①

20 世纪 70 年代末 80 年代初，中国农村建立了以家庭联产承包为基础、统分结合的双层经营体制。具体到土地制度层面，就是"两权分离"（所有权与使用权）的土地制度，所有权归村集体，农民以从村集体承包经营的方式获得使用权。80 年代的第一轮承包期限为 15 年，1993 年后进入二轮承包期，期限延长为 30 年，进入 21 世纪的政策导向是"农村土地承包关系保持稳定并长久不变"，从而稳定农民的产权预期。在大稳定的基础上，应对人口变化（新生儿童、婚丧嫁娶等）的土地调整要求（"小调整"）一直是土地制度政策实践中的重要问题。有的地区如山东采用了"两田制"（口粮田和责任田）或村集体留存机动地的方式处理"稳定"与"调整"的张力；有些地区如深圳采用"三年一小调，五年一大调"的调整机制以适应人口等因素变化。尽管为防止基层组织权力寻租、损害农民利益，90年代中期以来土地政策逐步向"增人不增地，减人不减地"的方向演化，但总体上"两权分离"的制度结构蕴含的灵活性空间相对有效地解决了蒲鲁东所提出的问题。

进入 21 世纪，"三农"形势发生了重大变化：一是 2005 年农业税的全部取消和决定开展"新农村建设"；二是城市化进程大幅提速，"人户分离"和"人地分离"比例逐年增大。据国家统计局数据显示，2013 年末，全国城镇化率达到了53.7%，而同期"户籍城镇化率"仅为 35.7% 左右，"人户分离"人口达到了2.89 亿人。另外，据农业部统计，截至 2013 年底，全国承包耕地流转面积 3.4 亿亩，流转比例达到26%，比 2008 年底提高 17.1 个百分点。这与 20 世纪 80 年代的情况区别很大。当时，乡镇企业蓬勃发展，形成"三分天下"的格局，农村劳动力可以就近转移——"离土不离乡"，大多可以兼顾土地经营和非农就业。而乡镇企业衰落后，农村劳动力开始主要向县城、中心城市、大城市流动，"离土又离乡"，农村土地抛荒现象大量出现。由于农村土地所承载的社会保障功能，农民不愿轻易放弃土地，于是在土地政策和权利不清晰的情况下往往形成流转困局。

---

① 崔之元：《小康社会主义与中国未来：小资产阶级宣言》，http://www.cui-zy.com，2016 年 10 月 20 日访问。

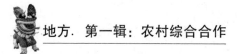

为解决这一问题，地方政府在土地流转领域进行了大量的政策摸索与制度创新。《意见》确立的"三权分置"原则集中体现了地方探索形成的政策共识，即在坚持土地集体所有制不变的前提下，在使用权层面，稳定承包权，放活经营权，使承包经营权的分离合法、有序、有效率，实现效率与公平兼顾、公平促进效率。更具体而言，就是"离土离乡不离（地）权"。然而，在同一块土地上同时实现"稳定"与"放活"，保障"离土离乡不离（地）权"，在理论上和实践上都是很大的挑战。

在梅特兰看来，信托的最大意义是打破了罗马法"一物一主"的绝对排他的所有权原则，形成了"财产权利束"，这正与中国土地制度改革不谋而合。

用当代著名法学家、斯坦福大学法学院教授格雷（Thomas Grey）在《论财产权的解体》一文中的话来说："所有权并不只是可以被分解，如果我们假定所有者在财产转让上有充分的自由，那么它们甚至可以不可思议地消失。让我们来看看通常适用的信托方面的法律制度吧。A 拥有一英亩黑土地，在他的所有权中，他有法律权利让这块地闲置，即使开发它可以带来较高的收益。现在，A 把土地作为信托财产，转让给 B（受托管理人），以使 C 获取收益（受益人）。这样，就没有人能说他们有法律权利来非经济地使用这块土地，或者让其闲置，因为拥有这部分所有权的既不是 A，也不是 B 或 C，在这里，这部分所有权消失了。在 B 和 C 之间，谁拥有这一英亩黑土地呢？律师们说 B 有法律的所有权，C 则有平衡法上的所有权，但是，对说明这里的问题毫无意义。问题在于我们是否能够详细确定 B 和 C 与那块土地的法律权利。"①

具体到中国情境中，把 A 当作安徽宿州村委会（委托人），B 当作中信信托（受托人），C 当作农民（受益人），我们就有了中信信托正在进行的"土地信托共有制"实验的大致图景。这样，A、B 和 C 与那块土地的法律权利就成为土地制度改革的重要问题，也是土地流转信托制度的核心问题。

根据中国的《信托法》，信托制度下，财产权利被区分为名义所有权、实际所有权和管理权，分别为委托人、受托人与受益人所有。受托人拥有财产的名义所有权，因而可以对信托财产进行管理、运用和处分；受益人拥有实际财产的所有权，从而能够享受到财产权产生的经济利益。② 信托集合分享机制"具有资本运作完全独立、权能设置三权分离的特点，以'受人之托，代人理财'为

---

① ［美］托马斯·C. 格雷：《论财产权的解体》，高新军译，《经济社会体制比较》1994 年第 5 期。
② 蒲坚：《解放土地——新一轮土地信托化改革》，中信出版社 2014 年版，第 52 页。

基石，构建信托共有制，调整生产力和生产关系，现实地与社会主义市场经济相衔接。信托共有制在股份制两权分离的基础上，以信托为手段，以信用为基础，发挥信托的制度优势，利用信托三权分离的天然属性，进一步做到了受益权分离"①。

信托法与合同法一样，其要害之处在于"要受到时间和空间的限制"，"的确几乎具有无限的灵活性"②。将信托引入土地流转领域，具有能够实现土地制度"三权分置"带来的更大灵活性（"权利束分解与重组"）这一制度优势，进一步打开资源配置和要素重组的市场化空间。土地流转信托的制度创新正是在中国土地权利的制度特点和政策体系的基础上进行的，摸索以市场化方式更充分地实现农民土地以收益权为核心的权利内涵。

## 二　充分收益权：土地流转信托创新的核心

如果从十八届三中全会《决定》中"赋予农民更多财产权利"来理解土地流转政策，则"三权分离"的政策主旨仍是通过放活经营权的方式，进一步推动土地的承包（经营）权——这一农民最重要的财产权利的市场价值的实现。其核心在于更充分实现农民土地的收益权，即增加农民收入，这既依赖经营效率（适度规模经营），也依赖更公平的收益分配方案。

那么，中信信托宿州项目的方案设计中是如何保障农民的收益权的呢？③ 主要包括收益分配和增信保障两个方面。

中信信托宿州项目（A类计划）中，农户得到的收益分为基本收益和超额收益。基本收益为1000斤中等质量小麦价值（均按国家颁布的中等质量小麦价格兑付等值人民币，以下不再重复说明），如果低于1000元，则按1000元兑付，即支付给农民的基础地租价格最低为每亩每年1000元人民币。实际上，当地的土地流转价格为每亩每年600元左右，即该项目的基本地租一次性增值60%左右，项目初期，由当地政府为服务商（初期承租方）提供每年每亩约400斤中等质量小麦（约为400元人民币）。

① 蒲坚：《解放土地——新一轮土地信托化改革》，中信出版社2014年版，第46—47页。
② ［英］F. W. 梅特兰：《国家、信托与法人》，樊安译，北京大学出版社2008年版，第22页。
③ 关于中信信托宿州项目的详细方案信息，参见蒲坚《解放土地——新一轮土地信托化改革》，中信出版社2014年版，第219—247页。

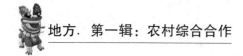

增值收益为 A 类计划方案中的超额收益。受托人服务商进行土地整理和基础设施投资（必要时发行 B 类信托计划，募集土地整理专项资金），扣除各项本金和费用后形成的超额收益，70% 归农户（B，受益人），30% 归受托人（A，村集体）。北京信托江苏项目也是按这一比例分配浮动收益（土地开发的增值收益），增值收益"三七开"原则似乎已成为市场共识（政府主导的"沙县模式"也是按照此比例分配土地整治的土地增值收益）。当然，增值收益是否能够按方案如期实现，我们在实践中应密切关注。

显然，这种溢价补偿和增值分配是在不同于当前流行思路的另一种市场逻辑下进行的，也是该信托计划引起营利性质疑的来源，这更加凸显了中信信托宿州项目的创新意义。本质上这种溢价反映了信托项目对农民支持农地集约化经营的溢价补偿，体现了农业产业化和现代农业情境下土地承包经营权的市场价值，从而包含对农民农地发展权的认可和支持，可以更充分地实现以收益权为核心的农民土地权利，是一种更加公平的土地流转市场化逻辑。[①]

中信信托宿州项目中，在方案中为 A 类基本收益（付给农户的基础地租）设计了双重增信保障。第一重保障来自服务商的合同承诺，在未找到承租方的时候，由服务商承租信托项目下的所有土地，并按期向农户支付基本收益。因此在项目开发初期，服务商即承租商。而且，若后期发生实际获得的租金收入不足以支付基本收益的情况时，该类资金缺口仍由服务商补足（服务合同中规定服务商的职责范围包括"提供信托计划项下兑付 A 类基本收益的增信保障"）。第二重保障是如果 A 类基本收益的兑付仍然出现流动性资金缺口，即第一重保障出现问题时，由受托方发行 T 类信托计划，补足信托收益兑付的流动性缺口（T 类信托计划也可以用于土地整理投资的 B 类信托计划基本收益兑付缺口）。

双重增信保障也为信托计划的可持续性提供了风险保障，保证了土地流转的稳定性，给生产经营的可持续性提供增信保障。这样，双重增信保障就取得了双赢效果：经营的可持续性和农民收益的可持续性。采用市场化增信保障机制，保障农户的基本收益不受土地流转后与经营相关的风险影响，确保基本收益稳定且可持续。本质上是在土地流转与土地经营之间建立一道风险防火墙，以稳定收益权的方式（信托收益）更充分地实现农户承包经营权的经济内涵，促进承包权与经营权的有序、稳定分离，有助于同时实现"稳定承包权"和"放活经营权"双重政策目标。

---

① 王东宾：《宿州土地流转信托的创新》，《21 世纪经济报道》2014 年 1 月 8 日第 16 版。

更充分实现农民土地的收益权，不仅依赖分配方案，更依赖土地经营效率。经营效率层面，"放活经营权"主要在于实现适度规模经营。土地流转信托不仅可以实现承包权与经营权的稳定分离，而且可以实现合理分工。信托平台进行土地整理与整治，服务商（大型现代农业企业）进行现代农业规划布局与基础设施配套，这相当于农地的一级开发；然后土地再次流转，实现土地更好地向四个新型经营主体集中，发挥其劳动技能优势、生产技术优势，这相当于农地的市场开发。显然，前者与后者的"适度规模"是不一样的，信托制的优势恰恰在于可以稳定有序地集中经营权，又合理有效率地流转分开，使经营权"放活"在不同层级，满足"适度规模"的不同标准。通过依托信托制度的平台建设，将有可能构建农村土地两级开发体系。① 从这个角度而言，土地流转信托可以更好地发现规模经营的"适度性"，从而实现更高的经济效率。

## 三　土地信托：值得期待的社会实验

商业信托并不是土地流转信托的全部。近年来，各地方政府在土地流转领域进行了大量的制度创新与政策摸索，如浙江"绍兴模式"、湖南"益阳模式"、福建"沙县模式"，基本特点是由政府出资建立信托机构或平台，促进土地经营权的流转。与政府主导模式相比较，商业信托机构提供的是标准化合约产品，市场化程度更高。然而，在土地流转领域，政府信托模式亦有其独特优势，很难简单地说孰优孰劣，需要因地制宜、具体分析。随着信托制度向土地流转领域的更深引入，未来综合两种模式的"混合"模式将更有优势。"混合"模式可能发挥的优势主要如下：第一，结合常态的土地收储（一次流转）和项目制，使得县域内流转土地可以分区域、分层次开发利用；第二，发挥县域信托的"中小"优势和商业信托的"大"优势，相关主体分层对接土地权利束和要素资源，使资源配置更有效率；第三，更好地发挥信托平台的土地整理能力和服务商的现代农业布局能力；第四，发挥信托平台和流转平台的协同作用，提高二次流转经济效率，推动建立二次流转公开市场；第五，发挥商业信托在收益权管理、兑付和风险防范方面的优势，使得农民的信托收益权更加稳定。②

---

① 王东宾：《中国土地流转信托的模式探索》，《文化纵横》2015 年第 1 期。

② 同上。

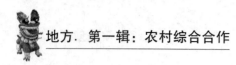

实践中的发展表明，不论是政府信托模式还是商业模式，抑或是今后可能的"混合"模式，信托制度在土地流转领域都是有生命力的，有可能成为今后农村土地流转的重要制度工具。

梅特兰强调，"总的说来，信托是一种非常有效的社会实验工具"①。在今后中国农村深化改革中，土地流转信托的大发展值得期待和探索实践。

---

① ［英］F. W. 梅特兰：《国家、信托与法人》，樊安译，北京大学出版社 2008 年版，第 72 页。

# 邻里监督：关于信用合作社设计的
# 理论和检验

阿比吉特·班纳吉　　蒂莫西·贝斯利

蒂莫西·吉内恩[*]

王东宾　译[**]

**摘要：** 本文是关于信用合作社制度设计的经典文献之一。目前经济学家普遍认为，欠发达经济体的资源分配深受非公司制度的影响。然而，非公司制度理论常常给政策方面的问题开出不同的药方。作者使用 19 纪末至 20 纪初德国信用合作社的数据，阐释了区分不同非公司制度理论的方法，构造一个能够提供监督激励的信用合作社的模型，并使用 19 纪的数据进行检验。这对于今日中国发展新型农村合作金融有很好的启发和借鉴意义。

**关键词：** 信用合作社　邻里监督　激励

# 一　简介

目前经济学家倾向于认为欠发达经济体的资源分配深受非公司制度的影响，如信用合作制、租佃分成制、市场内联、互助会、随礼交换、宗族家庭等。尽管主流理论已开始研究公司的组织方式，但关于非公司组织的理论还拘泥于功能解释的层面。而且这些理论尚无定论，对现实问题不能给出明确指导。本文以 19 世纪德

---

\* 阿比吉特·班纳吉（Abhijit V. Banerjee）、蒂莫西·贝斯利（Timothy Besley）、蒂莫西·吉内恩（Timothy Guinnane），麻省理工大学经济系普林斯顿大学伍德罗威尔逊学院耶鲁大学经济系。

感谢 Ben Bernanke，William English，RonaldI. Miller，Jonathan Morduch，Andrei Shleifer 和匿名审稿人对本文初稿提供的有益意见。贝斯利（Besley）感谢林德与哈里布拉德利基金会（the Lynde and Harry Bradley Foundation）提供经费支持，吉内恩（Gunnane）感谢 Deutscher Akademischer Austaustdienst，经济史协会，NSF（SES－9209685）和普林斯顿大学的经费支持。

\*\* 王东宾，北京大学经济学院博士后。

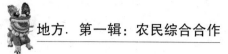

国信用合作社为例，阐释了区分不同非公司制度理论的方法。

在欠发达经济体中，合作制比正规银行制度绩效更好，主要有三方面的原因。第一，强调共同体防止成员机会主义行为方面的作用，这本质上属于社会学范畴。在传统银行中，社会约束力是无效的，而在合作社中却是可行的。第二种观点认为，由于成员间不断来往，可以维持合作。两种观点在解释为什么在合作社内部可以减少自私、短视行为时比较相似。在政策应用方面也很相似：合作社的制度设计应确保成员间有持续的长期联系，拥有对于集体的充分认同。因此，我们把这两个观点作为一个假设，称之为信用合作的"长期相互影响"假说。

最后一种观点是从斯蒂格利茨的理论引出的，即合作社可以提供引导借款人进行监督的有效机制，称之为"邻里监督"（peer monitoring）假说。① 我们对比一下这两种假设。尽管合作社缺乏资本，使其需要从银行筹集外部资金，但合作成员仍可以比银行拥有关于借款人的更多信息。这样，合作社获得了具有共同体范围内的监督，瓦里安和斯蒂格利茨最早提出并分析了这个问题。为了形成这种监督机制，合作组织必须为其成员提供互相监督的激励。

为此，本文提出三种可行的方法。

第一，合作社的任何逾期贷款，合作社其他成员要承担全部或部分责任。

第二，每笔贷款中的一部分资金应源于其他成员，因此，如果借款人违约，合作社其他成员也将蒙受损失。

第三，提高由其他成员提供资金的那部分贷款的利息，以增加成员间的利益相关度，保证收回贷款。

本模型包括三种角色：委托人（银行），监督人（没有借款的合作成员），代理人（借款人）。已经有了这个模型的一般研究，但本文的创新之处在于，应用德国合作社作为样本，具体刻画了最优合作社的组织形式。该模型也得益于贝斯利关于早期合作社文献的综述。连带责任、内部借款和付给成员的利息，是合作社实现最优化的三个可选工具。

这些 19 世纪德国的数据不足以支持正式的统计假设检验，但它们对当前的研究很有价值。在德国，制度工具的选择是在合作社层面上做出的，这使制度可以最好地反映它们的特质。数据时间跨度长，也使得每家合作社可以形成最优制度设

---

① 这种监督是 Fagneux（1908）合作理论的一个重要方面。他把小村庄看作这样一个地方："人们的眼睛总是特别关注邻人所发生的事情。"（where one's eyes are so attentive to what occurs among the neighbours.）

计。在爱尔兰，合作社的寿命很短，反映了糟糕的制度设计。

对"邻里监督"的检验主要有两方面局限性。首先，缺乏选择最优制度工具的直接证据。替代方法是，我们先得出其动态比较特性，并把这些特性与合作社的截面数据进行比较分析。其次，"长期相互影响"和"邻里监督"两种观点并不相互矛盾。因此，"邻里监督"模型的预测与数据吻合，并不必然证明它正确。我们只能通过发现它的比较静态特性与数据不吻合，找到反对这种观点的依据。

本文的其他部分是这样安排的：第二、三、四部分我们建构一个最佳信用合作社的模型，并且从中推导出预测；第五部分用 19 世纪德国合作社的数据来检验这些预测；第六部分是结论。

## 二　模型

本模型是基于德国合作社的结构而建构的。尽管模型的描述难免程式化，但本模型还是抓住了合作制度的显著特征。在第三部分结尾处，简要讨论了模型与历史上合作社之间的相通之处，并在第五部分详细地讨论。

模型假设合作社拥有两位成员，每位成员拥有两种资产：一小块土地和一笔货币财富 $k$。初始条件下，自然仅仅赋予一位合作社成员一次使其土地高产的机会。这要求一个对 K + $k$（个）单位资本的投资，因此想要实施，就需要贷款。假定另一位成员没有这样的投资机会，并且他从自己的土地获得稳定的回报θ。我们假设 $k$ < K，意味着合作社内部的全部货币资本也不足以支持这次投资，因而，贷款的一部分必须从外部获得。合作社从外界借得 b，监督者借给借款人（K - b）。我们指定付给外部贷款的利润率为 R，付给内部的为 r。①

非借款成员有三个潜在的作用。第一，他是出借者。第二，他是一个担保人，因此当借款人不能偿付对外部出资者的债务时，他要负责任。我们指定这部分连带责任为 $l$（$l$ ≤ bR）。第三，它可以监督借款人。

一旦项目资金到位，非借款成员要选择其监督水平来影响借款人的项目选择。借款人选择一个项目，结果获得收益，如果他有足够的资金，那么他就会偿还监督

①　我们假设 θ > R，以保证非借款人的财富大于要付给外部出资者的最大数额。

者和外部出资人的贷款。反之，当他无法履约时，监督者就必须偿还 $l$ 。

监督者也可以从合作社外部投资机会获得收益，得到的毛收益为 ρ，而净收益是 ρ - δ，δ 通常可能为正，也可能为负。正 δ 表明合作社是存款更方便的机构，而负 δ 表明外部银行可以提供信用社所没有的服务，如咨询等。既然借款人可能违约，合作社内部借款的收益就必须补偿非借款人成员所承担的风险。因此，考虑到违约风险，r 至少要和非借款成员资金的机会成本一样高。合作社制度根据（b，$l$，r）三项定义：内部借款总额、非借款者成员连带责任、内部借款利率。

## 三　项目选择

虽然项目是由借款人选择的，但也受非借款成员的影响。这一节用（b，$l$，r）的函数来描述项目选择。项目用一个成功概率来标记（indexed）：π ∈ ［π，1］。一个项目以概率 π 的可能性获得收益，否则就没有任何收益。项目的期望收益用 E（π）= πΦ（π）来表示。我们假设 E'（π）>0，Φ'（π）<0。前面已经说明拥有高期望收益的项目比较安全。

用 ρ 代表出借者资金的机会成本。在完全竞争市场条件下，外部资金的利率由"零利润定理"（zero - profit condition）来决定。

$$\pi Rb + (1 - \pi) = \rho b \tag{1}$$

收回贷款的概率为 π，而从非借款成员得到 $l$ 的概率为（1 - π）。资金机会成本为 ρb。由（1）式解出 R，则支付给任何项目的总利息是：

$$\bar{r} = bR + (K - b)r = (\rho b - (1 - \pi)l + (K - b)r\pi)/\pi \tag{2}$$

这是支付给内外部借款的利息总额。为表示借款人会选择从社会角度看风险太大的项目，我们假设：

$$\pi(\varphi(\pi) - \rho K) \tag{3}$$

与 π 负相关。因而，如果他能够以出借者资金的机会成本 ρ 获得贷款，借款人会发现选择风险最大的项目 π 是有利可图的。而这和出借方所要阻止的正相反，因而迫使其要求更高的利率。出借者偏好高 π 值的项目，而借款人倾向于低 π 值的项目。

非借款成员能够影响项目的选择。我们将这种影响模型化为，如果借款人选择

项目 $\pi$，就对其实行的惩罚。因此，对于备选项目 $\underline{\pi}$，贷款者肯定首选 $\pi$，并将受到惩罚 c。如果满足下面的激励相容约束条件（Incentive compatibility constraint），那么借款人将选择项目 $\pi$：

$$\pi(\varphi(\pi) - \bar{r}) \geqslant \underline{\pi}(\varphi(\underline{\pi}) - \bar{r}) - c \tag{4}$$

监督者选择 c，并假设，如果借款人转向项目 $\underline{\pi}$，监督者一定会惩罚他。这是从下面两个问题的基础上提炼的。第一，借款人不允许贿赂监督者以改变其行为。第二，我们忽略一个重要事实，即可能由于执行成本过高，惩罚是不可置信的。执行惩罚 c 的成本，由一个递增的凸函数 M（c）给出。①

假设监管者在借款人选择 $\pi$ 之前决定 c。在均衡状态下选择的项目就是满足等式（4）的 $\pi$ 值（假定有内部解 interior solution）。但是在（2）式 $\bar{r}$ 依赖 $\pi$ 和向量 $(b, l, r)$，均衡的项目可以写成复合关系式（fixed point relationship）：

$$\pi = h(\bar{r}(\pi, b, l, r), c) \tag{5}$$

从（4）式可得，当 $\pi$ 足够大并且满足 $\alpha h(\cdot)/\alpha \bar{r} \cdot \alpha \bar{r}/\alpha \pi < |1|$ 时，满足（4）式的 $\pi$ 值是唯一的，② 则我们可以函数 $\pi = g$（b，l，r，c）来表示项目的选择，前面三个参数代表合作社的制度设计，后面一个参数代表监督者选择的惩罚水平。

现在我们研究保持 c 不变时，$\pi$ 的选择如何依赖于合作社的制度设计（详见附录 A）。这种影响通过支付的利息 $\bar{r}$ 实现。由于增加对非借款人的负债 $l$，会降低外部存款者所要求的利息，这样会提高 $\pi$。由于增加 r 会提高 $\bar{r}$，所以会带来相反的影响。改变 b 的影响则依赖于（R - r）的符号；内外部资金平衡变化提高还是降低利率水平，则依赖于内外部资本价格是否更便宜。

意识到 $\pi$ 是由函数 h（·）决定的，监管者将选择 c 以使 $\pi$（K - b）-（1 - $\pi$）$l$ - M（c）最大化。这需要满足一阶条件：

$$((K - b)r + l) \frac{\alpha h}{\alpha c} = M'(c) \tag{6}$$

乘以 $\alpha h/\alpha c$ 的一项表示非借款人防止项目失败获得成功时的所得，因此这衡量

---

① 在均衡状态下，实际上惩罚从来不会被实施。然而我们假设，对合作社非贷款成员而言，如果在必要的时候，将自己置身于处罚者的角色时，代价是很大的。惩罚的成本部分反映了收集信息的费用，同时也反映这样一个事实，即监管者必须重新安排他的事务，以便在项目的关键阶段时监视借款人。由于仅有一个监管者，因而这里没有监督的免费搭车问题，但对于大型合作社而言，这个问题可能会很严重。

② 证明：记由于当 $\pi --->1$，公式中的第一项趋向零，并且第二项有界，所以结论成立（译者注：第二个大括号在原文中缺一半，根据上下文意思添加）。

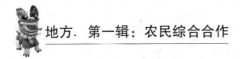

了对监督者提高 $\pi$ 的激励水平。从（6）式解出 $c = f$（$b, l, r, \pi$），也就是说，惩罚水平的选择是合作社制度设计和项目选择的函数。

研究（6）式的比较统计特性，要考虑两方面的影响。首先是直接影响，通过（$(K-b) r + l$）起作用；其次是间接影响，通过总利息报酬 $\bar{r}$ 由（$b, l, r$）对 $\alpha h / \alpha c$ 的影响而发挥作用。后者表示合作社的制度设计是如何作用于 c，对项目选择产生边际影响的。$l$ 的增加直接提高了监管激励，并且当它降低 $\bar{r}$ 时会提高 $\alpha h / \alpha c$。因此，当其他条件相同时，更多连带责任会提高 c。r 增加的影响是不确定的，其直接影响是激励监督，但同时增加了 $\bar{r}$ 也导致不利的间接影响。最后，若 R > r，b 增加会降低对非借款成员参与高成本监督的激励。直接影响总是降低监督激励，而当 R > r 时，$\bar{r}$ 增加也会使间接影响为负面。

c 与 $\pi$ 的均衡值由映射 $\pi = g$（$b, r, l, c$）与 $c = f$（$b, r, l, \pi$）联立（fixed points）求解得到（详见附录 A）。均衡值用 $c*$（$b, r, l$）和 $\pi*$（$b, l, r$）表示。因此，项目选择和监督者的决策可以写作合作社制度设计的函数。下一部分探讨合作社如何最优设定这些参数时，上述模型假设会非常有效。

该模型在 19 世纪德国合作社制度的基础上引入了一些具体的假设。这里将讨论这些假设的理由。首先，我们排除了抵押。之所以这样做（in doing so），是由于我们注意到这样的事实，即土地抵押有缺陷，并且合作社成员主要是那些只有很少资产可供抵押的人。总之，引入部分抵押不会带来任何实质性改变。第二，我们假设内部资金的回报必须大于其机会成本，这反映了这样的事实，即只要合作社成员愿意，他们可以利用其他金融中介进行储蓄。在现实中，正如后面将进一步讨论的，合作社的利率通常要高于外界可得的，否则，将很难促使个人在合作社储蓄。第三，我们假设排除部分拖欠（partial default）。据我们所知，与全部拖欠一样，这（部分拖欠）也将导致被从合作社中开除。这是可接受的假设，如社会排挤（ostracism）或开除出合作社这样的惩罚是天然不可分割的，这就使得对于部分拖欠的惩罚与全部拖欠的惩罚基本一致。既然模型可以宽泛地（be extended to）处理部分拖欠的问题，就看不出拘泥于此会获得明显的成果。第四，我们排除了共谋问题。虽然在这一时期的文献中，相关资料从未批露共谋问题的存在，但我们没有直接依据证明共谋不是个问题。如果有什么问题的话（ifanything），成员不参加管理会议产生的搭便车问题，似乎是一个更值得注意的问题。

## 四　最优信用合作社

这一部分研究最优设计的信用合作社，也就是说，参数（b，l，r）应如何设定，才能提高对监督和项目选择的激励。我们假定信用合作社的目标是使其预付资本的盈余最大化①，给定：

$$V \equiv E（\pi）- M（c）-\rho K + （K-b）\delta \tag{7}$$

这等于项目的期望收益减去监督成本和资本的机会成本。最后一项是如果合作社内部资金机会成本不同时的收益或损失。

合作社面临两个代理人问题。首先是一般的（standard）代理问题：贷款者可能不选择利润最大化的项目。这可能通过一个可以惩罚借款人的监督者来弥补。然而，让监督者最优选择惩罚会产生第二个代理问题。合作社可以制定关于外部拆借、连带责任和内部利率的规则，但是却不能直接规定项目选择或者监督的水平。因此，它必须考虑激励约束（4）和（6）。合作社的最优制度设计包括，在由（4）和（6）决定的 π 和 c 的约束下，选择（b，l，r）使盈余最大化。

从这儿开始思考，如果先是 π 和 c，然后只有 c，可以作为合作社的设计直接选择，将会出现什么情况。前一种情况下，将选择 π = 1 和 c = 0，因为安全项目拥有最高的期望收益，并且没有监督成本（译者注：原文为 monitoring is costly，疑有误）。是否使用内部资金取决于 δ 大于或小于 0。那么合作社制度的其他方面对于其绩效没有影响。

当 c 而非 π 可以选择时，可以设定参数（b，l，r）影响项目选择。但是，既然可以规定 c 值，将会选择使（7）最大化，则有：

$$R'（\pi）\frac{\partial g}{\partial c} - M'（c）= 0 \tag{8}$$

因此，当 c 增大时，监督的边际价值随项目的期望收益增加而增加，设定其等于边际成本。这样就值得进行监管以抵消（counteract）借款者的冒险激励。由于监督中存在代理人问题，（8）式所得的监督水平并不必然是最优的，它忽视了

---

① 这种观点认为，当合作社的章程设计出来后，合作社的每个成员都有相等的概率成为借款者或非借款者。

（b，$l$，r）通过 $\bar{r}$ 对于项目选择的影响。但对于后面的研究，（8）是一个有效的基准依据（benchmark case）。

研究最优信用合作社从求（b，$l$，r）一阶条件开始。b 的一阶条件是：

$$R'(\pi)\frac{\partial \pi^*}{\partial b} - M'(c)\frac{\partial c^*}{\partial b} - \delta = 0 \tag{9}$$

在 0 < b < k 时等式成立。式中共三项，第一项是项目选择的影响，它有直接影响（direct component）（通过 $\bar{r}$ 发生作用）和通过 c 的变化起作用的间接影响。第二项代表 c 变化对于成本的影响。第三项是由内部或外部资金是否有更大机会成本决定其符号的影响。连带责任选择的一阶条件为：

$$R'(\pi)\frac{\partial \pi^*}{\partial l} - M'(c)\frac{\partial c^*}{\partial l} \geq 0 \tag{10}$$

当 0 ≤ $l$ < bR 时，等式成立。除了没有最后一项外，这基本上与 b 的情况一致。同样，选择 r 的一阶条件为：

$$R'(\pi)\frac{\partial \pi^*}{\partial r} - M'(c)\frac{\partial c^*}{\partial r} \leq 0 \tag{11}$$

当 r >（ρ-δ）/ π 时等号成立，因为要想非借款成员意愿借出，合作社必须至少支付资金的机会成本。方程（11）又显示了相同的两个基本项。我们设定（ρ-δ）/ π 和 $l$ =0 作为这些参数的默认值，即表示没有设定任一项能促进监督激励的情形。

先把由最优信用合作社导出的 c 的水平与由（8）式给出的水平做一比较。这可以由以下命题回答。

**命题 1** 较之在 c 可以直接规定的情形下，最优设计的合作社可以产生更多的监督。如果最优化设定（b，$l$，r），监督者将选择 c 的水平，这样监督的边际产品［$R'(\pi)\alpha g/\alpha c$］就小于其边际成本［M，（c）］。

命题 1 的论证详见附录 B。

假设监督在边际上有价值。既然提高 $l$ 会降低 $\bar{r}$ 同时增加 c 和 π，那么它就将设定为可能的最大值。监督者从合作社获得独立于项目成败的收益。同时，他将保留所有的 $\bar{r}$，据推测（ex hypothesi）这比衡量监督的社会收益 E'（π）要大。因此，监督的私人收益超过社会收益。

命题 1：合理设定向量（b，$l$，r）时，关于最优的一般结果（最优值）。但是，我们希望理解合作社制度设计每一个单独的方面。下面的结果将证明，如何最优化选择合作社制度设计的三个特征量。

第一个结果是关于 r 和 l 的选择。合作社内部资金的利率应该设得高于其机会成本吗？命题 1 给出了直观（immediate）上的答案。由于 c "过高"，并且提高 r 总是降低 π，有时会提高 c。因而，除非能降低 c，否则没有必要把 r 提高到 $(ρ-δ)/π$ 以上。因此有命题 2。

**命题 2** 如果内部资金收益超过其机会成本，则提高 r 的边际影响一定是降低非贷款成员所施加的惩罚。

命题 2 的证明见附录 B。

这部分是关于选择 l 和 r 作为影响 c 选择的途径。从命题 1 可知，由于在边际上降低 c 会提高盈余，所以有望通过选择参数值来达到目标。我们把内部资金的连带责任和利息作为达到这一目标的手段。从前面的结果可知，提高边际 r 可以降低 c 和 π。降低 l 也会降低 c 和 π（通过提高 $\bar{r}$）。但是提高只有通过对 $\bar{r}$ 产生影响才会降低 c。降低 r 的直接影响是提高 c，而降低 l 的直接影响和间接影响都是降低 c。因此，给定 π 减小，降低 l 所导致 c 降低的程度要大于提高 $\bar{r}$ 的影响。只要降低 l 是可行的，那么它就是一个更可行的制度工具。

**命题 3** 如果合作社付给非贷款成员的利息大于资金的机会成本，那么假设负债为零。

命题 3 的证明见附录 B。

最终结果是关于在 δ<0，即合作社内部资金有更小机会成本的情况下的影响。在这种情况下，合作社的资金将全部从外部获取。

**命题 4** 如果信用社外部的资金机会成本更高（δ<0），那么信用社根本不向其成员借款，但还会让非借款成员作为担保方（ l >0），这样就产生监督的激励。

命题 4 的证明见附录 B。

结果显示，如果合作社外部存在更好的借款交易，它将补偿监督人，鼓励其将资金存放在那里。在这种情况下，信用社将通过支付超过机会成本的利息，激励非借款成员负责监督惩罚借款人（注意该命题没有提及当 δ ≥ 0 的情形）。

以上是这篇论文的形式（formal）部分。我们下一步的任务是将模型的理论预设与 19 世纪末至 20 世纪初德国信用合作社的数据做对比分析。

# 五　检验

## （一）背景

德国的信用合作社是 19 世纪后半叶时，在海尔曼·舒尔茨—德里奇（Hermann Schulze – Delitzsch）和弗里德里希·雷发巽（Friederich Raiffeisen）的领导下建立的。两人都把信用市场问题看作导致贫困的重要因素。[①] 虽然两位领导人和其他领导人在合作社组织的许多特征上存在不同意见，但都同意合作社的目的在于贷款给那些被排除在银行和其他正式金融机构之外的人——穷人和那些缺乏抵押品的人。在这一点上他们成功了。雷发巽组织报道，在 1910 年，72% 的新贷款是由抵押个人担保的，而贷款总额的 43% 中，每笔额度为 300 马克或更少，信用合作社普遍地兴旺起来；到 1909 年德国有超过 145000 家农村信用社，会员约 140 万，或者说每 1000 个德国农村人口拥有 5.6 家合作社。据估计，在 20 世纪初前后，约有 1/3 的德国农村家庭加入了合作社。[②]

## （二）德国式争论

在信用合作社的最佳结构问题上，德国合作运动者有非常活跃的争论。争论焦点集中在责任制形式和红利支付上。无限责任意味着一旦合作社倒闭，未清偿债权方可以起诉合作社任何成员，要求其偿还全部欠款。1889 年有限责任制成为合法形式，被许多舒尔茨—德里奇（Schulze – Delitzsch）式合作社采用。红利政策在合作社组织中也各不相同。雷发巽（Raiffeisen）式合作社只有名义股份，不向成员分配任何红利；在一个财务年度中的所有利润都存到一个永久储备基金里。另一方面，舒尔茨 – 德里奇式合作社有大额股份，并且向成员支付红利。

合作运动者利用经济和非经济论据，支持他们关于合作社最佳结构的观点。雷

---

① Verein fur Socialpolitik（1887）是关于德国大部分地区合作社状况的调查。Bonus and Schmidt（1990）是讨论德国合作社论文中的一篇。

② 在金本位汇率体系下，20 马克 = 1 英镑 = 4.86 美元。20 世纪前 20 年，一个德国非熟练劳动力每周挣 10—20 马克。合作社的数据是从德意志联邦银行（the Deutsche Bundesbank）（1976，DI，表 1.07 和 1.08）获得。1910 年德国农村人口定义为居住在少于 2000 人地区的居民（Marschalk，1984，表 1.3 和 5.5）。我们不讨论德国合作社的两个相关的特征。大多数合作社在地区合作银行中拥有账户，旨在缓解合作社间的关联冲击。另外，一些信用合作社联合起来组成购销合作社，后一种联盟形式是争论的主题。

发巽自己强调非经济解释；对他而言，有限责任和红利是不必要的，因为这违背了合作主义的精神。而另一些人采用经济视角，认为组织的基本问题可以归结为使合作社制度适应当地环境的实践问题。到 1914 年，哈斯合作联社（the Haas federation of cooperative）接纳了德国大部分信用合作社，通过允许个体合作社选择他们自己的责任制形式，来处理这个实践问题。由于德国合作社之间存在的差异，我们可以用合作社结构的截面变量来检验我们的模型。对前述命题的严格计量检验超出了本文的范围。由于缺乏正式出版的统计资料，这方面需要依靠如吉内恩所整理的（1992a，1992b）手稿资料。这里我们将限定讨论模型中的预设与从合作社研究文献得到的所有信息（aggregate information）之间的关系。我们下面使用的数据是准确的，即便可能有个别例外，但也适用于大多数德国合作社。主要缺陷是已发表数据的定义并不总是符合我们模型中的变量。

## （三）对比数据分析的结果

模型显示监督水平会达到其边际价值为负的一点。这一结果对德国合作社运动一项值得夸耀的成就——他们极其低的破产率——提出了不同的解释。1909—1910 年，德国大约有 15000 家信用合作社，但没有任何一家无限责任制合作社倒闭，并且只有三家有限责任制合作社倒闭。比较而言，在 1895—1905 年，个人信用机构的破产概率是农村信用合作的 55 倍。

鉴于理论所暗含的某些关系式，用模拟分析来补充上一节的分析结果，将十分有益。例如研究 $R(\pi) = \theta + \beta\pi$ 和 $M(c) = \alpha c2/2$（附录 C 显示出对于足够大的 $\alpha$，这满足必要约束条件）。我们变换三个外生变量：内外部资本相对成本 $\delta$、监督成本 $\alpha$、代表预期收益对借款人行为敏感性的 $\beta$。注意对任意给定的 $\pi$，高 $\beta$ 值都表示更高的社会收益，因此用参数表示对借款人的私人和社会激励的差异程度。

表 1 列出了主要的模拟结果。注意严重的代理问题，通过提高 $\alpha$ 或 $\beta$，导致合作社更强调使用激励手段。例如，当 $\beta$ 从 0.2 提高到 0.5，连带责任从 0.2 到 0.6，增加三倍。$\pi$ 的提高显著地降低了内部借款利率。我们发现设定可行的最差项目 $\pi$ 等于 0.8 或者更大的时候，需要更合理的（plausible looking）利息升水。根据合作社相对低的破产率，这似乎并非不合理。在讨论其他具体发现的时候，我们将回归出其他的模拟结果。

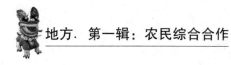
表1                            模拟结果

| 外生参数值[a] | 函数值[b] | 利息贴水[c] | 比例监督成本[d] | 选择的 Π 值 | 政策变量的最优值 l | $r^a$ | $b^e$ |
|---|---|---|---|---|---|---|---|
| | | | | $\beta = 0.01$ | | | |
| $\alpha = 5$，$\delta = 0.03$ | 33.91 | -0.001 | 0.92 | 0.927 | 0 | 0.10 | 1.38 |
| $\alpha = 5$ | 33.59 | 0.010 | 0.96 | 0.900 | 0.01 | – | 2 |
| $\alpha = 5$，$\bar{\pi} = 0.5$ | 33.77 | 0.004 | 0.95 | 0.515 | 0 | 0.98 | 1.37 |
| | | | | $\beta = 0.2$ | | | |
| $\alpha = 20$ | 39.86 | 0.006 | 0.02 | 0.902 | 0.2 | -2 | |
| | | | | $\beta = 0.5$ | | | |
| 基线 | 52.31 | 0.129 | 0.20 | 0.910 | 0.6 | – | 2 |
| $\delta = 0.03$ | 54.20 | -0.021 | 2.49 | 0.936 | 0 | 0.09 | 0.13 |
| $\alpha = 50$ | 52.25 | 0.55 | 0.005 | 0.903 | 0.52 | – | 2 |
| | | | | $\beta = 0.8$ | | | |
| $\alpha = 100$ | 68.49 | 0.007 | 0.10 | 0.904 | 0.85 | – | 2 |
| $\alpha = 100$，$\delta = 0.03$ | 72.35 | -0.008 | 6.93 | 0.911 | 0 | 0.12 | 0.01 |
| $\delta = 0.03$ | 71.55 | -0.037 | 2.93 | 0.953 | 0 | 0.07 | 0.19 |
| $\alpha = 100$，$\delta = 0$ | 68.49 | 0.010 | 0.10 | 0.904 | 0.85 | – | 2 |

注：a. 除非另外指出，$\alpha = 20$，$\theta = 1$，$\pi = 0.9$，$\rho = 0.05$，$K = 2$，$\delta = -0.03$。

b. 函数最大化是在 V. 3. 的例子给出的方程式（7）。列出的函数值是按 $100 \times \exp$（U）。

c. 利率贴水 = $(\rho - \delta) / \pi$。

d. 比例监督成本 $-100\alpha m^2/2$（$\theta + \beta\pi$）（注意原文中 c、d 与表中角标位置不一致，根据文章做出了修改）。

e. 当 b = 2 时，r 无意义。

资料来源：作者的计算。

模型（命题2）预测 l 与 r 不能同时设定大于默认值，说明无限责任制合作社向贷款人索取的利率更低。已有数据使在单个合作社（cooperative - cooperative）基础上比较 l 与 r 非常困难，但合作社基本的组织差异却支持这种预测。舒尔茨—德里奇式合作社向成员支付红利，而雷发巽式合作社不分红。实际上，有时舒尔茨—德里奇合作社因红利问题所受的责难，与因低息贷款的一样多。在争论中，这种差异主要由于雷发巽式支持者坚持为借款者保持低费用的理念。模型揭示了问题的另一方面：给定雷发巽式为无限责任，高利率作为激励手段就是多余的。总之，这一发现与我们的理论模型是一致的。

文中模型，特别是命题4，说明δ符号是责任制形式是否提供监督激励的重要决定量，而当δ为负时无限责任更可能满足条件。[①] 农村合作社主要采用无限责任制。在1908年，93%的农村信用社采用了无限责任制；相比之下，只有54%的城市信用社采用无限责任制。δ的符号能否解释这一点？

乍一看，由于农村信用社相对隔绝的状态，δ似乎应该为正。德国的Sparkassen银行系统（国有储蓄机构）很少扩张到城镇以外。在介绍地方信用合作社时，专业人士称，储户宁肯将他们的现金保存在家中，也不愿长途跋涉去储蓄机构。但是，农村信用社比Sparkassen银行多提供了利率升水。例如，1901年时，某机构向储户支付利率平均为3.65，相比之下，Sparkassen体系只有3.42。虽然这可以用信用社存款的高风险来解释，但这表明δ为负。由于农村信用合作社和Sparkassen系统都几乎没有失信于其储户，少量的利率升水可能归因于其破产风险。可以看出，大多数合作社向储户提供的服务，不如在Sparkassen或商业银行提供的完善，这进一步强化了δ实际为负的可能性。总体而言，由于说明δ为负的可用资料有限，所以贸然对于δ的符号下明确的结论是有问题的。

表2中列出的模拟结果更详细地研究δ变化对于连带责任决策的影响。正如命题4所预测的，负δ值意味着正的连带责任。如果让δ值上升，那么连带责任水平下降。若存在δ的正值（非常小），则信用合作社最优制度设计会发生显著的变化。正如在命题2中所描述的，合作社将使用利率激励手段，从外部负债转而使用内部借款。前面我们指出对δ的符号做出明确的结论是非常困难的，模拟结果证明了前面的预测，信用合作社的制度设计与δ值变化的关系非常显著。这表明了相对较小的δ差异是如何造成农村和城市信用社的巨大差异，而这正支持了我们的模型。这也有助于解释为什么大约一半的舒尔茨—德里奇式合作社是无限责任，而少数农村信用社是有限责任。

模拟结果也说明增加α可以降低对外部负债的依赖，并且提高从合作社内部借款的数额。历史经验与对α影响的这种预测相一致。观察家认为，城乡环境的不同完全可以解释舒尔茨—德里奇式和雷发巽式合作社的不同。雷发巽组织1913年

---

① 参数δ为正（负）说明合作社对于当地储蓄者存款是个理想（不理想）的机构。

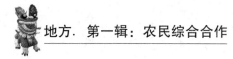

表 2          δ 影响的模拟结果[a]

| 外生参数值[b] | 政策变量的最优值 | | |
|---|---|---|---|
| | l | r[c] | b |
| **β = 0.8** | | | |
| δ = 0.001 | 0.98 | | 2 |
| δ = 0.002 | 0.17 | − 1.28 | 1.21 |
| δ = 0.003 | 0 | 1.27 | 1.05 |
| **β = 0.9** | | | |
| δ = 0.005 | 0 | 1.24 | 1.2 |
| δ = 0.01 | 0 | 1.24 | 1 |
| δ = 0.002 | 1 | − | 2 |

资料来源：作者的计算。

注：a. 函数最大化是在第五部分（三）小节的例子给出的方程式（7）。列出的函数值是按 $100 \times \exp$ (U)。

b. 除非另外指出，$\alpha = 20$，$\theta = 1$，$\pi = 0.9$，$\rho = 0.05$，$K = 2$。

c. 当 $b = 2$ 时，$r$ 无意义。

的报告称，他们 80% 的信用合作社位于不足 3000 人的小城镇。城市信用合作社一般大于农村的规模，1908 年时，城市信用合作社平均拥有 469 个成员，而农村合作社平均只拥有 94 个成员。几家城市信用合作社成员很多（enormous）：慕尼黑银行（Munich）拥有 2600 个成员。一般认为城市中和大型合作社的监督成本更高；合作社成员分散在城镇各处，不可能朝夕相处（come into day – to – day contact）。另外，他们所给予贷款的项目并不像农业投资那样置于公众视线之下。雷发巽式合作社严格坚持成员在一个小区域内的限制原则，以保证最大限度地获得成员的信息。正如在模拟分析中所证明的那样，更低的监督成本会激励合作社使用更高水平的负债。[①] 然而，这种影响的程度却很弱，这与我们对模型的直觉理解相一致。$\alpha$ 的变化导致监督的个人和社会激励都变化，但不必然导致个人和社会激励的分离（wedge），而后者决定监督水平的选择。

———————

① 一些农民属于舒尔茨—德里奇式合作社，一些城镇居民属于雷发巽式合作社，但是舒尔茨—德里奇式更倾向于在多人口中心地区。1912 年，舒尔茨—德里奇式合作社的会员包括 28% 的农民或农场劳动力。在舒尔茨—德里奇式合作社成员职业的强异质性也暗示了较大的 $\alpha$，因为一个城镇工人很难鉴别和监督农业项目，反之亦然。

模拟结果也显示了低 β 值也导致合作社使用更少负债，而大 β 值鼓励合作社使用负债以提高监督水平。因为对足够大的 β，我们可以预期即使 δ 为正，也会使用高负债水平。如果我们假设了城市地区的代理问题更严重，那么这也可以解释那里激励负债的重要性。实际上，城市中占主流的舒尔茨—德里奇式合作社都故意阻碍穷人加入。在这些有限责任制合作社中，只有相对极少数拥有很少资产的借款者，有骗取贷款后逃跑的冲动。而且，他们着重发放短期贷款，这样就使得试图用长期项目申请大额贷款，尔后滥用贷款或携款潜逃非常困难。而另一方面，农村合作社通常给非常贫困的人发放小额长期贷款，这些人（在合作社的监督缺位的情况下）也可能试图携款逃跑，或者选择高风险的项目。另外，相同使城市地区监督成本很高的原因，也可能导致 β 值较高。

该模型进一步预测只有当 δ 为正时，r 与 b 可用来提供激励。这是一个利用现有数据最难证明的命题。我们已谈到从经验上确定 δ 符号的困难，并且已公开信息并没有告诉我们有多少存款来自合作社成员。合作社有三个基本的贷款资本来源：源于外部的贷款、源于内部的贷款（就是成员存款）和合作社自有资金。公开的账目三者是一起的（成员与非成员一样），并且只有从自有资金（eigene Mittel）才能加以区分。合作社自有资金来源于入社费、股本、留存收益。城市的舒尔茨—德里奇式合作社相对更依赖于自有资金作为贷款资本。1908 年，在哈斯（Haas）机构（主要是农村的和无限责任制）的 12000 家信用合作社的负债中，只有 4% 是自有资金。相比而言，1000 家舒尔茨—德里奇式合作社的数据是 28%。因为从某种意义说，自有资金也属于成员，从这条途径获取的用于贷款的资金是属于内部来源，现有信息显示从内部借款越多 δ 值越低，这与预测恰好相反。[①]

结论是，该理论中提出的三个主要命题中，只有一个明显地得到数据的支持，即连带责任与利率激励不能同时使用。不是说其他两个命题被数据否定，而是它们不能由数据直接验证（confirmed）。

## （四）扩展

这里我们考虑信用社深层特征，这些特征对于解释制度设计可能更为重要。无限责任也可当作信号工具；它使借款人相信合作社运营良好。考虑到在德国的无限

---

①　在《合作系统》上的一篇很长的文章，RD 集团机关报，关于 R 式机构对存款依赖的批评。

责任制合作社中，也注意吸收穷人会员，这些人发现表明他们负责任很重要，因而这个推论似乎有道理。但是不容忽视的事实是，这些人很穷，并且拥有很少的资产，这可能降低这一信号（signal）的可信度。

关于无限责任重要性的另外一种解释是基于一些合作社比另外一些实力弱的事实。目前为止我们假定每家合作社拥有相同的从其成员借款的能力，但是实力弱的信用社发现这更困难，因而需要更多地利用负债。这与实力弱的信用社从外界借款更多的情况相一致，并且解释了为什么即便是在农村，实力弱的雷发巽式合作社也依赖于借款。但是对于实力弱的合作社而言，由于缺少资产，使用负债受到严格的限制。因此，实力弱的信用社似乎没有提供监督激励的有效方式，应有更高的破产率，但农村合作社的破产率要低于城市合作社。我们模型的另一个潜在的缺陷是没有考虑风险规避。但如果人们是很强的风险规避者，就将阻止大部分穷人加入无限责任制合作社，这似乎与事实相反。

一个需要放宽的假设是合作社追求其总盈余最大化。在初始分析信用社合作社时，用这一假设能导出严谨的推论，但在后续研究中应该放宽。由于当成员的情况一样时，总盈余最大化也使得每个参与者的收益最大化，这种假设是理所当然的。但成员间在财富和资金需求方面的异质性是合作社的一个真实特征。借款概率或财富水平的不同，要求我们对程式化的模型作出实质性修改，以保证成员的参与度。

在有充分异质性的人群里，强调高负债的雷发巽式合作社是有困难的。观察家指出，在波美拉尼亚（Pomerania）的一些有限责任制合作社中，某成员可能拥有100马克的股份，而另一成员可能有价值多达20000马克的股份。如果如在无限责任制结构中那样，后者要承担全部责任，那么富有的人不可能加入。在普鲁士（Prussian）省的萨克森（Saxon）和波美拉尼亚地区，有相当数量的大农场，而这两个地区农村的无限责任制合作社相对不太流行。1894年，当爱尔兰农业组织协会（Irish Agricultural Organization Society）将信用合作社引入爱尔兰时，非常不幸的是它选择了严格的雷发巽模式。爱尔兰的信用合作社从没有成功，正如观察家所指出的，由于需要承担大部分责任，较富裕的人不愿意加入这样的组织。①

---

① 在20世纪初，极少数成功的爱尔兰信用合作社是有限责任制。

# 六　结论

这篇论文建构了关于最优信用合作社的一个简单的模型。利用德国的历史经验，我们检验了信用合作社"邻里监督"假说的一些推论。我们从数据中获得了该模型的有力的证明。尽管我们在论文中没有引入信用合作社的其他特征，但这确实值得进一步深入研究。在扩展中我们讨论过，引入合作社成员的异质性，以及建立更细致的"长期相互影响"假说模型，并且用数据对比检验其预测，可能是最重要的。

除了理解信用合作社设计这一特殊目标外，我们的论文也强调使用比较静态预测方法，探讨非标准制度（nonstandard institution）的组织形式。我们认为，模型只是与已有的信用合作社相一致还不够。组织变革适应不同经济环境的方式，理论上进行预测是可行的。比起通常所用的检验，这是关于理论和数据的更严格的检验。然而，力图搞清楚不同组织形态背后的原因是一个挑战，并且值得我们去应对。

### 附录 A

这里我们将证明在文中所做的一些结论。首先是：

$$\pi = h(\bar{r}(\pi,\xi),c) \tag{12}$$

从（4）中的方程式得出 $\xi \equiv (b, l, r)$。那么有 $\pi = g(\xi, c)$，$c$ 的选择满足：

$$((K - b)r + l)\frac{\partial h}{\partial c}(\xi,c) = M'(c) \tag{13}$$

其中 $c = f(\xi, \pi)$。如果 $c = f(\xi, \pi)$ 并且 $\pi = g(\xi, c)$，则一组关于 $(\pi, c)$ 的方程联立可得均衡解。在相应的区间 $\alpha h/\alpha \pi \times \alpha g/\alpha c < 1$ 内，他们是关于 $\xi$ 的不同的方程。为了计算这些函数的导数，定义：

$$\Omega \equiv M'(c) \{E'(\pi) - \bar{r}\}^2 > 0. \tag{14}$$

那么，由（13）式可得：

$$\frac{\partial f}{\partial b} = \frac{\{(E(\pi) - \bar{r})r - (l + (K - b)r)(R - r)\}}{\Omega} \tag{15}$$

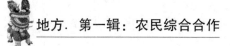
$$\frac{\partial f}{\partial l} = \frac{-\{(E'(\pi) - \bar{r}) - (l + (K - b)r)(1 - \pi)/\pi\}}{\Omega} > 0 \tag{16}$$

和

$$\frac{\partial f}{\partial r} = \frac{-(K - b)\{(E'(\pi) - \bar{r}) - (l + (K - b)r)\}}{\Omega} \tag{17}$$

对于函数 g（·）我们用（4）式方程，得出：

$$\frac{\partial g}{\partial c} = \frac{-1}{\{E'(\pi) - \bar{r}\}\{1 - \partial h/\partial \pi\}} > 0 \tag{18}$$

$$\frac{\partial g}{\partial l} = \frac{-(\pi - \underline{\pi})(1 - \pi)}{\pi\{E'(\pi) - \bar{r}\}\{1 - \partial h/\partial \pi\}} > 0 \tag{19}$$

$$\frac{\partial g}{\partial b} = \frac{(\pi - \underline{\pi})(R - r)}{\{E'(\pi) - \bar{r}\}\{1 - \partial h/\partial \pi\}} \tag{20}$$

和

$$\frac{\partial g}{\partial r} = \frac{(\pi - \underline{\pi})(K - b)}{\{E'(\pi) - \bar{r}\}\{1 - \partial h/\partial \pi\}} < 0 \tag{21}$$

## 附录 B

命题 1 的证明：假设原命题不成立，则很容易检验这意味着（10）对于所有的 $l$ 是严格为正的，因此 $l$ = Rb. 当 $\alpha \bar{r}/\alpha \pi = 0$，并且 = $\alpha g/\alpha c = \alpha h/\alpha c$，从（6）得到 $M'(c) = (r(K - b) + \rho b)\alpha h/\alpha c = \bar{r}\alpha h/\alpha c > E'(\pi)\alpha g/\alpha c$，这与前面矛盾。所以原假设不成立，结论得证：

命题 2 的证明：观察（11）式可以写作：

$$\frac{1}{1 - g_c f_\pi}(E'(\pi))(g_r + g_c f_r) - M'(c)(f_r + g_c f_\pi)$$

$$= \frac{1}{1 - g_c f_r}(E'(\pi)g_c - M'(c))\frac{\alpha c^*}{\alpha r} + E'(\pi)g_r \tag{22}$$

如果这项为正，那么因为 $g_r < 0$ ［见（21）］，则必有 $\dfrac{\alpha c^*}{\alpha r} < 0$。

命题 3 的证明：证明的关键是证明 $\alpha V/\alpha r > = 0$ 意味着 $\alpha V/\alpha l < 0$. 首先有：

$$\frac{\alpha V}{\alpha l} / \frac{\alpha g}{\alpha l} = \{E'(\pi)\frac{\alpha g}{\alpha c} - M'(c)\}(\frac{\alpha f}{\alpha l} / \frac{\alpha g}{\alpha l}) + \{E'(\pi) - M'(c)\frac{\alpha f}{\alpha c}\} \tag{23}$$

和

$$\partial V/\partial r \Big/ \partial g/\partial r = \left\{ E'(\pi)\frac{\partial g}{\partial c} - M'(c) \right\} \left( \partial f/\partial r \Big/ \partial g/\partial r \right) + \left\{ E'(\pi) - M'(c)\frac{\partial f}{\partial c} \right\} \quad (24)$$

从（17）和（21）可得：

$$\partial f/\partial r \Big/ \partial g/\partial r = \frac{\{(E'(\pi) - \bar{r}) + ((K-b)r + l\}}{\Omega(\pi - \underline{\pi})(E'(\pi) - \bar{r})(1 - \partial h/\partial \pi)} \quad (25)$$

并且从（15）和（19）可得：

$$\partial f/\partial l \Big/ \partial g/\partial l = \frac{\{(E'(\pi) - \bar{r})[\pi/(1-\pi)] - ((K-b)r + l\}}{\Omega(\pi - \underline{\pi})(E'(\pi) - \bar{r})(1 - \partial h/\partial \pi)} \quad (26)$$

因此：

$$\partial f/\partial l \Big/ \partial g/\partial l - \partial f/\partial r \Big/ \partial g/\partial r = \frac{1/(1-\pi)}{\Omega(\pi - \underline{\pi})(E'(\pi) - \bar{r})(1 - \partial h/\partial \pi)} > 0 \quad (27)$$

这样，因为 $E'(\pi)\alpha g/\alpha c - M'(c) < 0$，意味着：

$$\partial V/\partial r \Big/ \partial g/\partial r > \partial V/\partial l \Big/ \partial g/\partial l$$

但是因为 $\alpha g/\alpha r < 0$ 并且 $\alpha g/\alpha l > 0$，那么 $\alpha V/\alpha r \geqslant 0$ 意味着 $\alpha V/\alpha l < 0$，这正是前面所要求的。但是只有 $\alpha V/\alpha r \geqslant 0$ 时，r 才超过资金的机会成本。因此必须有 $\alpha V/\alpha l < 0$，这意味着 $l = 0$。

命题4的证明：因为 $R \leqslant \rho/\pi$［由（1）式］，那么 $\delta < 0$ 意味着 $r > R$，这表明［由（20）式］$\alpha g/\alpha b > 0$。下面，可以看出：

$$\partial V/\partial b \Big/ \partial g/\partial b = \left\{ E'(\pi)\frac{\partial g}{\partial c} - M'(c) \right\} \left( \partial f/\partial b \Big/ \partial g/\partial b \right) +$$
$$\left\{ E'(\pi) - M'(c)\frac{\partial f}{\partial c} \right\} \left( -\delta \Big/ \partial g/\partial b \right) \quad (28)$$

现在假设 $l > 0$ 并且 $(K-b) > 0$. 那么就必须有：

$$\partial V/\partial b \Big/ \partial g/\partial b \leqslant 0 \text{ 和 } \partial V/\partial l \Big/ \partial g/\partial l \geqslant 0$$

记：

$$\partial f/\partial b \Big/ \partial g/\partial b = \frac{\{(E'(\pi) - \bar{r})[r/(R-r) - ((K-b)r + l\}}{\Omega(\pi - \underline{\pi})(E'(\pi) - \bar{r})(1 - \partial h/\partial \pi)} \quad (29)$$

因此：

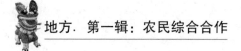

$$\partial f / \partial b - \partial f / \partial l \cdot \partial g / \partial l = \frac{\{[\pi/(1-\pi)]+[r/(r-R)]\}}{\Omega(\pi-\pi)(1-\partial h/\partial \pi)} < 0 \qquad (30)$$

但是由于 $E'(\pi)\alpha g/\alpha c - M'(c) < 0$,

$$\partial V/\partial l \cdot \partial g/\partial l \leqslant \partial V/\partial b \cdot \partial g/\partial b$$

表明 $l = 0$. $\alpha V/\alpha b$ 的另外一种写法是：

$$\frac{\partial V}{\partial b} = \frac{1}{1 - gf_\pi}(E'(\pi)g_c - M'(c))\frac{\partial c^*}{\partial b} + E'(\pi)g_b \qquad (31)$$

由于最后两项为正，如果有 $\alpha V/\alpha b \leqslant 0$（要求 b < K 时有极大值），那么在极大值处有 $\alpha c^*/\alpha b > 0$。让（$b^*$，r∗）代表 b 和 r 在极大值点的值（我们已经指出此时 $l^* = 0$），赋值 $b' = K$，r = r∗，并且 $l = 0$ 导致 c = 0（没有监督激励）。但是，在极大值点处 b = b∗ < K，c > 0 并且 $\alpha c^*/\alpha b > 0$，因此保持 l 为 0 不变，r 等于 r∗，若 b 从 b∗ 增加到 K，那么必然先升后降。因此，必然存在一个 b，记作 $\hat{b}$ 并且有 $\hat{b} > b^*$，所以给定 b = $\hat{b}$，$l = 0$，r = r∗，得到与社会极大值相等的 c 值。由于 $\hat{b} > b^*$，且 $g_b > 0$，最终结果 π 的值要大于在极大值点处的值。由于 δ < 0，这也降低合作社的资本成本。因此，参数在（b∗，r∗，l∗ = 0）处的边际选择没有达到最优。这证明在极大值处 b = K，r = K，是多余的。但是如同前所述，在极大值处必须有 l > 0。

## 附录 C

这里我们说明求出 c（·）和 π（·）间特性良好（well – behaved）的函数。对于任何给定的 π 值，可以从下式决定 c：

$$ac = \frac{l+(K-b)r}{(pb-l)/\pi+(K-b)r-\beta} \qquad (32)$$

π 的选取由下式决定：

$$c = (\pi - \pi)\{(pb-l)/\pi+(K-b)r-\beta\} \qquad (33)$$

因此，我们找映射中的固定点：

$$\pi = \pi + \frac{l+(K-b)r}{\alpha\{l+(K-b)r-\beta+(pb-l)/\pi\}^2} \qquad (34)$$

在 π = π 处，（34）式的右端大于左端。而且，（34）式右端随 π 递增，因此，存在一个固定点使得：

$$1 - \pi > \frac{l + (K - b)r}{\alpha \{l + (K - b)r - \beta + (pb - l)/\pi\}^2} \tag{35}$$

当 $\alpha$ 足够大时恒成立，当 $\dfrac{2[l + (K - b)r](pb - l)/\pi}{\alpha \{l + (K - b)r - \beta + (pb - l)/\pi\}^3} < 1$，它是唯一的，并且对于足够大的 $\alpha$ 恒成立。因此，对于足够大的 $\alpha$，在 $\pi$ 和 1 之间有唯一的固定点。所以，$\pi$ 将是一个（b，l，r）的可微函数（differentiable function），满足文中要求。

# 农民合作社内部信用合作：
## 概念辨析与发展建议*

高　强　　张照新**

**摘要：**加快发展农民合作社内部信用合作是解决合作社成员融资难融资贵难题、增强合作社服务能力、提升合作社凝聚力和吸引力的必然要求。近年来，国家十分重视农民合作社发展信用合作。然而，当前无论是政策制定部门还是基层指导部门，对信用合作和资金互助的认识尚未统一，制约了农民合作社信用合作的健康发展。本文在政策梳理的基础上，对信用合作、资金互助与合作金融的区别与联系进行了分析，并通过案例观察提出了合作社内部信用合作发展的思路和政策建议。

**关键词：**　农民合作社　信用合作　资金互助　合作金融

近年来，中国农民合作社发展迅速，规范化程度不断提高，为合作社内部信用合作奠定了组织基础。然而，当前无论是政策制定部门还是基层指导部门，对信用合作和资金互助的认识尚未统一。实践中也出现了运作不规范、涉嫌非法集资等问题，其根源在于信用合作法律缺失、发展定位不准、监管责任不明。在《中华人民共和国农民专业合作社法》研究修订之际，亟须在总结各地试点经验基础上，厘清信用合作与资金互助的区别与联系，明确合作社内部信用合作的发展路径，并将其纳入法律调整范围，为合作社内部信用合作健康发展提供政策支持和法律保障。

---

　　* 本文为农业部软科学资助项目"农民合作社内部资金互助试点跟踪研究"、香港乐施会资助课题"农民合作社开展信用合作与农村社区发展协作机制研究"和农业部经营管理总站委托研究项目"农民合作社开展信用合作研究"的阶段性成果。文中的一些观点得益于与中国人民大学孔祥智教授、中国农业大学任大鹏教授、中国人民大学毛飞博士等学者的讨论，在此一并表示感谢。

　　** 高强，农业部农村经济研究中心助理研究员；张照新，农业部农村经济研究中心研究员。

# 一　相关政策梳理

## （一）从 2008 年到 2013 年，中央允许并支持合作社内部信用合作

2008 年党的十七届三中全会《决定》提出，"允许有条件的农民专业合作社开展信用合作"。这是中国首次以中央文件形式允许合作社开展信用合作业务。2009 年中央一号文件提出："抓紧出台……农民专业合作社开展信用合作试点的具体办法"。2010 年中央一号文件将目光转向农村资金互助社，提出"加快培育村镇银行、贷款公司、农村资金互助社"，并进一步提出"支持有条件的合作社兴办农村资金互助社"。2012 年中央一号文件再次提出"有序发展农村资金互助组织，引导农民专业合作社规范开展信用合作"。2013 年中央一号文件提出，"规范合作社开展信用合作"。这主要是中央针对各地出现的合作社违规操作倾向性苗头提出的明确要求。2013 年 11 月召开的党的十八届三中全会《中共中央关于全面深化改革若干问题的决定》再次提出，"允许合作社开展信用合作"。这些中央规定都是针对农民合作社内部开展信用合作做出的安排，并逐渐开始将其与农村资金互助社等新型农村合作金融组织发展进行协同部署。

## （二）从 2014 年开始，中央开始强调发展农村合作金融，合作社内部信用合作由面上引导转为试点探索

2014 年中央一号文件则不再局限于农民合作社内部信用合作，而是进一步拓展到农村合作金融，强调"在管理民主、运行规范、带动力强的农民合作社和供销合作社基础上，培育发展农村合作金融"。同时，该文件还明确了社区性农村资金互助组织发展的基本原则，即"坚持社员制、封闭性原则，不对外吸储放贷、不支付固定回报"。这些原则也成为农民合作社内部开展信用合作的指导原则。然而，从 2014 年开始，各地陆续出现了假借合作社名义进行非法集资的事件。因此，2015 年中央一号文件在继续提出"积极探索新型农村合作金融发展的有效途径"的同时，强调"稳妥开展农民合作社内部资金互助试点"，将面上引导转为试点探索，并明确提出"落实地方政府监管责任"。2015 年 3 月中共中央、国务院下发的《关于深化供销合作社综合改革的决定》提出，"有条件的供销合作社要按照社员制、封闭性原则，在不对外吸储放贷、不支付固定回报的前提下，发展农村资金互

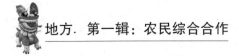

助合作"，对供销社开展农村合作金融服务做出了具体规定。2015 年 11 月中办、国办印发的《深化农村改革综合性实施方案》提出，"稳妥开展农民合作社内部资金互助试点，引导其向'生产经营合作＋信用合作'延伸"。2016 年中央一号文件进一步提出，"扩大在农民合作社内部开展信用合作试点的范围，健全风险防范化解机制，落实地方政府监管责任"。2016 年 3 月 17 日发布的《国民经济和社会发展第十三个五年规划纲要》提出，"稳妥开展农民合作社内部资金互助试点"。综上得出，中央对信用合作的部署安排呈现连续性、渐进性和明确化等特征。既始终重视支持农民合作社内部开展信用合作，又针对实践变化做出了一些阶段性调整，并对培育农村资金互助社、发展合作金融和落实监管责任提出了相应的要求。

### （三）无论是中央还是地方，都未对信用合作和资金互助进行严格区分

从文件表述看，中央先后 9 次提出在农民合作社内部开展信用合作（其中 2015 年和 2016 年有 3 次提出在农民合作社内部开展资金互助），先后 4 次提出发展农村资金互助组织，先后 3 次明确提出发展合作金融。同时，一些地方也围绕信用合作、资金互助与合作金融制定并下发了文件。例如：2010 年 7 月辽宁省农委会同银监局下发了《关于开展农民专业合作社资金互助业务试点工作的通知》，制定了《引导农民专业合作社开展资金互助业务试点方案》；2011 年 5 月安徽农委制定了《关于推进农民专业合作社开展信用合作的指导意见》；2015 年 1 月山东省印发了《农民专业合作社信用互助业务试点方案》和《农民专业合作社信用互助业务试点管理暂行办法》；2015 年 11 月江苏省下发了《关于加强农民资金互助合作社规范管理的指导意见》。据不完全统计，全国共有北京、山西、江苏等 8 个省份在相关文件中使用了"资金互助"概念，有安徽、江西、湖南、河北 4 个省份使用了"信用合作"。其中山西和山东同时使用了"资金互助"和"信用合作"两个概念。此外，辽宁、安徽和重庆还对"农村资金互助社"进行了规定。调研中发现，一些地方政府和基层合作社也没有掌握这些概念的准确含义，存在概念混淆、理解偏差现象。这不仅造成了相关部门对于监管责任归属的分歧，也在支持引导信用合作规范发展方面引发了诸多争论。因此，有必要明晰这两个概念的内涵，分析其特征属性，并在此基础上完善相关政策。

## 二　概念解析

关于信用合作和资金互助概念内涵，学术界也有不同的界定。杨团将 2000 年以来，国家扶贫办、银监会、供销社等机构在农村兴办的扶贫资金互助协会、农村资金互助社，供销社主导的资金互助合作和农民合作社内部信用合作等统称为信用合作。[①] 也有学者提出，信用合作和资金互助都可以视为新型农村合作金融。新型农村合作金融作为一种合作制的金融制度安排，面对的现实是中国农村金融功能的缺失和熟人社会的信用特征。[②] 苑鹏和彭莹莹提出，通过内部开展信用合作，农民合作社既可以扮演农户融资服务的直接提供者，也可以扮演融资服务的中介。[③] 合作社开展的信用合作有两种基本形式：一是货币信用，以资金互助为代表；二是商品信用，包括合作社内部的农资、农产品赊销赊购，以农产品供应链融资为主。

### （一）概念界定

#### 1. 农民合作社内部信用合作是服务功能的拓展

从广义上看，信用合作可以理解为"基于信用的合作"，能泛指一切基于成员信用的合作活动。信用合作（Credit Cooperatives）概念起源于德国。1927 年毛泽东在其发表的《湖南农民运动考察报告》中提出："合作社，特别是消费、贩卖、信用三种合作社，确是农民所需要的。"梁漱溟在《我从事的乡村建设运动》一文中也提出，"合作社是从信用合作社到生产合作社这样发展的"。这一时期的信用合作社主要是指以资金信贷为主要业务的信用合作社。不过，受日本、韩国以及中国台湾地区的"东亚模式"农业合作社发展道路的影响，信用合作的内涵逐渐丰富，功能越来越多元。以日本农协为例，"信用事业"不仅能满足社员的用款需求，还承担为农协系统内其他事业提供融资服务的职责。[④]

---

① 杨团：《新型农村合作金融：特征及体系——浅议山东省新型农村合作金融试点》，《银行家》2015 年第 8 期。

② 张照新、曹慧、高强、王维友：《农民合作社内部信用合作：实践困境与发展前景》，《中国农村金融》2015 年第 10 期。

③ 苑鹏、彭莹莹：《农民专业合作社开展信用合作的现状研究》，《农村经济》2013 年第 4 期。

④ 高强、张照新：《日本、韩国及中国台湾信用合作运行模式、发展经验与启示》，《中国农村经济》2015 年第 10 期。

　　根据我们的理解，农民合作社内部信用合作是农民社员为了改善自身的经济条件和获取便利的融资服务，按照合作经济原则，在合作社内部开展的经济互助活动。从本质上看，信用合作是合作社服务功能的拓展，由原来为社员提供生产、供销和技术服务，拓展到为农民提供资金调剂、贸易信贷、担保服务、互助保险等服务。因此，立足于农民合作社提供综合服务的视角，信用合作是合作社服务功能的一个环节和领域。与之相对应的概念有生产合作、消费合作、供销合作等。

　　需要说明的是，近年来中央和地方有关文件中也使用"农民合作社内部资金互助"的说法。农民合作社内部资金互助是合作社内部成员为了解决经济活动中的困难而自主发起的一种纯粹的资金融通活动。因此，农民合作社内部资金互助是信用合作的一种主要业务形式。在基层实践中，有些合作社也将农民合作社内部信用合作与农民合作社内部资金互助等同。这是由于，现阶段农民合作社内部信用合作主要表现为资金调剂，其他方面的功能尚未充分发挥，而"货币信用"是实践中最常见、最直观的形式。

### 2. 资金互助是一种社区互助性金融业务

　　资金互助是许多发展中国家最流行的非正式金融制度之一。"资金互助"的概念在中国出现较晚。1999年1月，国家统一取缔农村合作基金会。从2002年起，姜柏林在吉林省梨树县发动农民开始组建包括消费合作、购销合作、资金互助、股权信贷、互助担保、粮食信托、医疗教育等在内的十余个各具特色的合作社。当时，为了避免受到农村合作基金会的影响，又要和农村信用社相区别，在有关专家的指导下，姜柏林决定采用"资金互助"的概念。2007年3月9日，中国银监会核准的全国首家农村资金互助社——梨树县闫家村百信农民资金互助社开业。自此，农村资金互助社开始成为一个固定的名称。现阶段，资金互助的主要组织载体是农村资金互助社。农村资金互助社是指经银行业监督管理机构批准，由乡（镇）、行政村农民和农村小企业自愿入股组成，为社员提供存款、贷款、结算等业务的社区互助性银行业金融机构。[①]

　　农村资金互助社与合作社内部资金互助不同。合作社内部资金互助主要是农民专业合作社内部自主发起的一种成员间的资金融通活动，属于类金融业务；农村资金互助社则是正式的金融组织形式，其业务属于规范的金融业务。农民合作社内部

---

　　① 中国银行业监督管理委员会：《关于印发农村资金互助社管理暂行规定的通知》（银监发〔2007〕7号），2007年1月22日。

资金互助不受行政区域限制，依托主导产业，围绕成员的生产需求提供资金融通服务；农村资金互助社则受行政区划的严格限制，只为本社区成员的生产、生活提供相关金融和信贷服务。

## （二）特征分析

信用合作、资金互助和合作金融是三个相互联系又各不相同的概念。

其一，从属性上看，合作金融和资金互助都属于金融业务，而农民合作社内部信用合作属于合作社服务功能的拓展。在现行法律框架下，农村合作金融机构和农村资金互助社都是经银行业监督管理机构批准设立的金融机构，而农民合作社内部信用合作不属于金融业务，只具备一些金融属性。

其二，从维度上看，与资金互助、信用合作相比，合作金融是一个相对宏观的概念。它主要是从金融学科角度出发进行的划分，与商业金融、政策金融共同构成金融体系。资金互助是合作金融的一种具体表现形式，突出资金融通特性。而信用合作是服务功能的一个环节和领域，而不是拥有独立法人的正式组织。

其三，从功能上看，合作金融较为综合，信用合作的产业联结度较高，而资金互助的社区服务性较强。合作金融有多种组织形式，其服务范围也涵盖生产生活等多个领域。农民合作社内部信用合作必须依托主导产业，围绕社员的生产需求提供融资服务。具体来看，可以包括提前付款、担保服务、直接借款、资金融通、互助保险等多项内容。资金互助的组织载体主要有资金互助社、小额信贷、扶贫互助社等，往往具有互助共济特点，以社区为基础，提供生产生活两方面的贷款。

# 三　对两个典型案例的分析

下面的两个案例都坚持依托于产业、服务于成员等原则，呈现出规范性、非营利性和社区服务性等特点，并从不同层面反映了合作社内部信用合作的发展路径。

## （一）自主发展型

云南省曲靖市陆良县绿源康生态养殖专业合作社位于陆良县芳华镇蔡官营村，于 2009 年 10 月在工商局正式登记注册成立，现有成员 115 户，各类专业技术人员 12 人，下设 9 个分社。合作社于 2010 年内部成立了信用合作部，正式开展信用合作。截至 2014 年底，入股信用合作的合作社股东由原来的 5 户发展到 19 户，股本为60万元，其中包括农户信用合作资金31万元、项目补助资金20万元、9个分社筹集信用合作资金9万元。① 该合作社内部信用合作的主要做法如下。

一是加强资格审查，规范运作程序。借款人必须是本社成员，有较好的信誉，有一定的经营能力。借款成员的家人不能有赌博、吸毒等恶习，并愿意承担还款连带责任。同时，合作社还成立了资金管理委员会，通过了资金使用实施办法，完善了借款手续和审批程序。

二是突出"公益"特色，满足社员需求。借款必须用于合作社的相关生产经营项目。一方面，合作社的所有借款实行"免息期"制度，只针对超过"免息期"的成员收取一定比例的资金使用费；另一方面，合作社优先扶持新入社成员，重点照顾弱势群体的用款需求，为他们提供生产启动资金。

三是严格用款管理，强化风险防范。合作社委托资金管理委员会，针对成员开展摸底调查，重点了解成员收入来源、家庭资产、产业发展、经营能力等方面的信息。同时，严格控制用款期限和额度，用款期一般为6个月，借款额度为1000—8000元。如需超额借款，成员必须提出书面申请，经理事会批准后方能超额借款，但最高不得超过16000元。

## （二）政府规范型

山东省青州市家家富果蔬专业合作社位于青州市高柳镇政府驻地，于2010年8月12日在工商局注册成立，注册资本为16692万元，现已发展社员5000人，带动农户10000户，总资产已达8000余万元，年销售收入达2.5亿元。目前，合作社产品通过了国家23个绿色认证、11个有机认证和27个欧盟有机认证，拥有"家家富""广欣""健昊"3个果蔬注册商标，拥有3项国家专利，是一家集蔬菜种苗培育，绿色、有机果蔬种植、加工、销售，农业科技服务，农民信用互助，农资配送供应，现代农业观光、采摘于一体的现代化农民专业合作经济组织。2013—2014年合作社就曾自发地开展信用合作业务，9个多月筹资额达到1600多万元，取得了积极效果。社员贷款的主要用途之一就是修建蔬菜大棚，并用大棚作为贷款的抵押。

从2014年底开始，受合作社涉嫌非法集资的影响，山东省开始对自发开展信

---

① 高强、张照新、侯美茹：《农民合作社开展资金互助的"理想类型"——基于云南省曲靖市绿源康生态养殖专业合作社的考察》，《中国农民合作社》2015年第2期。

用合作的合作社进行清理规范。同时，山东省决定从 2015 年开始在全省范围内开展信用合作试点。① 2 月，该合作社决定抓住这次机会，积极向上级主管部门申请信用合作试点项目。合作社于 6 月 29 日获得地方金融监管管理局颁发的资格认定书，核定信用互助社员人数为 1219 人，信用互助金额最高为 1000 万元。截至 2015 年底，参与信用互助业务试点的社员存放资金额达到 168.59 万元，实际发放互助金 50 人次，发放资金 168.59 万元。该合作社内部信用合作的主要有以下两种做法。

一是成立内设机构，完善运作流程。合作社内部成立了信用互助部，规范了信用互助业务运作流程，从出资、授信、借款申请、借钱调查、审议通过、签订合同、借款划转到借后调查、借款收回、本金返还等形成了一套行之有效的操作办法。例如，在参与信用互助的社员资格上，合作社规定必须是本社社员且满 1 年，银行信用记录良好，并与合作社生产紧密联系。

二是健全规章制度，引入托管银行。合作社理事会讨论完善了信用互助章程，建立了信用互助业务公示制度、信用互助业务风险报告制度，评选出了资金使用评议小组，并做好"五坚持"和"五禁止"。② 为保证资金安全，对资金流向全程留痕。山东省确定中国农业银行山东省分行、山东省农信联社为合作托管银行，为试点社提供账户开立、资金存放、支付结算业务。借助托管银行的风控系统和业务平台，合作社经营管理和业务操作水平不断提高。同时，青州市充分发挥农经局、供销社及所在辖区镇政府、街道办事处的作用，设立联合评审小组，共同严把准入关口，建立协同监管制度。

## （三）两个案例的比较

对比这两个案例，可以发现这两家合作社都是在合作社内部开展信用合作，引导社员参与民主管理，并且在准入限制、股金额度和风险管控等方面有较大的共

---

① 山东省在开展农民合作社内部信用合作试点过程中，使用了"信用互助"的概念。
② "五坚持"即坚持服务"三农"，着眼解决农业、农村"小额、分散"的资金需求；坚持社员制、封闭性、民主管理原则，不吸储放贷，不支付固定回报，不对外投资，不以赢利为目的；坚持社员自愿，互助合作，风险自担；坚持立足农村社区，社员参与管理，民主决策，公开透明；坚持独立核算，规范运营，遵纪守法，诚实守信。"五禁止"即禁止以吸储为目的，将与本社无实质生产关系的人员吸收为本社成员，或将互助金借给本社社员以外的人员；禁止对外公开设立银行式的营业网点、代办点，或以代办员形式入户办理互助业务；禁止通过媒体、广告牌、传单、短信或者讲座、报告会等形式向不特定对象进行公开宣传或发布广告；禁止进行大额现金交易和现金在办公场所过夜；禁止非法集资、非法吸储，或做假账、账外账。

性。同时，这两家合作社在发展路径、定位与效果等方面也存在诸多不同之处。

一是从发展路径看，陆良县绿源康生态养殖专业合作社属于民间自主发展类型，当地政府没有介入组织发动过程，也没有将其纳入监管范围。合作社的风险防控主要依靠自身力量，充分发挥数额小、期限短、手续简便、信息对称等内生优势开展相关业务。青州市家家富果蔬专业合作社经历了两个发展阶段。第一阶段与绿源康生态养殖专业合作社类似，属于自主发展阶段；第二阶段则是在政府精心部署下开展的试点试验阶段，在金融、农业等部门的监管下开展业务。山东省政府办公厅正式下发专门文件，明确了整个试点的制度设计、工作安排和基本规则。当地政府也研究制定了一系列政策措施。这些制度设计和风险防范措施为青州市家家富果蔬合作社开展信用合作业务提供了有效保障。

二是从发展定位看，陆良县绿源康生态养殖专业合作社坚持"不出村、不出社"的基本原则。虽然合作社也强调服务于产业发展，但在实施中坚持以村落为边界，充分发挥地缘、血缘关系和村落共同农业经营形成的无形资本，把信用合作资金限制在可控范围之内，确保资金安全。青州市家家富果蔬专业合作社坚持"依托于产业、服务于产业"的基本原则。按照规定，合作社原则上以行政村为经营地域范围，确有需要的可适当扩大到所在乡（镇）。但在实际运作上，合作社立足于主导产业，充分利用产业链来控制风险，根据成员要求直接将生产资料发放给农户，或者将贷款直接支付给农资供应商或为社员承担设施建设的单位。

三是从发展效果看，陆良县绿源康生态养殖专业合作社开展信用合作属于自我服务、自主管理，具备扎实的社区基础，更有灵活性和市场活力，但蕴含一定的风险。青州市家家富果蔬专业合作社开展信用合作属于试点范围，产业特征突出，引入了托管银行，政府监管到位，风险水平低，但成员参与信用合作的积极性明显降低，信用合作效果大打折扣。

这两家合作社开展内部信用合作的案例，代表了两种不同的发展路径。既在业务范围、政府监管等方面折射出一些共性问题，也在风险防控、资金管理等方面面临一些个性特征。这背后涉及的是政府如何定位，即"放到什么程度、管到什么地步"的问题。

## 四　政策建议

合作社内部信用合作是拓宽合作社服务功能、增强自身凝聚力的重要举措。现阶段，在农村合作金融发展滞后的情况下，合作社内部开展信用合作，可以弥补农村资金互助社发展缓慢的缺陷，缓解农村金融供给不足。但从总体上看，要想有效地缓解农民抵押难和贷款难问题，最终需要培育发展正规合作金融组织。因此，信用合作和资金互助应具有不同的发展定位。一个立足产业，一个服务社区，二者互补统一才能真正地解决农村金融问题。一方面，要加大农民合作社内部信用合作指导服务力度，将其纳入《合作社法》调整范围；另一方面，要抓紧起草《农村金融法》，加大农村资金互助社审批力度，建立新型农村合作金融组织体系。具体来看，有以下几点建议。

## （一）赋予农民合作社内部信用合作法律地位

《农民专业合作社法》实施 9 年多以来，赋予了合作社市场主体地位，为合作社发展提供了法律保障。随着农村分工分业深化，农民之间的合作内容、合作领域和合作形式呈现多元化、综合化等趋势，合作社服务功能将进一步深化拓展，生产合作、供销合作、信用合作将加速融合。因此，应顺应合作社的综合化发展趋势和农民社员的多样化需求，将信用合作纳入法律调整范围，明确合作社内部信用合作的主管部门。鉴于信用合作风险较高、专业性较强，应在修法过程中，将"坚持社员制、封闭性原则，不对外吸储放贷、不支付固定回报"等，细化为可操作性条款，并在资金使用管理等方面做出规定。此外，为了避免农民合作社内部资金互助和农村资金互助社相混淆，方便基层部门掌握和操作，建议修法过程中统一采用"农民合作社信用合作"概念。

## （二）明确合作社依法自主开展内部信用合作

合作社内部信用合作不是专门的金融机构，只是合作社内部封闭运行的一项业务。建议在符合法律规定的前提下，对于小额、分散的信用合作活动，合作社可以根据成员需求自主发展，不需要政府审批。对于资金规模较大、成员范围较广的信用合作活动，建议按照中央和地方金融监管职责和风险处置的分工要求，由地方政府制定管理细则，明确专门管理机构，将超过一定标准的合作社内部信用合作活动纳入监管范围。对于假借合作社名义涉嫌非法集资等行为，建议地方银监部门联合金融办予以打击。同时，鼓励各地参照扶持合作社发展的优惠政策，在资金扶持、信息服务等方面给予政策扶持，促进合作社内部信用合作的健康发展。

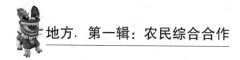

### （三）妥善处理信用合作风险防控和内在活力保持的关系

农民合作社开展内部信用合作，既要重视风险防控，又要注重实践需求，发挥信用合作的活力。农民合作社内部信用合作，其主要特点在于利用熟人社会的信息对称、道德风险低的优势，开展灵活便利的资金调剂，弥补正规金融机构程序繁杂、借款成本过高等缺陷。调研发现，有些地方过于强调风险管控，在一定程度上导致合作社内部信用合作失去了自身的优势，从而难以发挥其应有的作用。因此在发展过程中，应重点关注如何平衡风险监管与发展活力的问题，促进合作社内部信用合作更好地发挥作用。

### （四）积极推进新型农村合作金融组织培育发展

中央文件明确提出，在管理民主、运行规范、带动力强的农民合作社和供销合作社基础上，培育发展农村合作金融，推进社区性农村资金互助组织发展。发展新型农村合作金融涉及面广、政策性强，应加强组织领导，进一步完善对新型农村合作金融组织的管理体制，明确地方政府的监管职责，支持符合条件的地区农户和合作社依据不同区域特色，因地制宜地自主培育发展农村资金互助社等新型农村合作金融组织，鼓励地方建立风险补偿基金，有效防范金融风险。

# 发起人结构与治理结构
# 对农村资金互助组织的影响

## ——以六家农村资金互助组织为例

赵丽萍[*]

**摘要：** 合理的发起人结构与治理结构有利于降低资金互助组织的代理人成本，降低其经营成本，通过自我筛选和相互监督机制，有效地控制其运作风险与信贷风险。良好运转的资金互助组织有利于激活农村金融市场，提高其自我造血功能，从根本上解决农民贷款难、融资贵问题。研究农村资金互助组织的发起人结构与治理结构，是研究农村资金互助组织风险控制机制与内部治理机制的切入点；培育和健全农村资金互助组织，是解决农村金融问题的突破口。

**关键词：** 内生性资金互助　发起人结构　治理结构

2006 年的农村金融新政提出发展三种新型农村金融机构，截至 2015 年 8 月 18 日，已有村镇银行 3482 家、贷款公司 14 家、农村资金互助社 48 家。银监会在 2011 年底开始暂缓审批农村资金互助社金融许可证，暂缓审批的原因之一是监管成本过高。随后其他类资金互助组织在国家政策支持下井喷式发展。由于监管部门的缺失以及缺乏相应机构的指导及培训，不在监管框架下的农民资金互助组织出现多元化，地方农民资金互助组织的发展在某些区域出现失序状况，风险逐步显现。有些地区的非正规金融组织甚至打着农民资金互助的旗号，吸收大量农民资金及巨额社会资本，运行极不规范，造成若干区域出现局部集资跑路现象。

但是，不容否认的是，在乱象丛生的资金互助行业，不乏真正深入农村、农民、农业提供金融服务的资金互助组织。笔者随机选取三省六家农村资金互助组织

---

\* 赵丽萍，中合联投资有限公司员工。

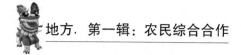

深入调查与走访，分析、比较其发起人结构与治理结构，总结出不同的发起人结构与治理结构对农村资金互助组织发展的影响，试图为处于困境中的资金互助组织的发展建言献策。

# 一　农村资金互助社的政策法律环境与概念分类

## （一）政策法律环境

从 2004 年至 2016 年，连续 13 年的中央一号文件中有关农村金融的内容都涉及鼓励发展适合农村、农民、农业的金融组织与金融服务。2004 年中央一号文件，"鼓励有条件的地方，在严格监管、有效防范金融风险的前提下，通过吸引社会资本和外资，积极兴办直接为'三农'服务的多种所有制的金融组织"，但相应的金融监管以及法律法规并未出台。2006 年出台的《农民专业合作社法》得益于 2005 年国务院发布的《关于 2005 年深化经济体制改革的意见》，该意见明确提出"探索发展新的农村合作金融组织"。同年中央一号文件提出"引导农户发展资金互助组织"。经过多年来的政策不断明确支持发展新型农村金融组织以及具有前瞻性的农民的实践，2007 年，政府出台了放宽农村金融市场准入的政策。2007 年银监会《农村资金互助社管理暂行规定》（以下简称《暂行规定》）是针对具有金融业务经营许可证的农村资金互助社颁布的，根据《暂行规定》制定的《农村资金互助社示范章程》（以下简称《示范章程》）是为了维护农村资金互助社社员和债权人的合法权益，规范互助社的组织和行为。截至目前，除了《暂行规定》和《示范章程》，中央再未出台任何法律规范、指导农村资金互助社。

2008 年《中共中央关于推进农村改革发展若干重大问题的决定》提出，"允许有条件的农民专业合作社开展信用合作"。2009 年提出"要抓紧出台对农民专业合作社开展信用合作试点的具体办法"；2010 年指出"加快培育农村资金互助社，支持有条件的合作社兴办农村资金互助社"；2012 年提出"有序发展农村资金互助组织，引导农民专业合作社规范开展信用合作"；2013 年底党的十八届三中全会通过的《中共中央关于全面深化改革若干重大问题的决定》中，提出了发展普惠金融，鼓励金融创新；2014 年提出"在管理民主、运行规范、带动力强的农民合作社和供销合作社基础上，培育发展农村合作金融，适时制定农村合作金融发展管理办法"；2015 年提出"积极探索新型农村合作金融发展的有效途径，稳妥开展农民合作社内部资金互助试点，落实地方政府监管责任"。2016 年中央一号文件提出"扩大在农民合作社内部开展信用合作试点的范围，健全风险防范化解机制，落实地方政府监管责任"。

可以看出，农民合作社与供销合作社成为开展资金互助业务的组织基础。依托农民合作社（包含供销社领办的农民合作社）开展内部资金互助业务，没有明确的法律法规条文可以参考。在法律文件缺失的情况下，依托农民合作社发展的资金互助社依据 2006 年人大常委会通过的《农民专业合作社法》《农村资金互助社管理暂行规定》以及《农村资金互助社示范章程》进行自我约束与规范。

## （二）概念及分类

2009 年，根据银监会的工作安排，计划在 2007—2009 年的 3 年间，全国 35 个省（自治区、直辖市，西藏自治区除外）、计划单列市共设立 1294 家新型农村金融机构，其中计划农村资金互助社直辖 161 家。截至 2012 年底，全国获得金融牌照的农村资金互助社仅有 48 家。在银监会暂缓审批农村资金互助社金融牌照、关闭资金互助社正规化大门的同时，各项政策依然在引导各地的合作社开展各式各样的资金互助业务，由此可将农村资金互助组织分成以下三类。

第一类是拥有银监会颁发的金融业务经营许可证，并在乡工商所注册的正规合作金融机构：农村资金互助社。《农村资金互助社管理暂行规定》于 2007 年 1 月 22 日出台，同年 12 月银监会又出台《关于农村资金互助社监督管理的意见》，严格按照以上规定、意见设立的农村资金互助社获有银监会颁发的金融业务经营许可证，受银监会监管。

第二类产生于银监会颁布的管理办法框架之外，由国务院扶贫办、财政部在国家级和省级贫困县推行"贫困资金扶助项目"所设立。2006 年 5 月，国务院扶贫办、财政部联合发出《关于开展建立"贫困村村级发展互助资金"试点工作的通知》，扶贫性农村资金互助组织由此在全国多个省市相继成立，截至目前已有上万家。

第三类是未在银监会注册，没有明确监管机构，民间自发且在工商注册的非正规农村资金互助组织。此处的"非正规"不是违法，而是指不纳入银监会的监管体系，但合理合法存在。当地正规金融机构不能满足农户与农村小微企业资金需求时，就会催生自发组建的内生性的合作金融组织。对于作为弱势群体的广大农民来说，通过资金互助社、合作社组织起来抱团取暖是最好选择。自发组建的资金互助

组织类型较为复杂：有的在工商部门注册，有的在民政部门登记注册；有独立存在的；也有与合作社共生的；有的不吸收储蓄，有的变相吸收储蓄；一般服务范围局限在行政村或者乡镇，有的跨乡镇、县域，甚至跨省发展业务。其数量难以估计。此类非正规农村合作金融组织也是中国合作金融发展中的重要力量。

## 二　六家农村资金互助组织的发展现状

本文研究的六家农村资金互助组织案例，都属于第三类资金互助组织，即依托农民专业合作社开展内部信用合作业务的内生性资金互助组织。2015 年 12 月 12—17 日，笔者连续六天六夜走访河北 WQ 县、山东 QH 县、JY1 县，河南 TQ 县、YC 市、JY2 市等六家合作社资金互助部。此次访谈对象为随机抽取的在中原地区开展资金互助业务的六家合作社的负责人及工作人员，数据收集从该合作社开业一直到 2015 年 12 月 12 日。

六家合作社都是在工商部门注册的，没有明确监管部门，以乡镇为单位在合作社内部开展资金互助业务。其成立时间、地理位置、发起人数、发起资金、区域人口数等都不同，未列入的当地经济水平、主要产业等也不同。截至访谈前，现有社员数、互助金额、投放金额、利率、利润等都不同。笔者将访谈收集到的信息经过筛选与整理，得出表 1 至表 3，以反映其发展现状，并供后文分析使用。

表 1　　　　　　　　　　　　六家资金互助部基本信息

| 序号 | 1 | 2 | 3 | 4 | 5 | 6 |
|------|-----|-----|-----|-----|-----|-----|
| 访谈时间 | 2015 年<br>12 月 12 日 | 2015 年<br>12 月 13 日 | 2015 年<br>12 月 14 日 | 2015 年<br>12 月 15 日 | 2015 年<br>12 月 16 日 | 2015 年<br>12 月 17 日 |
| 互助部名称 | WQ | QH | JY1 | TQ | YC | JY2 |
| 所属省份 | 河北 | 山东 | 山东 | 河南 | 河南 | 河南 |
| 访谈对象 | 理事长<br>陈先生 | 经理<br>张先生 | 经理<br>蔡先生 | 经理<br>赵先生 | 理事长<br>朱先生 | 理事长<br>冯先生 |

续表

| 序号 | 1 | 2 | 3 | 4 | 5 | 6 |
|---|---|---|---|---|---|---|
| 成立日期 | 2013 年 10 月 11 日 | 2013 年 4 月 27 日 | 2013 年 2 月 8 日 | 2012 年 6 月 1 日 | 2014 年 6 月 24 日 | 2014 年 5 月 26 日 |
| 成立时长（天） | 792 | 959 | 1037 | 1289 | 536 | 565 |
| 行政村（个） | 44 | 70 | 30 | 55 | 26 | 45 |
| 发起人数（人） | 10 人 | 9 人 | 1 人 | 10 人 | 10 人 | 10 人 |
| 发起股金（万元） | 40 | 66.42 | 50 | 255 | 200 | 100 |
| 人口数（人） | 近 3 万人 | 近 4 万人 | 近 4 万人 | 近 5 万人 | 近 6 万人 | 近 4 万人 |
| 社员数（人） | 900 + | 500 + | 1026 | 949 | 2000 + | 700 + |

从表 1 可以看出，YC 成立时间最短，仅 536 天，其社员数达到 2000 人以上；QH 成立时间仅次于 TQ 和 JY1，社员数却是六家合作社中最少的，仅 500多人；WQ 成立时间晚于 QH，当地人口数是 QH 的 75%，其发起股金少于QH，社员数却将近 QH 的两倍。通过这些数据可以发现，影响其社员数量的因素是各互助部软实力，与互助部成立时间、发起股金、人口数没有直接正相关关系。

## 三 发起人结构及其对资金互助组织的影响

### （一）六家资金互助组织的发起人结构情况

发起人的选择至关重要，首先必须符合《暂行规定》中的数量要求，其次符合户籍、具有民事行为能力、诚实守信、入股资金为自有资金等条件，最后其群众基础、经济基础、参与互助部事务与否对互助部的发展影响也较大。六家合作社互助部的发起人数量、在互助部承担职责、从事工作、出资额等可参见表2。

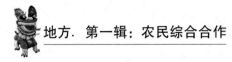

表2 六家资金互助部各发起人及从事工作

1. WQ

| 序号 | 发起人 | 互助部职务 | 从事工作 | 出资额（元） |
|---|---|---|---|---|
| 1 | 陈先生 | 理事长 | 2003—2010年创立民办技能培训学校，2010—2013年从事车床加工，2013年开始开办合作社 | 40000 |
| 2 | 王1 | 理事 | 务农 | 40000 |
| 3 | 郜1 | 理事 | 务农 | 40000 |
| 4 | 吴1 | 监事长 | 医生拥有自己的医院 | 40000 |
| 5 | 李1 | 监事 | 从事建筑工程承包 | 40000 |
| 6 | 刘1 | 监事 | 务农 | 40000 |
| 7 | 吴2 | | 务农 | 40000 |
| 8 | 吴3 | | 务农 | 40000 |
| 9 | 李2 | | 务农 | 40000 |
| 10 | 刘2 | | 务农 | 40000 |

2. QH

| 序号 | 发起人 | 互助部职务 | 从事工作 | 出资额（元） |
|---|---|---|---|---|
| 1 | 彭1 | 理事长 | 在济南做汽修生意，每周一来合作社 | 73800 |
| 2 | 张1 | 理事兼经理 | 务农 | 73800 |
| 3 | 朱1 | 理事 | 务农 | 73800 |
| 4 | 李1 | 监事长 | 在济南做汽修 | 73800 |
| 5 | 徐1 | 监事 | 在济南做服装生意 | 73800 |
| 6 | 许1 | 监事 | 在济南做服装生意 | 73800 |
| 7 | 张2 | | 在外地做工程建设 | 73800 |
| 8 | 申1 | 秘书长 | 在济南做装修 | 73800 |
| 9 | 彭2 | | 一年后因工作原因退出 | 73800 |

**3. JY1**

| 序号 | 发起人 | 互助部职务 | 从事工作 | 出资额（元） |
|---|---|---|---|---|
| 1 | 张先生 | 理事长 | 拥有木业加工厂，涉及化工业务、养殖 | 500000 |

**4. TQ**

| 序号 | 发起人 | 互助部职务 | 从事工作 | 出资额（元） |
|---|---|---|---|---|
| 1 | 李1 | 理事长 | 在外地开汽配店 | 300000 |
| 2 | 刘1 | | 开超市 | 250000 |
| 3 | 马1 | | 务农 | 250000 |
| 4 | 李1 | | 务农 | 250000 |
| 5 | 赵1 | | 务农 | 250000 |
| 6 | 闫1 | | 务农 | 250000 |
| 7 | 孙1 | | 务农 | 250000 |
| 8 | 刘2 | | 务农 | 250000 |
| 9 | 张1 | | 务农 | 250000 |
| 10 | 苗1 | | 务农 | 250000 |

**5. YC**

| 序号 | 发起人 | 互助部职务 | 从事工作 | 出资额（元） |
|---|---|---|---|---|
| 1 | 朱1 | 理事长 | 曾任农行行长，农行从业19年，涉及多项生意 | 200000 |
| 2 | 赵1 | 理事 | 在镇上做生意 | 200000 |
| 3 | 屈1 | 理事 | 村主任，棉花厂厂长 | 200000 |
| 4 | 鲁1 | 监事长 | 在镇上做生意 | 200000 |
| 5 | 任1 | 监事 | 信用社副主任家属 | 200000 |
| 6 | 谢1 | 监事 | 在镇上做生意 | 200000 |
| 7 | 闫1 | | 在镇上做生意 | 200000 |
| 8 | 朱2 | | 务农 | 200000 |
| 9 | 李1 | | 务农 | 200000 |
| 10 | 丁1 | | 信用社会计家属 | 200000 |

6. JY2

| 序号 | 发起人 | 互助部职务 | 从事工作 | 出资额（元） |
|---|---|---|---|---|
| 1 | 冯1 | 理事长 | 企业管理（拥有金融咨询公司） | 100000 |
| 2 | 李1 | 监事长兼信贷经理 | 东坡村支书 | 100000 |
| 3 | 王1 | 监事兼信贷经理 | 曾开过出租车 | 100000 |
| 4 | 冯2 | 监事 | 市区经商（卖家电） | 100000 |
| 5 | 聂1 | 信贷经理 | 东坡村村会计 | 100000 |
| 6 | 李2 | | 外出打工 | 100000 |
| 7 | 李3 | | 外出打工 | 100000 |
| 8 | 冯3 | | 外出打工 | 100000 |
| 9 | 翟1 | | 务农 | 100000 |
| 10 | 张1 | | 在冯1金融咨询公司工作 | 100000 |

　　根据表2，六家合作社的资金互助部的发起人结构情况一目了然。各社的发起人数量是否符合最低要求、是否均股出资、参与互助部日常管理与经营与否、从事的职业等对互助部的发展经营都有不可避免的影响。

## （二）各发起人结构对其资金互助组织的影响

### 1. 发起人资格及数量对互助部的影响

　　作为内生性的资金互助组织，是基于熟人社会、熟人网络建立起来的。农民因为缺乏有效的抵质押物以及征信记录的缺失，导致其在商业银行很难贷到款，加上某些地方金融机构员工的寻租行为，无形中增加了农民向银行贷款的成本。由于这些问题的存在，农民自发组织起来成立互助组织，发起人户籍都是在本乡镇，甚至局限在本村范围内，相互之间都较为了解。若是出了村、出了镇，相互之间的了解就大打折扣，信息随着范围的扩大越来越不对称。因此，对于成立资金互助组织，首先对发起人的要求是户籍在本乡镇，发起人数为5—10人。用现代社会学理论"六度人脉理论"来解释，就是在同一个乡镇或村，发起人数越多，对本区域内其他人了解的可能性越大，对风险的预知和控制能力就越好。相关理论可以扩展一下，全文看起来经验材料更多，理论偏少。

根据表 2 可知如下各点。

第一，WQ 发起人为 10 名，据 WQ 陈理事长回答，这 10 名发起人皆为当地人。发起人之一吴 1 的职业是医生，并拥有自己的医院，在当地知名度较高，除了李 1 在外从事建筑工程承包之外，其余发起人在当地务农或参与副业经营，陈理事长长期在合作社长期办公。

第二，QH 发起人为 9 名，其中只有 3 名是当地人，另外 6 人是 QH 彭理事长的朋友或生意合作伙伴，张 1、朱 1 因为在当地务农，作为互助部经理长期在互助部办公，除了彭理事长一周去一次，其余发起人很少参与日常经营。

第三，JY1 只有 1 名发起人，根据 JY1 蔡经理回答，张先生作为互助部唯一发起人，任命蔡先生（张先生亲戚）全权负责互助部日常经营与管理，张先生与蔡经理皆为当地人。

第四，TQ 由 10 人发起，皆为当地人，由主要发起人聘请赵经理全权负责日常管理与经营，几乎所有发起人都没有参与资金互助部的事务。

第五，YC 发起人为 10 人，皆为当地人，朱 1 作为理事长，长期坐班负责日常管理，其余发起人也都积极参与日常经营。

第六，JY2 由 10 人发起，皆为当地人，有 3 名发起人在外打工，其余发起人均参与日常管理与经营。

结合各家的经营时间以及目前的社员数与业务情况发现（表 1），发起人数量少以及不符合本地户籍的情况不利于互助部业务拓展。YC 发起人结构较为完善，成立仅 536 天，其社员数已达到 2000 +；反观成立已 1289 天的 TQ，由于其发起人几乎不参与互助部事务，社员数仅为 949 人。QH 成立 959 天，其发起人数量足够，但一半以上为非当地人且不在当地居住与工作，其社员仅有 500 人左右。

YC 朱理事长曾有 19 年的银行从业经验，对于互助部的资金业务拓展以及内部管理，都有成熟的金融业从业经验可以借鉴，WQ、JY2 的理事长都有成熟的企业管理经验，这三家在发起人结构的选择与职责分配方面都较符合其实际情况，对于推动各自业务的开展发挥了积极的作用。

在发起人资格不满足条件的情况下，不仅熟人社会的优势发挥不出来，严重情况下个别居心不良的人还会利用"挂羊头卖狗肉"的方式，假借合作社之名进行非法吸储，最后出现非法集资跑路的恶性结果。要求发起人数量不少于 5 人，目的在于让其互相监督与制约，提高其集资跑路的违约成本。反之，当发起人资格满足且数量符合要求时，上述风险虽不能完全消除，但降低了其发生的概率。

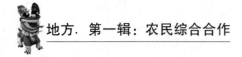

### 2. 发起人均股出资及参与互助部事务对互助部的影响

《农村资金互助社管理暂行规定》里对于入股社员有以下规定：不少于10人发起，出资额不超过总股金额的10%，综合理解为均股出资。合作社社员内部的资金互助坚持的是合作制原则，实行民主管理，一人一票制，社员大会是最高权力机构。与股份制企业的区别在于企业谁出资或占股多，谁权力大，而坚持合作制的合作社按人头平均股权，对出资额有上限要求，坚决抵制大股东侵占小股东权益，其成立宗旨是为社员服务，不以赢利为目的。因此，在无特殊情况下，开展内部资金互助业务坚持均股出资。

根据表2可知，除了JY1由1人出资成立，其余5家资金互助部皆为均股出资。

JY1在管理上一人独大，缺乏必要的监督与制约，合作社资金互助业务实际由JY1张理事长控制。QH虽有9名发起人，但常在互助部办公的只有2名当地人，其余发起人几乎没有时间参与日常管理与经营。TQ有10名发起人，据TQ赵经理回答，除了发起人李1任互助部理事长，其余发起人未在互助部任职，也不参与管理与经营。WQ、YC、JY2 3家互助部发起人结构较为完善，不仅在数量上和资格上符合要求，而且每家大概有一半的发起人参与互助部日常管理与经营。通过各家的业务状况来看，完善的发起人结构对于业务的质量与发展都有积极的影响。

不符合要求的发起人结构会增加互助部的经营风险。若互助部发起人由一人独资或几人出资较高，造成一股或几家独大的局面，就会出现互助部被主要发起人控制的风险，严重情况下会出现精英俘获现象，这违背了合作制的合作精神。发起人结构不完善，不仅不利于互助部的业务拓展，在内部管理上，治理结构混乱、内部监督不到位、用人唯亲、岗位职责不明，也会大大地提高了互助部的操作性风险。JY1因张理事长独资控股，其内部治理完全依靠蔡经理，在互助部内部治理方面，蔡经理连如何保证员工稳定性的问题都解决不了，至今没有专业的财务人员，在业务拓展上蔡经理能力颇高，但财务管理方面，蔡经理却毫无办法。对于各个互助部，完善发起人结构迫在眉睫。

## 四 治理结构及其对资金互助组织的影响

### （一）六家资金互助组织的治理结构情况

合作社第一届理事会、监事会成员皆由发起人组成，经理层人员可从发起人当中选任，也可从社会上聘请专业经理管理人员（见表3）。因此，发起人结构对互助部的治理结构起着至关重要的作用。完善的发起人结构不一定具备完善的治理结构，而不完善的发起人结构，其治理结构就更加不可能符合相关要求。

表3　　　　　　六家资金互助部"三会一层"及办公人员

|  | WQ | QH | JY1 | TQ | YC | JY2 |
|---|---|---|---|---|---|---|
| 理事长 | 陈1 | 彭1 | 张先生 | 李1 | 朱1 | 冯1 |
| 理事 | 王1 | 张1 |  |  | 赵1 |  |
| 理事 | 郜1 | 朱1 |  |  | 屈1 |  |
| 监事长 | 吴1 | 李1 |  |  | 鲁1 | 李1 |
| 监事 | 李1 | 徐1 |  |  | 任1 | 王1 |
| 监事 | 刘1 | 许1 |  |  | 谢1 | 冯2 |
| 秘书长 |  | 申1 |  |  |  |  |
| 经理 | 尤经理 | 张1 | 蔡经理 | 赵经理 | 陈先生 |  |
| 信贷经理 | 尤、吴 | 朱1 | 5名（兼职） | 王经理 | 屈1、朱、周 | 李1、王1、聂1 |
| 会计 | A1 | 张1兼职（非专业） | C1（非专业） | D1 | E1 | F1 |
| 柜员 | A2 | B1 | C2 | D2 | E2、3 | F2 |
| 出纳 | A3 | B1兼职 | C3 | D3 | E4、5 | F2兼职 |
| 兼职信贷员 | 无 | 无 | 5名 | 无 | 无 | 无 |

完善的治理结构包括理事会、监事会、社员（代表）大会、经理层，"三会一层"组织机构分工明确，各司其职，相互监督与制约；内勤办公人员相互分工与合作，监督与制约，内部治理遵循自愿、自治、互助与民主管理的原则。

**1. WQ 治理结构情况**

WQ 成立约两年零两个月，具有社员代表大会、理事会、监事会，且相关岗位工作人员配备齐全。WQ 已召开过两次社员代表大会，第一次是在成立一周年时，第二次是在2015年8月，出席代表约有50人，主要会议内容是互助部分红比例根据经营状况做适当调整。理事会、监事会每月召开一次，理事会主要讨论当月经营状况，根据发展情况做相应调整，监事会主要了解互助部账务信息并实时监督。

理事长陈1全职负责互助部管理与经营，信贷经理包括理事长陈1、监事长吴

1 和尤经理，三人具有信贷审批权。对于借款申请人，实行入户调查，详细了解其居住情况、生活情况以及偿还能力，对担保人同样实行入户调查，审批时投票表决，全票通过方可放贷。在审慎经营的态度下，至 2015 年底，WQ 不良贷款率为 0。

内勤工作人员（会计、出纳、柜员）从开业一直到访谈当日，没有更换过，她们都是当地人，刚开业的时候因为对资金互助社的不了解，不太看好该互助部，但半年后在陈理事长的带领下，互助部渐渐走上正轨，业务发展不错，目前对互助部的信心越来越大，不仅自己纷纷加入合作社互助部，也介绍了符合入社条件的亲友入社。

### 2. QH 治理结构情况

QH 成立约两年零七个月，具有社员代表大会、理事会、监事会、秘书长以及经理层，内勤相关岗位人员配备不足。截止到访谈当日，QH 已召开过四次社员代表大会，2013 年、2014 年年底，2014 年和 2015 年 4 月 27 日（周年纪念日），出席代表在 50 人左右，会议内容一般为介绍合作社目前的业务状况、资金使用及流向、下一步发展计划等，会议由申秘书长做记录并保管会议记录。

彭理事长每周一到合作社召开工作例会，每月召开一次发起人大会，理事会与监事会未做细分，统一聚在一起研究互助部出现的问题及解决方法、解读政策、查看互助部财务与经营状况。

彭1、朱1负责信贷审批，由于发展前期没有严格执行信贷管理制度，在放款中审批不严，导致不良贷款率居高不下，且有多笔超额放贷。内勤工作人员因个人原因纷纷离职，互助部因业务状况不好难以招到办公人员，目前仅靠张1在当地的亲友关系维持着。

### 3. JY1 治理结构情况

JY1 成立约两年零十个月，具有社员代表大会，没有理事会、监事会，内勤工作人员流动性较大，一直没有专业的财务人员。截止到访谈当日，已召开过两次社员代表大会，分别是 2013 年 4 月和 8 月，每次大概有 30 名左右社员代表出席，会议内容主要是了解社员对互助部的服务需求。

蔡经理聘请 5 名当地人作为互助部信贷经理，这 5 名信贷经理在当地都有全职正当工作，分别是刘村主任、丛教师、朱会计、赵医生、陈医生，这 5 人在当地比较有威望，且平常帮助银行拉存款，现在也帮助互助部拉存款，每月按绩效拿提成，互助部向他们提供一年两次外出旅游机会。信贷经理每月一起到互助部拿绩效时，蔡经理会请他们吃饭，聊聊业务问题以及遇到的瓶颈，计划下一步如何提升。蔡经理还引用中国人民大学周立教授一句话：农村就是靠熟人社会。靠着5名能力不错的信贷经理，该社的业务量在六家社里排第二。

JY1虽没有专业的财务人员，财务管理混乱，账务不清，但对于员工的有效激励大大提高了业务积极性，放款审批由蔡经理严格把关，不良贷款为零。据蔡经理回答，知道互助部赢利不错，但具体赢利多少不清楚，对于难以招到合适的财务人员蔡经理表示心有余而力不足。

### 4. TQ 治理结构情况

TQ成立已有三年零六个月，具有社员代表大会，没有理事会和监事会，每年年初召开一次社员代表大会，主要说明合作社业务情况及社员股金分红。

TQ赵经理负责日常管理，只有一名信贷经理，此人退休于当地信用社。TQ在开业之初，赵经理与当地一位开发商及内胎厂达成合作协议，帮他们代发员工工资，这对于双方是共赢的选择。其后，农业银行向该社赠送了保险柜、点钞机、小额取款转账电话等，社员可以拿着农业银行卡到互助部支取1000元以下的款，无形中为互助部做了积极的宣传。

在业务量加大的同时，放贷业务也相应提高，由于赵经理与信贷经理没有严格按照信贷管理制度审批放贷，造成多笔不良贷款，其中多为超额放贷，由于后期经济不景气，多名社员借款无法按时还款。

### 5. YC 治理结构情况

YC成立约一年零五个月，具有社员代表大会、理事会、监事会，目前只在2015年年初召开了一次社员代表大会，会议内容为将一年的经营状况告知社员代表，做未来一年计划以及长远计划；在第一年亏损的状况下，该社还是做了普通社员分红工作。

YC理事会、监事会分工明确，每月、每季度都召开相关会议，并且有详细的会议记录，主要讨论内勤人员管理、工资、费用的合理预算、外勤工资安排等。内勤负责人陈主任，每天早上召开晨会，在做好份内工作之余，组织大家自主学习合作社知识，定期考核；外勤负责人屈经理，记录每天到哪个村开展工作、有什么问题、明天怎么解决，这些都是经理们晚上碰头会需要讨论解决的内容。

理事长朱1，拥有丰富的银行业从业经验，退休后把所有的精力投入互助部的管理经营上，YC在最短的时间内创造了最好的业务量。一方面与他个人经验有关，另一方面也是因为在朱理事长的带领下，该社严格按照各项规章制度执行。合

作社任何大事都是通过会议形式进行讨论投票决定，最终以红头文件公示并保存文字文件，该社经营运作按照互助部的规章制度，内部管理学习的是农业银行模式。在治理结构完善、经营管理全面的前提下，从理事长、经理到工作人员，每个人都投入百分百的精力与热情，互助部在大家的带领下，发展才如此迅速。

朱理事长不仅管理有道，付出的精力也比其他社的理事长或负责人多出数倍，不仅注重怎么做事，对于理论的学习与宣传也同样重视。在对待借款申请时，须信贷经理入户调查，与其家人、邻居座谈，若是种植养殖，信贷经理还须现场查看，信贷经理考察完形成报告，交给陈主任审查，审查无误后提交给朱理事长，最后放贷审批权由朱理事长所有，在审慎经营的态度下，目前为止不良贷款率为零。

**6. JY2 治理结构情况**

JY2 成立已有一年零六个月，具有社员代表大会，监事会与理事会人员无细分。2014 年年度决算结束后，连续开了 8 晚的社员大会。召开社员大会的主旨与其他社别无二致，但在形式上却别具一格。该镇一共有 45 个行政村，该社在 38 个行政村拥有数量不等的社员，社员数不够 30 人的行政村组织代表来社里统一参会，超过 30 人的，互助部理事长及工作人员就到当地大队召开社员大会。

目前互助部业务量不多，据冯理事长回答，理事会、监事会没有做明确分工，当前工作重点在于与各商家谈合作协议，为社员争取更多优惠及服务。JY2 在审核社员入社资格时较为严格，根据冯理事长回答，在互助部成立之初，老百姓对互助部信任度不高，自愿入社入股的很少，一般入社的就是希望能借到款的。为了给后期放贷时减轻考察工作量，在社员入社前就严格做好入户调查等工作。

JY2 没有兼职客户经理，冯理事长认为先予后取，目前互助部吸收的互助金皆为各发起人在互助部存放的，利用自有资金借给普通社员，抵抗风险（挤兑）能力比较强。JY2 开业至今，90% 的贷款用于"三农"、婚丧嫁娶等，10 个发起人有 5 人在互助部全职工作，涉及信贷时考察严格，按照信贷管理制度办理，目前不良贷款为零。

JY2 坚持以服务社员为宗旨，据冯理事长的回答，他们学习的是"三农"问题专家李昌平老师的"服务服务再服务"精神，以挣钱的业务养不挣钱的服务。JY2 合作的单位包括当地的医院、驾校、保险公司、商场等，例如一人入社，全家去合作的医院体检一律七折优惠，看完病国家报销后，剩下来的部分医院再返还 10%，互助部在社员入社时也登记该社员家人信息。

目前，JY2 不仅受到当地老百姓的热烈拥护，就连市政府对其也完全认可，并希望其一如既往地为社员提供服务。

### （二）治理结构对各资金互助部的影响

第一，不完善的治理结构，造成"三会一层"分工不明、职责不清。最高权力机构社员大会、决策机构理事会、监督机构监事会无法发挥其应有的作用。当发生风险时，无法追究责任，不能在最快的时间以最好的方式解决风险。

第二，合作社在根本上是人的联合，社员既是互助部的所有者，也是管理者，还是互助部的债权人。与股份公司不同的是合作社所有社员的地位是平等的，一人一票制，都拥有参与合作社决策和表达对合作社政策的意见平等机会。一人一票并不能自动保证有效的民主管理，需要通过民主机构的相应发展，以及分权化对集中化的明智平衡来调整。作为合作制的资金互助部，要杜绝主发起人控制，避免出现"精英俘获"现象，没有完善的治理结构，内部监督治理与外部监督控制的权力制衡关系将是空谈，这种情况下非法集资跑路现象发生的概率就会增大。

## 四　结论及建议

### （一）结论

在农村金融服务需求日益强烈的情况下，发展新型农村合作金融组织成为农村经济社会发展的必然产物，无论是农村资金互助社，还是在合作社内部开展的资金互助部，都已成长为中国普惠金融体系中不可忽视的重要力量。本文通过对三省六家合作社资金互助部的发起人结构与治理结构的真实呈现，可以清晰地发现资金互助部的优势与劣势以及发展过程中遇到的问题。在比较中才能发现资金互助部从发起人的选择、治理结构的组织到资产结构的选择，每一步的选择都会影响互助部的经营状况、赢利能力以及发展速度。通过比较，才能更好地选择适合资金互助部的发展模式。完善治理结构，有利于降低资金互助组织的代理人成本，降低其经营成本，通过自我筛选和相互监督机制，有效控制信贷风险。

作为农村内生性的合作金融组织，农村资金互助社属于本地化草根金融组织，经营的是农村熟人社会的业务，相对于城市而言农村地区信息较为对称，根据社员需求，实现便利、快捷服务。互助部植根于农村，接近需求，操作成本低。合作社内部资金互助是对内服务、对外营利的营利性的组织，内部治理结构遵循自愿、互

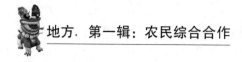

助和民主的基本原则。主要体现为民主管理、社员经济参与和机构分权与制衡。

合作社资金互助部由至少符合条件要求的 10 名发起人发起成立，在发起人结构不完善的情况下，互助部的治理结构就会出现问题。治理结构不完善，就会造成极大的信贷风险与不良资产的产生，枉顾以服务社员为宗旨的原则，继而沦为某个人的获利组织，成为"精英俘获"机制的典型代表。

## （二）建议

第一，要守住合作金融底线，在当地普遍资金短缺的情况下，资金互助部尽管资金来源单一，但还是要坚持社员制、封闭制，不能进行对外吸储放贷。拓宽资金来源渠道，互助部可与商业银行进行融资与合作。商业银行在农村地区没有经营网点，互助部可代理商业银行在农村地区的小额取款业务，当互助部在商业银行取得一定授信额度时，互助部可积极申请商业银行的资金来服务广大社员。互助部可为农村小企业代发工资，这样不仅可以减轻农村小企业的工作量，提供小企业工作效率，也能为互助部增加社员量以及社员认同感，在这两者同时增加的情况下，也提高了资金互助部的可使用资金。

第二，坚持稳健发展，防止盲目追求数量及利润。资金互助部在成立之初，受限于当地老百姓对资金互助部的了解不足，在短期内社员数以及资金数很难快速增长。在这种情况下，不能承诺高额回报或赠送相对昂贵礼品来吸引老百姓入社及存款，若如此，资金互助部的成本会逐渐升高，继而转嫁到需要资金的社员身上，一旦形成恶性循环，容易提高不良资产率，影响互助部的健康运转。在资金互助部资金充足的情况下，在放贷资金给社员时，必须严格审核，只能放贷给符合贷款条件并有偿还能力的社员，不能追求短期利润盲目放贷，不良贷款率的提高会严重影响互助部的健康运转。

第三，坚持资金互助部内部民主管理原则，杜绝主要发起人控制现象，避免出现"精英俘获"机制。合作社的社员（代表）大会、理事会、监事会各司其职，互相合作与制约，共同实践以服务社员为宗旨的目标。理事会对互助部重大决策方案进行审议并对方案的实施进行决议，理事会通过民主评议方式对各项规章制度、重大决策执行情况进行监督，采取相应措施，社员（代表）大会维护自己及互助部的权益不受侵犯，经理层协调互助部内外一切日程经营管理事务以及员工管理与考核。

# 东亚地区农民综合合作体系发展

主持人：廖睿力

# 社员异质性与综合性农民合作社发展

## ——基于山西省 PH 种植农民专业合作联社的现实考察

赵晓峰　付少平[*]

**摘要：**社员异质性是现阶段中国农民合作社发展面临的客观现实，构成合作社研究所必须回应的基础理论问题。PH 种植农民专业合作联社的发展实践证明，异质性的社员结构可以为综合性农民合作社的发展提供基础性条件。综合性农民合作社通过将经济合作、社会合作和文化合作融合起来，为社员提供全方位的社会化服务，能够满足异质性社员的多元利益诉求。它采取的业务交叉和业务联合的关联式合作方式，有助于在合作社内部搭建起一个彼此制衡的合作网络运行机制，使低水平合作状态的社员有机会通过频繁交易、重复博弈增进对合作社的信任程度，进入中高水平合作状态，从而密切社员个体与合作社的关系，达到稳定中扩增社员规模并提升社员合作水平的发展目标。综合性农民合作社的健康发展仍需要政府结合农村经济社会发展形势，适当借鉴日本、韩国、中国台湾农协（农会）的发展经验，将之纳入农村现代社会组织体制建设当中，不断完善合作制度框架体系，引导其走规范化的发展道路。

**关键词：**社员异质性　综合性农民合作社　关联式合作

## 一　问题的提出

社员同质性是传统合作社研究的理论基础，《中华人民共和国农民专业合作社法》将合作社的成员限定为同类农产品的生产经营者或者同类农业生产经营服务的提供者、利用者，无疑也是期望增强合作社社员的同质性程度，凝聚社员的共同

---

* 赵晓峰，西北农林科技大学农村社会研究中心副教授；付少平，西北农林科技大学人文社会发展学院教授。

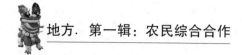

利益。但是，社员异质性却是现阶段中国农民合作社发展面临的基本现实，构成合作社研究所必须回应的基础理论问题。受农村社会阶层结构分化的影响①，社员之间尤其是核心社员与普通社员之间的资源禀赋存在明显差异②，他们参与合作社的意愿以及将合作意愿转换成现实合作行动的能力各有不同。③ 学界的研究发现，异质性的社员结构对当前农民专业合作社的产权制度、治理结构与管理机制产生了重要影响，是造成合作社制度表达与制度实践相背离的内在原因，也是"大农吃小农""精英俘获"等去益贫化现象出现的关键原因。

面对这种复杂的发展局面，有学者认为从事农产品生产或营销的专业农户能否成为农民专业合作社的利益主体、他们的合作权益能否得到根本维护应该成为农民专业合作社未来走向健康与否的试金石。④ 如果农民专业合作社沿着这样的发展思路，主要以专业农户为利益主体，社员的同质化程度自然会随之提升，而这势必会造成兼业农户在合作组织中的位置被进一步地边缘化，无法享有充分的合作权利。然而，中国农村的现实情况是，虽然以专业化与规模化为发展诉求的种养大户、家庭农场等新型农业经营主体的数量在快速增长，但是分散、兼业的小农经营方式仍然广泛存在，⑤ 传统型经营模式与现代型经营模式并存将是未来较长一段时间内中国农业发展的新常态。由此，农民合作社除满足专业农户的发展诉求之外，是否有能力适应农村经济社会形势的发展需要，回应异质性社员的多元化发展诉求，在专业性合作社之外构建起一种新的合作制度框架，走出一条多元化的发展道路，就成为学界亟待回应的一个重大现实问题。

学界关于新时期中国农民合作社的发展模式长期以来存有争议，其中争议的一个焦点问题即是中国农民合作社究竟应以专业性合作为基本模式，还是应以综合性合作为基本模式。虽然《合作社法》的正式生效意味着专业性合作社成为主导当前农民合作社发展的基本模式，但是仍有一些学者坚持认为合作社除生产环节的互助合作以外，还应该逐步将金融、流通和科技事业整合进组织体系之内，使农业生

① 赵晓峰、何慧丽：《农村社会阶层分化对农民专业合作社发展的影响机制分析》，《农业经济问题》2012 年第 12 期。
② 黄胜忠：《转型时期农民专业合作社的组织行为研究：基于成员异质性的视角》，浙江大学出版社 2008 年版。
③ 马彦丽、施轶坤：《农户加入农民专业合作社的意愿、行为及其转化——基于 13 个合作社 340 个农户的实证研究》，《农业技术经济》2012 年第 6 期。
④ 张晓山：《农民专业合作社的发展趋势探析》，《管理世界》2009 年第 5 期。
⑤ 贺雪峰：《小农经济至少还应维持 30 年》，《贵州社会科学》2010 年第 10 期。

产链条上各环节的利润都能够为分散的小农所分享，中国农民合作社的发展应该在国家的积极介入下以发展多层次的综合合作体系为基本目标。① 同时，还有学者认为合作组织从事非经营性的社会活动可以凝聚人心，获得促进社区团结的社会资本，提升组织的自我发展能力，促进经济业务的更好发展。为此，他们提出应该借鉴日本、韩国、中国台湾模式，探索中发展中国大陆的综合农协。② 在这些学者看来，综合性农民合作社应该成为一种新的发展趋势。③ 然而，相关研究更多限于观点的论争，缺乏实证资料的支撑，没有实践经验的佐证，影响相对比较有限，尚未引起社会各界的充分重视。

学界的研究证明，嵌入村落社会挖掘发展资源、拓展发展空间是农民合作社的基本特征。④ 既然合作社不能脱嵌于村落社会，自然也就不能脱嵌于异质化的社员结构，必然要受社员异质性的客观影响。因此，笔者认为，如果说农民专业合作社的规范发展需要以同质性的社员结构为基础性条件，那么异质性的社员结构则为综合性农民合作社的发展创造了机会。并且，近些年来中国农村多元化发展的农民合作社已经可以为相关论证提供必要的经验依据。本文接下来将以山西省 PH 农民种植专业合作联社为研究对象，一方面通过对参与合作社发展的多元利益主体及其利益诉求进行分析，探讨综合性农民合作社发展的社员基础问题；另一方面通过对合作业务间关系与嵌入合作网络中的社员行为逻辑的分析，挖掘综合性农民合作社发展的社会机制，进而将之与日本、韩国、中国台湾农协做一个简单的对比分析，明晰综合性农民合作社在中国大陆的发展前景，并从中揭示其政策含义。

## 二　参与主体多元化与利益诉求多样化：综合性农民合作社发展的社员基础

2006 年，乡村精英郑冰组织当地农民成立了 P 镇果品协会，开始带领农民以组织化的方式发展农村经济。2008 年，郑冰组织农民在 P 镇果品协会下新组建了

---

① 仝志辉、温铁军：《资本和部门下乡与小农户经济的组织化道路》，《开放时代》2009 年第 4 期。

② 杨团、孙炳耀、石远成：《借鉴韩国经验，推进公法社团的综合农协改革试点》，载杨团、孙炳耀等《综合农协：中国"三农"改革突破口》，社会科学文献出版社 2013 年版；杨团、孙炳耀、毕天云：《日本农协考察报告》，载杨团、孙炳耀等《综合农协：中国"三农"改革突破口》，社会科学文献出版社 2013 年版。

③ 温铁军：《发展综合性合作社才能盘活资源》，《农村工作通讯》2015 年第 1 期。

④ 徐旭初：《农民专业合作社发展辨析：一个基于国内文献的讨论》，《中国农村观察》2012 年第 5 期；赵晓峰：《新型农民合作社发展的社会机制研究》，社会科学文献出版社 2015 年版。

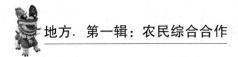

28家以不同种类的农产品为主营业务的农民专业合作社。2012年，P镇果品协会经改组成立了PH种植农民专业合作联社（以下简称"PH合作联社"），并将下属的农民专业合作社整合为18家。截止到2014年10月底，PH合作联社共有社员3865户，遍及P镇和H镇下辖的22个行政村。其中，既有股金证又有会员证的正式社员数量达到2777户。PH合作联社的日常经营既包括多项经济业务，又包括多项社会事业，可以为社员提供多元化、全方位的社会化服务。目前，合作联社推出的业务共有9项：农业技术培训、土壤改良中的农机耕作、日用品统销、农资统购、农产品统购、资金互助、老人互助养老、面向儿童及其家长的农耕乡土教育、手工艺制作等。2013年，合作联社共有经营收入11914664.80元，扣除经营成本后的收益是2747508.33元。其中，统购统销的收益是955740.93元，占总收益的37.78%；社员资金互助服务费的收益是1440770.00元，占总收益的52.44%；扣除管理费用等支出，实现经营净收益981665.80元。从中可以看出，统购统销和资金互助两项业务的赢利能力较强，占合作联社总收益的比例超过90%。PH合作联社发展的成功实践说明，综合性农民合作社能够适应参与主体多元化的发展形势，满足不同利益主体的多元化利益诉求，探索建立出一套与异质性社员结构相匹配的合作制度框架体系。因为从PH合作联社的参与力量来看，异质性是其基本特征，并主要表现为以下三个方面。

首先，参与合作社发展的力量既包括MS公司、SYQ基金会，又包括离地农民，他们参与合作社发展的动机与依靠农业增收的普通农民有较大的实践差异。在这些参与力量中，MS公司和SYQ基金会与合作社都是平等的合作关系而非不平等的隶属关系，他们参与合作社的发展均是为了赢利。2009年，MS公司主动找到郑冰，计划出资3亿元租种合作社社员3万亩土地，集中种植有机棉。郑冰婉言拒绝，并有针对性地提出了一个"公司+合作社+农户"的优化组合方案：由公司负责销售，合作社负责组织社员集中土地，社员负责田间地头的生产经营。由此，MS公司通过与合作社合作，获得了稳定的货源，低成本地解决了农产品供应难题。SYQ基金会是从2012年PH合作联社开始自办资金互助业务的时候参与到合作社发展中的，当时PH合作联社自有资金不能满足社员的信贷需求，积极寻求外界力量的帮助，SYQ基金会向合作社发放贷款，收取8.4%年利息，但无权干涉合作社的日常运作。合作社为社员提供资金互助服务的利息是15%，中间的差额归合作社所有和支配，并且合作社向SYQ基金会申请贷款的形式非常灵活，通常是在自有资金全部被社员借贷出去后，社员每提交一份新借贷申请，合作社再依据社员新申请的额度向基金会提出贷款请求，从而保证了资金流通顺畅，减少了资金沉淀带来的交易成本。这说明，一方面企业和基金会可以通过间接参与合作社发展获得理想的利润回报；另一方面又不需要直接参与以避免增大经营风险，并能给合作社的发展留下足够的自主空间。同时，在 PH 合作联社的正式社员中，又有不少农户属于离地农民阶层，他们基本上不再耕作土地，没有发展农业专业化生产与提升农业组织化程度的需求，但是却有资金借贷、生活资料购买、父母养老、子女教育等多方面的需求。这个群体在正式会员中的数量达到 235 户，占总数的 8.46%。因为 PH 合作联社能够为他们提供自身及家庭所需的各项服务，不再经营土地的农户才有动力加入合作社，成为正式社员。

其次，从事农业生产的社员家庭耕种土地的数量有较大的差异，对农业收入的依赖程度不同，需要的服务也有一定的差异。如表 1 所示，在 PH 合作联社现有的 2777 户正式社员中，户均耕地数量低于 10 亩的占总数的 65.79%，不低于 30 亩的只占总数的 5.22%，规模化经营的程度较低，家庭分散经营的色彩依然很浓厚。虽然在合作联社所覆盖的 P 镇，很多社员家庭主要经营的是桃、核桃、杏等经济作物，市场效益相当不错，但是这些社员家庭也大多都有成员从事非农职业。而在合作社联社覆盖的 H 镇，由于经济作物种植的普遍程度相比 P 镇低很多，该镇的社员家庭从事非农职业的概率相应增多。因此，总体来看，PH 合作联社社员的兼业化程度比较高，利益集中程度低，不同农户对农业收入的依赖程度有差异。这说明，从事农产品规模生产的专业农户在合作社中的数量相对有限，而从事小规模生产的纯务农户及兼业农户的数量在合作社中仍然占据着绝对优势，由此导致不同社员家庭需要的生产生活服务也有较大的差异。

表 1　　　PH 合作联社 2777 户正式社员家庭的土地经营情况（亩；户;%）

| 土地数量 | A＜5 | 5≤B＜10 | 10≤C＜15 | 15≤D＜20 | 20≤E＜25 | 25≤F＜30 | G≥30 |
|---|---|---|---|---|---|---|---|
| 农户数量 | 831 | 996 | 460 | 195 | 106 | 44 | 145 |
| 所占比例 | 29.92 | 35.87 | 16.56 | 7.02 | 3.82 | 1.58 | 5.22 |

最后，从事农业生产的社员家庭种植农作物的种类不同，且"一家多种"的现象很普遍，农户生产的专业化程度不高，需要多样化的社会服务。通过表 2，我们可以发现，PH 合作联社 2777 户正式社员家庭种植总面积最大的是大宗粮食作物小麦和玉米，种植总面积超过 1000 亩的有桃、核桃、柿子、杏 4 种经济作物；超

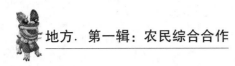

过 100 亩低于 1000 亩的有山药、芦笋、山楂、香椿等 8 种经济作物；超过 30 亩低于 100 亩尚有 8 种经济作物，其他还有多种种植总面积低于 30 亩的农作物。由此可见，社员家庭的农作物种植依然具有较强的传统色彩，农户在规模有限的耕地上同时经营多种农作物。"一家多种"的农业经营模式不符合现代农业的发展趋势，却满足了农户逃避市场风险的需要，仍然显示出顽强的生命力，尤其表现在经济作物的种植方面。由于市场价格波动较大，农户时赚时赔的现象经常发生，农户往往不愿将"宝"押到同一个农作物品种上，或是同时选择种植多种农作物，或是选择种植同一种农作物的不同品种。这就必然导致社员家庭从事农业生产的专业化程度不高，需要的社会服务多样化，任何一个以同类农产品为主要经营业务的农民专业合作社都只能满足他们的少部分需要。

表2　　　　　　PH 合作联社 2777 户正式社员家庭的农作物种植情况（亩）

| 农作物品种 | 土地面积 | 农作物品种 | 土地面积 | 农作物品种 | 土地面积 |
| --- | --- | --- | --- | --- | --- |
| 小麦/玉米 | 11379.3 | 花椒 | 763.1 | 芦笋 | 435.9 |
| 桃 | 3303.9 | 山药 | 979.5 | 红薯 | 40.1 |
| 杏 | 1498.8 | 梨 | 34 | 红参 | 72 |
| 樱桃 | 88.4 | 枣 | 50 | 李子 | 59.5 |
| 核桃 | 2560.2 | 山楂 | 378.6 | 葡萄 | 88 |
| 香椿 | 711 | 花生 | 114.9 | 西瓜 | 187 |
| 柿子 | 2689.7 | 大蒜 | 169.5 | 黄豆 | 62.5 |

在异质性的社员结构基础上发展农民专业合作社容易出现发展的困境。由于土地的不可转移性，合作社的发展具有明显的"在地性"，必须嵌入地域社会挖掘发展资源和拓展自主经营空间，这会给专业合作社的发展带来两个方面的影响：其一，合作社能够联合的农户数量有限，社员规模难以扩增；其二，受社员家庭"一家多种"农业经营格局的影响，合作社既难以提高社员发展农业专业化生产的程度，又难以凝聚社员的共同利益。由此，专业合作社就难以发挥规模经济和聚集效应的资源整合优势，辐射带动能力也会受到显著的影响。不仅如此，对于以经济作物为主要经营业务内容的专业合作社来讲，市场价格波动的风险更大，遭遇自然灾害受到损失的严重程度也更大，合作社的持续赢利能力往往更加难以得到保证。与此同时，在合作社中，绝大多数普通社员都是基于经济利益的考量加入合作组

织，对合作社的信任和认同程度较低，暂时性的经营失败会造成他们信任度的急剧下降，进而选择退出合作社，造成合作社社员规模的萎缩。[1] 因此，入社农户的投机主义行为不利于社员与合作社之间长期博弈关系的形成，无助于提高合作社与市场对接的程度，往往难以取得优良的发展业绩。在这样的情况下，企业等外界力量进入乡村社区参与合作社发展，无法找到对等的合作力量，极易借助自身的资源禀赋，通过整合已有合作组织或重新发起新的合作社来增强与小农户打交道的能力，并在这个过程中建立起"拟企业化"的合作制度框架而背离合作社的发展宗旨。

但是，异质性的社员结构却为综合性农民合作社的发展提供了较好的条件。PH 合作联社建立在 18 个农民专业合作社的基础之上，能够同时满足"一家多种"的社员家庭的多样化需求，为从事农业生产的农户提供全方位的社会化服务，解决其生产中的购销难题、技术难题和信贷难题，增加社员的家庭经济收入。此外，合作联社推出的 9 项业务涉及社员家庭生产生活的各个方面，无论是身处哪个社会阶层的农民，只要加入合作社都能享受到多种服务。因此，经营业务的多样性可以同时满足异质性社员的多元化利益诉求，为综合性农民合作社的发展创造良好的机会，成为合作社社员规模不断扩增、辐射带动能力日益增强的重要条件。同时，由于 PH 合作联社具有相对稳定、规模较大的正式社员队伍，就拥有了与 MS 公司、SYQ 基金会等外来力量进行谈判的资本，能够与之建立平等互利的合作关系，实现多方利益的共赢，并从中避免让渡合作社的控制权给这些外来力量，从而有助于合作社的自主、独立、健康发展。

## 三 关联式合作与网络制衡：综合性农民合作社发展的社会机制

PH 合作联社显示出较强的市场赢利能力和对外谈判能力，关键是它通过关联式合作机制的构建，使每个社员都成为嵌入合作网络中的行动者，减少了投机行为的发生概率，保证了正式社员规模的不断扩增，发挥出很强的资源整合能力。接下来，笔者将着力分析 PH 合作联社发展的社会机制。

---

[1] 赵晓峰、王艺璇：《阶层分化、派系竞争与村域合作社发展》，《中国农村观察》2013 年第 3 期。

### （一）关联式合作是综合性农民合作社拓宽自主发展空间的重要策略

关联式合作的主要特点是合作社将经济合作、社会合作和文化合作融合起来，将不同的经济发展项目杂糅在一起，在社员与合作组织之间建立起紧密的关联机制。由于社员对农业收入的依赖程度不同，种植的农作物各有差异，需要的产前、产中、产后服务也有不同，如果合作社只能为社员提供分散、独立的服务内容，就很难在异质化的社员基础上凝聚社员的共同利益，形成强大的集体行动能力。而PH合作联社却通过关联式合作机制的构建将这种劣势转换成了组织优势，不断在实践中拓宽发展的自主性空间：一方面通过探索在9项不同业务之间建立彼此支持、紧密联系的关联机制，将社员分散的合作收益聚合起来，形成整体收益，强化合作组织对社员的利益规约能力；另一方面通过个人品性、组织理念与入社资格关联起来，建立合作社对社员的资格遴选机制、发展引导机制与能力增长机制，使合作组织的短期利益和长期利益能够统一起来，锻造形成不断增强的可持续发展能力。

业务关联是合作社在坚持社员自愿参与的前提下不断拓展新的发展项目的重要手段。PH合作联社推出的农业技术培训、日用品统销、农资统购、农产品统购等经营业务市场风险小，见效速度快，社员容易接受，发展阻力不大，但是如组织社员参与土壤改良以发展有机农业等历时久、见效慢的发展项目推行起来并不容易。按照规划，PH合作联社将在2010年已有3000亩社员所有的土地参与土壤改良活动的基础上，到2017年实现3万亩的发展目标。然而，在土壤改良项目推出的初期，绝大多数社员很难接受合作社的安排，他们仍然习惯于传统的农业耕种模式，同时还担心采用新的耕作方式后种植的效益不升反降。为此，2010年，当时的P镇果品协会就成立了一个农机服务合作社，专门为参与土壤改良活动的社员提供低价服务。以一亩地为计量单位，当地收割小麦的市场价是60元，合作社收取30元；麦秆与棉花秆还田耕作的市场价是30元，合作社收15元；一年两次旋耕土地的市场价是25元，合作社收10元；深翻一次土壤的市场价是35元，合作社收15元。以上合计，一亩地为社员减少开支80元。2011年，农机服务合作社开始为这些社员提供完全的免费服务，并开始免费为社员提供优质的小麦与棉花种子。2012年，PH合作联社组织社员种植的有机棉亩产量达到430斤，远远超过当地亩均300斤左右的水平，而有机玉米的亩均产量也超过非有机玉米300—400斤。同时，PH合作联社收购有机棉的价格比非有机棉的市场价高出20%—30%，收购有机玉米的价格也比同类非有机农产品的市场价高出 0.8—1.0 角，社员的增收权益得到了切实保障。2012 年，PH 合作联社资金互助业务部开始运营后，要求申请贷款的社员既要投入一定数量的耕地发展有机农业，又要积极参加各种技术培训与交流活动，否则，他们就会失去从合作社申请贷款的资格。从中可以看出，资金互助业务部和农机服务合作社为社员提供服务，被附加了一定的前提条件，带有非常强的溢出效应。PH 合作联社正是试图通过这种捆绑式的合作机制，将多种合作业务关联在一起，形成一种密不可分的关系，使每一个社员都处于复杂的业务关系网络中，难以根据个人偏好自主取舍合作项目，进而使合作组织具有非常强的资源整合能力和对社员的利益规约能力，不至于因为任何一个项目暂时不能赢利或是运作失败而导致社员大量退社现象的发生，推动合作组织在"摸着石头过河"的实践探索中持续前行。

　　PH 合作联社建构关联式合作机制的另外一种方式是通过设定社员资格，将社员的个人品性与组织理念结合起来，既重视考察社员的历史声誉、家庭关系等道德素养，又注重挖掘社员的合作潜能，培养社员的合作能力。2012 年，PH 合作联社制定了明确的入社条件，共包括 9 条内容：（1）户籍在本社区或长期居住在本社区（3 年以上），并有自耕地；（2）家庭邻里都能和睦相处，没有或者已经彻底改正以前偷盗赌博的不良嗜好；（3）对老人尊重、体谅，对孩子正确教育；（4）以诚信为本，真诚追求生活中的真善美；（5）积极参与家庭生活垃圾的分类处理；（6）自愿参与社区各项公共服务活动；（7）爱惜土地，愿意以家里的 1—5 亩土地做有机土壤转换，并以土地参股合作社；（8）自愿参加每季度和冬闲时的集中技术系统培训和交流；（9）积极参加乡村文化礼仪学习等社区活动。其中，（1）是明确服务本地社区发展的组织宗旨，合作社主要为从事农田耕作的"在地"农民提供社会化的服务。（2）—（4）是对社员道德素养的一种历史考察，旨在甄别社员个人及其家庭的声誉。同时，也可以看作一种社员道德素养的锻造计划，通过将这些条件纳入社员资格，督促社员重视自己和家庭的声誉。而这有利于积累社员信用，推进地方社区诚信文化建设，为合作社开展各项经济业务创造良好的社会环境。受益于此，PH 合作联社开展的资金互助业务，虽然不需要社员提供任何资产抵押，每年放贷资金超千万，但是资金回收率接近 100%，每年收益超过百万。（5）—（9）符合国际合作社联盟规定的"教育、培训与告知"和"关心社区"两大原则，是一种合作理念的引导，重在培养社员对合作组织与地方社区的感情，营造一种积极向上、不断学习的合作氛围，全面提升社员的素质与能力，为合作社的可持续发展奠定基础。

### （二）网络制衡是综合性农民合作社在稳定中不断扩增社员规模的关键机制

关联式合作的主要功能是在 PH 合作联社的发展中构建起一种网络制衡机制。通过业务关联，合作社能够将日常业务与主营业务、社员短期利益和组织长远利益结合起来，推动合作社的良性发展。目前来看，土壤改良与有机农业发展项目是 PH 合作联社力抓的经济合作项目，它关乎合作社的长远利益。但是，这个项目的成功需要一定的发展周期，仅是土壤改良，每亩地就需要 3 年的时间。而农民的自觉性和自愿意识尚未形成，这就在客观上需要合作社加以引导。然而，在利己主义导向的市场经济大潮中，普通农民很难看到发展的长远利益，他们宁愿选择高能耗、高投入的传统农业经营方式，也不愿意选择低耗能、低投入的有机农业经营方式。为了能够吸引社员参与土壤改良、发展有机农业，郑冰等人力主创办农机服务合作社，并将资金互助业务与土壤改良项目关联起来，以经济让利与服务诱惑等方式，把社员在不自觉中裹挟进了 PH 合作联社。由此形成的合作网络，各个项目彼此交叉，社员的利益又分散在各个项目之中，加大了社员进行理性抉择的难度，从本质上讲即是形成了一种网络制衡机制。合作组织将各种有着不同目标、扮演不同角色、发挥不同功能的合作项目关联在一起，有助于增强合作社对社员的吸引力，加强合作社的团结力与凝聚力，使退社成为理性社员难以做出的抉择，进而维持着合作社社员规模的相对稳定。同时，通过设定社员资格，PH 合作联社将社员能力的培养与合作社的长远发展结合起来，引导身处关系网络中的行动者不断挖掘自身发展潜力，努力提升发展能力，为合作社的长远发展提供人才保障。

在 PH 合作联社内部，社员的行动逻辑受到网络制衡机制的深刻影响，并主要表现为三种不同的合作样态：一是低水平样态的社员合作。"统购统销，风险最小"是温铁军总结农民合作经济组织发展的重要经验。[①] 因为社员几乎不需要承担任何风险，又可以相比市场购买获得比较收益，合作社开展的统购统销业务基本上能够争取到所有正式社员与非正式社员的广泛参与。因此，那些仅参与或主要参与合作社统购统销活动的社员的合作水平都属于这种样态。另外，因为合作社只对正式社员放贷，而申请贷款的农户又有着非常强烈的借贷意愿，所以那些为了从资金

---

① 温铁军：《合作社实践中形成的三个基本经验》，《人民论坛》2006 年第 17 期。

互助部获得贷款而被动加入合作社的正式社员，其初始的合作参与也属于低水平样态。二是中度水平样态的社员合作。在这种样态的合作水平上，社员能够参与合作社开展的多项业务，不管是统购统销、资金互助、有机农业等经济性业务，还是垃圾分类处理、农耕乡土教育等社会性业务和文化性活动，他们都能积极参与。三是高水平样态的社员合作。处于高水平合作样态的社员不再只是合作社各项业务的追随者、支持者，更是合作文化的营造者、新合作业务的提出者。这些社员是合作制度变迁的主角，他们形塑着合作制度变迁的方向，是推动合作组织发展所不可替代的关键力量。由此可以看出，从低水平样态到高水平样态，社员的参与逐渐从浅层次合作向深层次合作过渡，他们对合作社发展的重要程度也在逐渐提升。

综合来看，处于低水平合作样态的社员，仍有较强的退社可能性，而一旦跨入中度水平合作样态，社员的退社概率就会显著下降。同时，社员所处的合作水平样态并不是固定不变的，仍然具有相当强的流动性。从 2006 年到 2010 年，P 镇果品协会会员的流动性一直比较大，每年约有占社员总量 20% 的农户选择加入或退出合作组织。到 2012 年，PH 合作联社成立并重新设定会员资格 9 条标准后，正式社员的规模开始稳步增长，从当时的 1635 户增加到 2014 年的 2777 户。正式社员规模扩增意味着越来越多的农户脱离低水平合作样态，进入中度水平和高水平合作样态，社员基础越来越牢固，合作社的稳定性增加。这得益于关联式合作所搭建起来的网络制衡机制。虽然低水平合作样态上的正式社员与非正式社员均有退社的可能性，但是他们同样也要受到网络制衡的作用。他们在浅层次的合作中，会逐渐深化对合作社的认知程度，开始尝试参与新的合作项目，获得新的合作收益。由此，他们的合作水平会不断提升，不断获得正反馈的实践效果，从而增强对合作社的信心，转而进入深层次合作状态中。因此，PH 合作联社发展起来的关键是在满足异质化社员多元需求的基础上，通过业务交叉和业务联合，将农户吸纳进合作网络中，为社员提供增进了解、强化信任的机会，逐步提升社员的参与程度，在社员个体与合作社之间建立起越来越紧密的关系，从而达到稳定中不断扩增社员规模的发展目标。

## 四 综合性农民合作社的发展前景：兼与日本、韩国、中国台湾农协（农会）比较

PH 合作联社是一个比较典型的综合性农民合作社，在合作组织与合作制度的

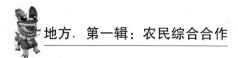

变迁中显示出鲜明的中国特色与时代特征。笔者接下来将对日本、韩国、中国台湾农协（农会）予以简单的介绍，并将 PH 合作联社与之进行比较分析，试图以此明晰当前中国大陆综合性农民合作社的发展前景。

## （一）日本、韩国、中国台湾农协（农会）的发展概况

首先来看日本农协的发展情况。1947 年，日本颁布《农业协同组织法》，动员农户加入基层农协，并动用行政力量要求在县市一级组建农协。1954 年，日本在国家一级设立"农业协同组合中央会"，作为农协的最高指导组织，代表所有农协，行使对基层综合农协和市县农协联合会的事业与经营活动进行检查、监督与指导的权力。1961 年，日本政府又开始实施《农协合并助成法》，借助都、道、府、县政府的力量，开展基层综合农协的合并工作。1962 年，日本组建"全国农协联合会"。1970 年，日本政府制定"综合三年计划"，推进"生活基本构想"计划，提升农协综合职能，推动农协组织创新。到 2005 年，日本全国农协共有会员 915 万人，其中正式会员 506 万人。

日本农协的组织架构包括三个层级：底层为市、町、村设立的基层综合农协；中间层为都、道、府、县农协设立的中央会；上层为农协的全国中央会及各类事业的联合会。农协兴办的事业包括：农业经营和生产指导、农产品销售、生产资料购买和设施共同利用、信用事业、共济事业、医疗卫生及其他社会事业等。从中可以看出，日本农协的业务内容很多，几乎涵盖了农民生产生活的所有方面。但是，在日本农协的所有业务中，信用事业和共济事业的收益最为丰厚，其他事业的收益相对较差，甚至不及成本。①

其次来看韩国农协的发展概况。1961 年，韩国出台《农业协同组合法》，韩国农协得以成立。韩国农协依法从事所有的涉农业务，包括金融、保险、粮食售卖、运输、仓储、物流、开办超市和海外贸易等，且从成立之日起，农协中央会的农业税和附加金均予以免征。韩国农协诞生之初的组织结构涵盖三个层级：中央会—市、郡（县）组合—里、洞（镇、村）。韩国农协的下层组织由中央会自上而下逐步创建并任命各级第一负责人。1981 年，经过组织结构改造，市、郡（县）组合的法人资格被撤销，成为中央会派出的办事机构。1989 年，韩国农协要员的遴选

---

① 杨团、孙炳耀、毕天云：《日本农协考察报告》，载杨团、孙炳耀等《综合农协：中国"三农"改革突破口》，社会科学文献出版社 2013 年版。

办法开始按照新修订的《农协法》，由任命制改为直选制。由此，农协真正成为农民的协同合作组织。2002 年，农协中央会、畜协中央会、人参协中央会合并成为韩国农协中央会。到 2010 年底，韩国农协共有 1171 个基层组合，代表 2447765 个农民会员。

　　韩国农协从事的主要业务大体包括三个方面：一是从事教育、支援事业；二是从事流通事业；三是从事金融事业。其中，金融事业的其中赢利能力最强，是为社会事业和流通事业提供经费保障、支撑农协稳定发展的中坚力量。韩国农协既是代表农民利益的自主性社团，也是协助政府提供涉农公共服务的经济、社会机构，还是一个兼营多种业务面向国际国内市场的巨型企业。[①] 整体来看，韩国农协通过为农民提供全方位服务，参与新村建设和社区发展，促进城乡融合，与政府形成良好的互动关系，较好地解决了小农户与大市场的矛盾，帮助农民适应了现代化的发展形势需要，在提高农民经济收入等方面发挥了重要作用。[②]

　　最后来看中国台湾农会发展的基本情况。台湾农会的发展始于日据时期，具有上百年的历史。经过不断的改组和改造，台湾农会迄今仍在农村发展、农业增效、农民增收等方面发挥着重要作用。2010 年，台湾农会共有团体会员287 个，其中省农会 21 个、乡镇农会 266 个；个人会员 182 万人，占农户总数的 99%。台湾农会以专业农民为主要会员，兼具农政（农业行政）、农事（农业事业运营）、农推（农民教育推广）三大功能。台湾农会通过市场供销经营和农村信贷，帮助农民赚钱，并通过组织内部的再分配，用盈余兴办农民自己的社会事业，包括农业、家政、青少年的推广教育、托儿所事业、各项保险等。仅 1982—2001 年，台湾农会信用部的盈余总额就达到 1079.6 亿元；农会内部自我分配、自行提供的推广、训练及文化、福利经费约为 670 亿元，提供公益金约为 53.98 亿元。所以，台湾农会已经成为助推当地小农户走向现代化的组织依托。[③]

---

　　① 杨团、孙炳耀、石远成：《借鉴韩国经验，推进公法社团的综合农协改革试点》，载杨团、孙炳耀等著《综合农协：中国"三农"改革突破口》，社会科学文献出版社 2013 年版。

　　② 孙炳耀：《韩国农民合作组织发展述评》，载杨团、孙炳耀等《综合农协：中国"三农"改革突破口》，社会科学文献出版社 2013 年版。

　　③ 杨团：《借鉴台湾农会经验 建立大陆综合农协》，载杨团、孙炳耀等《综合农协：中国"三农"改革突破口》，社会科学文献出版社 2013 年版。

## （二）日本、韩国、中国台湾农协（农会）的借鉴价值与综合性农民合作社的发展前景

客观地讲，PH 合作联社在发展中不自觉地借鉴了日本、韩国、中国台湾农协（农会）的发展经验，并主要表现为三个方面：一是均采取了综合性的业务经营模式，同时开展多项业务，通过为社员日常生产和生活提供全方位的服务，可以同时满足异质化社员的多元化利益诉求，从而有助于扩增合作组织的社员规模，提高合作组织的辐射带动能力。二是采用了类似的赢利模式，信用合作的赢利能力表现突出。"农信部"在日本、韩国、中国台湾农协（农会）中扮演着不可替代的角色，它是农民劳动合作、生产合作、消费合作、营销合作等合作和内部结算的平台，而它的利息收入则是农协（农会）的财政基础。由此，李昌平认为金融合作的权利是传统小农成为有组织的现代小农的核心要素。[①] PH 合作联社的发展也说明，信用合作既为合作社提供了必要的财政支持，为合作社其他事业的开展提供了经费保障，又为社员提供了有效的资金服务，促进了社员家庭经济的发展。三是采用相同的态度去对待经济合作和社会事业的关系。PH 合作联社同时兴办有经济合作项目和社会福利性项目，并且时常用经济合作项目的收益去补贴社会福利性项目的开支，看似得不偿失，却能取得意想不到的成效。按照格兰诺维特的观点，经济行动者的行为是嵌入具体的、持续运转的社会关系中的，经济关系和经济制度由建立在亲属或朋友关系、信任或其他友好关系之上的社会网络维系着。[②] 对于 PH 合作联社来讲，老人居家养老、垃圾分类处理、乡土农耕教育等社会福利性项目的开展，能够在合作社与个体社员之间逐渐建立并培养友好的合作关系，使合作社赢得社员信任、获取社会声誉，增进地方社区社会资本的存量；而这反过来又会促进资金互助、统购统销等经济合作项目的顺利开展。

但是，PH 合作联社的发展与日本、韩国、中国台湾农协（农会）仍有鲜明的不同。无论是日本、韩国农协，还是中国台湾农会，遵循的都是自上而下的发展逻辑，政府在组织的诞生与发展中发挥着主导性作用，是合作组织与合作制度创新及变迁的基本推动力量。与之相比，综合性农民合作社的发展虽然也离不开政府的引

---

① 李昌平：《要给农民金融合作的权利》，《中国改革》2006 年第 8 期。

② Granovetter, M., "Economic Action and Social Structure: The Problem of Embeddedness", *American Journal of Sociology*, Vol. 91, 1985, p. 3.

导和扶持，但是政府发挥的作用仍然相对有限，主要依靠的是农民自身的力量。应该看到合作社在与政府的关系中既可能扮演伙伴关系的角色，也可能扮演压力团体的角色。伙伴关系指的是合作社与政府是合作共赢的关系，双方可以协作为农民提供生产生活服务，改善农民的生活境遇，增进农户福利。压力团体指的是合作社与政府之间的关系带有某种程度的对抗性，合作社为了反映社员的多元利益诉求，倡导政府改变或完善政策，从而给政府带来不容忽视的体制变革压力。中国政府尚未能从顶层设计的高度，推动综合性农民合作社的发展，既与当前大陆综合性农民合作社的发展还处于初级阶段、缺乏成熟经验有关，也与政府担心综合性农民合作社发展起来后会扮演压力团体的角色有关。然而，如果得不到政府的扶持，单纯依靠农民自身的力量，综合性农民合作社很难发展起来。

　　PH 合作联社的发展实践证明，综合性农民合作社与政府之间完全可以建立起良好的合作伙伴关系。目前来看，PH 合作联社的发展，虽然打破了政府作为单一治理主体和唯一权力中心的格局，实现了治理主体和权力中心的多元化，但是政府仍然占据着主导性的位置，综合性农民合作社已在政府的领导下被纳入农村现代社会组织体制建设当中，成为农村社会治理体制创新的有效辅助载体。现阶段 PH 合作联社已经初步与村两委及地方政府形成了三种合作共治模式：一是分工共存式。随着资金互助、农机合作、有机农业等多种合作业务的拓展，合作社的经济功能得到了日益显著的发挥，合作社拿走了越来越多的原本由村委会享有的调整农业与农村产业结构的权力，但是由于合作社的业务超越了单个村落社区，且以社员的自愿为基础，在客观上避免了与各行政村的村干部产生直接的权力冲突；并且，合作社的任何一项业务，都并不依靠任何一个单独的村庄，而是建立在多个村庄的基础上，如果哪一个行政村的村干部有强烈的权力被侵犯的感觉而拒绝让村民参与合作社，也不会对合作社业务的正常开展产生致命的打击。而只要合作社的存在，不会危及村干部的权威地位与干部身份，合作社就能够与村两委结成"分工共存"的合作关系，共同发挥双方的优势，对村庄实施有效治理。二是村两委主导、合作组织协助式。这种合作模式比较典型的表现在于广场舞等农村文化娱乐活动方面，合作社主要协助村两委做好技术指导工作。三是合作组织主导、村两委辅助式。比如垃圾清理活动，合作社在发动农民参与之前，都会征求所在村庄村干部的意见，争取他们的同意，并在后续活动中力请他们给予必要的支持。再如老人居家养老服务，也需要村干部提供老年人的信息，并辅助做通说服工作。因此，随着 PH 合作联社的发展，当地的农村社会管理与社区治理模式发生了重要转变，正在从行政力量的一元化管理转向多元主体的合作共治，① 合作社分摊了越来越多的社会功能与文化功能，成为推动农村社会治理模式日益完善的重要力量。

鉴于此，政府应结合中国大陆综合性农民合作社发展的实践需要，适当借鉴日本、韩国、中国台湾农协（农会）的经验，完善合作制度框架体系。一方面，全国人大在新一轮农民专业合作社法的修订中，应增加法律调整对象，将综合性农民合作社列入立法范畴，为现阶段中国农村合作社的多元化发展提供法律支撑；② 另一方面，政府应鼓励合作社与外来资本建立平等互利的合作关系。为此，一是应允许合作社设立准会员制度，让类似 MS 公司、SYQ 基金会等外来资本力量参与合作社的发展，获取适当的利润或利息收入，但又不至于使农民社员丧失对合作社的控制权；二是应扶持合作社自办加工企业，拓展农业产业化的链条，实现一二三产业的融合发展，增强合作社与公司对接中的谈判能力，使合作社逐步具备分享定价权的资格和能力，以更好地增进和改进农户福利；三是对于公司领办和农户与公司合办的合作社，政府应加强监管，督促其建立符合现行法律规定的规章制度和操作规则，并鼓励公司向合作社让权让股让利，探索建立合作社对加工企业的购买赎回机制。

## 五 结论与讨论

本文的理论贡献在于指出异质性的社员结构为综合性农民合作社的发展提供了基础性条件。综合性农民合作社通过开展多项合作业务，将经济合作、社会合作和文化合作融合起来，满足了异质性社员的多元利益诉求，为农户提供了全方位的社会化服务。业务的多样化，使合作社能够采取业务交叉和业务联合的方式，在组织内部建立起关联式的合作机制，搭建起一种网络制衡的运作机制，从而将农户吸引进合作社，并将之嵌入彼此制衡的合作网络中，降低社员退社的概率，使合作社的社员规模能够在保持相对稳定的基础上不断扩增。同时，综合性农民合作社与政府之间可以建立起良好的合作伙伴关系，成为农村现代社会组织体制的重要组成部分，推动农村社会治理体制的不断完善。当前综合性农民合作社的发展，仍需要借鉴日本、韩国、中国台湾农协（农会）的发展经验，在探索中创建符合中国国情

① 郑杭生、黄家亮：《当前我国社会管理和社区治理的新趋势》，《甘肃社会科学》2012 年第 6 期。
② 张晓山：《农民专业合作社的发展趋势探析》，《管理世界》2009 年第 5 期。

的合作制度框架体系。

基于本文的分析，笔者认为在新的历史时期，应逐步区分出两种不同的合作社发展路径：一种是同类农产品的生产经营者或者同类农业生产经营服务的提供者、利用者联合发起成立，以社员同质性为基础发展起来的，以专业农户为主要服务对象的专业性农民合作社；另一种是分散的小农户联合发起，以社员异质性为基础发展起来的，以兼业农户为主要服务对象的综合性农民合作社。其中，专业合作社的发展应建立在适度规模经营的家庭农场数量不断攀升的基础之上，并在发展的过程中尽快探索构建符合现行法律法规和国际合作社联盟规定的基本合作宗旨的产权制度、治理结构和管理机制。综合性农民合作社的发展，既可以通过组织不同类型的专业合作社进行再联合、组建合作联社、动员专业合作社不断拓展经营领域、发展新业务来实现，也可以直接组织分散的小农户发起成立新的合作组织并逐步发展起来。目前来看，前者是农民合作社发展的基础和关键，后者是农民合作社发展的补充和方向，都值得引起社会各界的广泛关注。

# 土专家推动农技推广的过程和机制

## ——山西碛口严林森案例分析*

李　丁　卢晖临　赵晓萌　宋鑫淼　陈莹娇**

**摘要：** 本文分析了山西省临县碛口绿色蔬菜协会会长严林森自发进行农技推广，逐步提高农技推广专业化水平的社会过程，认为推动这一过程的关键动力是农民增收和社会声望。在乡土成长起来的土专家与村民的良好社会关系以及在此基础上发展起来的农民组织为农业技术的推广提供了较好的组织平台。国家应该想办法建立起合理的机制，推动农村土专家与国家农技推广人员合作，在服务农民和农业生产过程中得到相应的成长和回报，提高农技推广工作的实效和可持续性。与此同时，应该改善农业发展公共投资的权责对等性，保障普通农民分享农业发展的收益，避免形成垄断势力，加剧社会不平等。

**关键词：** 土专家　农业技术推广　社会声望　农村专业技术协

现代农业的发展离不开先进的科学技术，而农业技术推广作为一个社会过程受既有社会结构和组织方式的影响。人民公社时期超越小农经济的尝试大多以失败告终，家庭承包制将农业生产的决策权及剩余索取权重新交给了农户，大大提高了农户的生产积极性，农业产量得到了提高，但现代农业生产与分散的小农经济之间的矛盾并没有得到根本解决。① 分散的农户和过小的经营规模导致农业技术推广组织难度大，推广成本高、效率低。在市场化、工业化、城市化的冲击与折腾下，为农业生产

---

\* 本研究为中国科学技术协会"农技协在精准扶贫中的作用"课题的阶段性成果。所用资料部分来自项目组访谈资料，部分参考了既有公开报道资料，特别是由中华农业科教基金会供稿发表在《农民科技培训》2010 年第 5 期的《满腔热血播洒科技火种——记山西省临县碛口镇西头村农民严林森》。

\*\* 李丁，中国人民大学国家发展与战略研究院研究员、社会与人口学院讲师；卢晖临，北京大学社会学系教授；赵晓萌，北京农学院生物科学与工程学院工程师；宋鑫淼，北京大学社会学系本科生；陈莹娇，北京大学社会学系硕士研究生。

① 翟晓斌：《50 周年系列访谈之八：中国科协助力"三农"》，2008 年 12 月 8 日，中国科协网（kphn. cast. org. cn/n891871/nq05959/n905963/60197. html）。

提供服务的农技推广组织与农机服务组织或已失效或始终未能高效发挥作用。① 适应现代农业的社会化、专业化的农技推广服务如何在市场化了的中国农村社会发展起来呢？

对此，相关部门和学者展开了大量应然性的政策研究；② 也有一些对农技推广过程中不同行动者的需求和行动逻辑展开了实证研究，③ 但仍然主要站在政府视角上，核心关注如何厘顺管理体制、提高农技推广科层体系公益服务的效率，忽视了社会的视角及农技推广作为一个社会过程受到农村既有社会结构和社会关系影响的事实。高效率的农技推广体系的建立并非仅仅依靠加大财政资金投入，在政府系统内建立农技科层体系就能够成功。更为重要的是建立起农技科层体系与农民（特别是农民组织）之间的服务与被服务关系，在将分散的农民需求汇总起来的同时，将满足这些需求的分散的科技供给也组织起来，实现需求和供给的对接与良性互动。

本文通过山西省临县碛口绿色蔬菜协会会长严林森的案例呈现农村自发的农技推广逐步向专业化方向发展的过程，试图从中找到推动这一社会过程的关键因素和机制，为在实践层面如何充分调动农民内部的土专家、基层农技服务人员的积极性提供参考。案例揭示，推动他们与农技生产—传播者（各种农研机构和专家）的联系，在服务农民和农业生产过程中得到相应的成长和回报，可以保证农技服务品质的提高与可持续发展。

---

① 黄季焜、胡瑞法等：《基层农业技术推广体系30年发展与改革：政策评估和建议》，《农业技术经济》2009年第1期；智华勇、黄季焜等：《不同管理体制下政府投入对基层农技推广人员从事公益性技术推广工作的影响》，《管理世界》2007年第7期。

② 吴春梅：《公益性农业技术推广机制中的政府与市场作用》，《经济问题》2003年第1期；农业部农村经济研究中心课题组：《我国农业技术推广体系调查与改革思路》，《中国农村经济》2005年第2期；蒋和平、孟俊杰：《我国农业技术推广的现状及改善对策》，《农业科技管理》2007年第5期；陈良玉、高启杰等：《论我国农业技术推广模式的优化》，《农业技术经济》1996年第2期。

③ 王玄文、胡瑞法：《农民对农业技术推广组织有偿服务需求分析——以棉花生产为例》，《中国农村经济》2003年第4期；王建明、李光泗等：《基层农业技术推广制度对农技员技术推广行为影响的实证分析》，《中国农村经济》2011年第3期；乔方彬、张林秀等：《农业技术推广人员的推广行为分析》，《农业技术经济》1999年第3期；廖西元、王志刚等：《基于农户视角的农业技术推广行为和推广绩效的实证分析》，《中国农村经济》2008年第7期；黄季、胡瑞法等：《农业技术从产生到采用：政府、科研人员、技术推广人员与农民的行为比较》，《科学对社会的影响》1999年第1期。

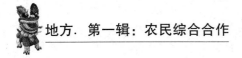

# 一　当地的农技推广需求

严林森是山西碛口镇西头村的农民。碛口位于山西正西，湫水河与黄河的交汇处，是山西知名的旅游景点。这里是黄土高原和吕梁山脉地区少有的山间河谷地区，基岩裸露的丘陵之间的狭小河谷平地是农业生产的主要依托。由于相对海拔较低，水域面积大，碛口等沿黄河、湫水河地带比周边山区更加温湿，作物生长节气要早半个月左右，加上邻近吕梁离石区、柳林市、临县和陕西吴堡县等城市，为当地蔬菜种植提供了较好的自然条件、上市时机，满足了市场需要。在人民公社时期，这里同样奉行"以粮为纲"的政策，土地主要用来种植主粮，仅河南坪村经过特批成立了蔬菜社，有 30 亩地专用于生产蔬菜，供给周边市镇。虽然种植规模不大，但算是有着较早的蔬菜种植传统。家庭联产承包制推行时，碛口居民户、家属户通过口粮制度获得粮食供给，种田户则依据口粮标准（360斤/人年）获得相应的土地。土地分包后，农民获得了自主决定种植品种的权利。由于蔬菜产值更高，很多农户在自家有限的土地上种植了更多的蔬菜瓜果。除食用外，运到碛口镇上、离石、临县售卖，获取现金。到 1989 年，碛口西头村 200 亩水田已全部种植蔬菜，与邻近的寨则山村、寨则坪、侯台、西湾村合起来，种植面积已超过 1000 亩。也就是说，蔬菜种植很早就成为当地农民维持生计、争取发展的可行路径。

严林森1981 年因突发神经衰弱，高考落榜，回家务农。在高中时，他学习成绩很好，获得该校当届唯一的"山西省三好学生"称号。因为有着很好的文化底子、良好的学习习惯、善于钻研的性格，他很快种得一手好菜；但明确意识到新农技的作用，则到1986 年了。这一年端午节，严林森听说隔壁种植蔬菜多年的河南坪村引种无蔓西葫芦，一苗能结三个瓜，成熟早，逢端午节上市。而自家的传统农家品种只结一个瓜，还赶不上节日上市，收入少很多。他前往河南坪村讨教，得知种子是县农业局发放的。第二天他又到县农业局咨询后得知种子早已分发完了，但知道种子是山西省农业科学院蔬菜研究所研发的。为了获得这种新品种，1987 年春节过后，严林森独自一人带着仅有的几十元现金找到位于太原的山西省农业科学院蔬菜研究所，从所长那里购买了 2 斤杂交一代西葫芦种子"阿太一代"，并获赠100 克最新培育的"早青一代"和所长编纂的蔬菜种植图书一套。回家以后，他和同村 9 位农民试种成功，产量比传统品种翻了几番，尤其是"早青一代"比"阿太一代"更善坐果，上市更早，产出更多。这种显著的增收极大地鼓励了以种菜为生的严林森及其农友、邻居。他们开始共同分担路费，委托严林森外出代购新品种种子。

这次勇敢的外出让严林森赢得了农友的尊重，并与科研院所及研究一线的专家接上了头，为日后成为普通村民与农业专家联系的桥梁，成为碛口乃至整个地区的农业带头人、示范户、科技指导专家打开了机会之窗。当地蔬菜种植生产由此逐步走向协同发展的道路，农业生产技术服务的组织化水平不断提高。后续社会过程为解决农业生产组织化、专业化水平过低问题提供了某种思路。

## 二　增加收入是农民接受农技推广的基本动因

站在国家的角度，农技推广有提高农业效率、保障农业安全、减轻环境污染的公共效益，但对于农民来讲，学习和改用新技术、新材料的基础动力是增收。初次外出后，推动严林森继续搜寻和推广新技术最基本的原因也是增收。

2009 年之前，严林森的农技推广工作是相对零散的，但多年积累仍然贡献巨大。首次外出购买蔬菜新品种种子获得种较大收入增长后，委托严林森购买种子的农户越来越多，从最开始的好友发展到周边村庄的普通农户。他接触和联系的农业科研机构也从山西农科院的蔬菜所逐步扩展到了全国其他科研院所和高新技术市场。一旦获得有价值的新品种、新农资，他就买回来试种试用，把经过验证、在当地有推广价值的新品种、新农资、新技术介绍给周边农友。基于多年的摸索和专家的帮助，他建立了一套实验方法和评估标准，在同样的种植方法下，对比产品的品相、抗病性、品质、产量、耐运输等，权衡综合各个指标，确定产品是否有推广价值。截至 2009 年，严林森累计推广蔬菜品种287 个，其他粮油品种 112 个。凭借自己和父亲的 4 亩河滩地，四口之家脱贫致富，还带领周边 6 个村、700 余户农民发展无公害蔬菜 3000 多亩，走上了科技致富的道路。

2009 年后，他依托育苗工厂，集种苗培育、试种示范、技术推广、农资代理、种植专业协会组织管理于一身，不仅为周边种植户提供高质量的种苗和技术服务，也进一步提高了自己的经济收益。2008 年 12 月严林森随中国科协考察团到山东寿光考察大棚蔬菜种植，看中了工厂化育苗技术。他判断做生产大棚不仅增收有限，也难以惠及周边农户；而做育苗大棚不仅可以凭借自己的技术优势生产更高质量的种苗，惠及更多村民，还可以大大提高自己的收入。他亲自到北京找农技协领导汇报自己的想法，将原来建设 4 个阳光生产大棚的扶贫开发计划修改为建设 2000 平米工厂化育苗大棚。最终，在相关项目和全家兄妹入股支持下，严林森顶住压力和风险，筹资百万建成Ⅲ连栋育苗温室，走上了专业化工厂育苗的道路。新技术的引进大大提高了育苗成功率、幼苗质量和抗病能力，进而提高了作物产值。在政府补贴帮助下，种苗迅速推广。几年下来，种苗订购量逐渐突破大棚的生产能力，各家各户分散育苗的种植习惯也随之改变。最近两年，当地扶植的更大规模的育苗工厂以更低价格向农户推销种苗时，严林森并不担心。他一方面提高育苗质量；另一方面在技术服务上做文章，保持自己的竞争优势。他利用自身的技术优势，与外邀专家一起，到各个村为种植户提供免费的技术培训。培训的内容都是根据自己和农户生产过程量身定做的。

推动上述一切发生的基本动力是增收。不同于国家农技推广人员，严林森很少能从农技推广中赚取工资（尽管凭借农艺师身份偶有这样的机会），但他可以从自己的农业生产增收中获得回报。在进行工厂化育苗之前，严林森进行技术尝试除了个人兴趣外，更因为从技术进步中获得的收益超过成本。农友们也是基于同样的原因才支持他。有了育苗工厂后，严林森可以将自身技术优势凝结到优质种苗中，从而使得技术学习和推广与收入增长进一步统一起来。研究和推广新技术的动力就更大了。他紧跟农业生产技术发展，坚持在自己及周边农友的地上试用新品种、探索新技术。这不仅可以验证作物、产品、技术的价值，发现问题，进行创新，还可以向周边民众展示新技术的优势，提高农户对新技术、新品种的接受度。一旦发现具有推广价值的品种，就依托育苗大棚进行育苗推广或通过协会的农资店进行代购销售，一旦总结出有价值的新技术和经验就通过培训向用户和农友进行传播。通常情况下，相对于农技推广工作与收入关系不大的国家农技推广人员，农资代理员进行新产品推广时更为积极，[1] 这与他们的收入来源不同有关。思考如何提高国家农技推广人员的积极性时，这种利益分享机制值得借鉴，不仅要带来农户增收，也应该带来农技研发、推广人员的收入增长。

---

[1] 黄季、胡瑞法等：《农业技术从产生到采用：政府、科研人员、技术推广人员与农民的行为比较》，《科学对社会的影响》1999 年第 1 期；王建明、李光泗等：《基层农业技术推广制度对农技员技术推广行为影响的实证分析》，《中国农村经济》2011 年第 3 期；智华勇、黄季焜等：《不同管理体制下政府投入对基层农技推广人员从事公益性技术推广工作的影响》，《管理世界》2007 年第 7 期。

## 三 社会资本及声望推动个体参与农技推广

除经济利益和物质回报外，实现社会价值的机会以及社会声望、社会资本的积累也是推动个体积极参与农技推广的重要原因。在工厂化育苗之前，严林森探索新农技除了帮助自家生产增收外，对外推广农技基本是免费的，他为何会有动力进行对外推广呢？社会资本及声望机制起到一定的作用。

农技推广为他赢得了村民的尊重和信任。生产技术好、收入高为严林森赢得了村民基本的尊重。而免费代购农资、无私分享生产经验，通过自身社会资本和关系引进外部的先进技术解决自身及农友生产难题则为他赢得了更多尊重和信任。例如1995年，秋茬大白菜遇到虫害，村里人束手无策，严林森到山西省农科院植保所请教专家，从范仁俊、张殿斌二位专家那里得知"玩虫杀""华戎168"两种混合剂使用效果较好，从而使得碛口地区2000亩大白菜免遭毁灭性灾害，为菜农挽回经济损失300万元。在其他村民看来，他凭借自己的为人和技术特长与农技植保专家、农资老板、吕梁临县农委科协、中国科协等机构和领导建立了良好的关系，获得他们接触不到的信息，是他们联系外界的"结构洞"、村里的能人，有着较高的社会地位。反过来，村民的认可为严林森后来展开推广示范实验、上马育苗工厂、打开幼苗市场、进行农技培训奠定了群众基础。

农技推广服务为他赢得了不少来自政府部门的奖励和资源。对政府而言，严林森是优秀的现代农业生产者、新型农业经营主体的典型代表，且与农民有着良好的联系，是政府联系农民的重要枢纽、执行项目的帮手，甚至是政府业绩的门面担当。政府曾多次邀请他参与农技推广。1989年碛口镇推广地膜覆盖种植时，严林森被立为碛口科技示范户，为全镇此项技术推广做义务指导员。1990年他和哥哥探索拱棚蔬菜成功后，碛口镇党委决定因势利导，在全镇菜区推广拱棚蔬菜生产，他同样是项目的技术指导员。至今他还在协助农业部门给农业示范户发放地膜。他领导的绿色蔬菜协会里悬挂着各种铭牌和奖牌，有中国科协的、吕梁科协的、临县科协的、各级农业部门的和当地党政机关的。2007年，经县农业局推荐，通过考核后，严林森被吕梁市人事局评选为"农村技师"。2008年，他被临县农业局聘为"新型农民素质培训项目"指导老师。2010年，绿色蔬菜协会被中国科协评为科普惠农兴村示范单位。他个人和协会多次被新闻媒体报道。这些荣誉中很多并没有直接的经济好处，甚至需要耗费不少时间和接待成本，但有时候确实能给他带来一些

有价值的机会与回报。例如，1993 年，严林森获得了碛口镇政府组织的到山西阳泉市参观学习大棚蔬菜种植 6 天的机会，收获很大；2008 年，获得了中国科协组织的赴山东寿光参观学习蔬菜种植的机会，引进了育苗大棚技术。他的推广示范实验经常得到当地农业部门的资助。2010 年，中国科协科普惠农兴村先进单位奖励了 20 万元，用于协会建设。而在育苗大棚的建造过程中，他争取到了科协和当地政府的资金支持。这些都与他积累的社会声望和社会资本有着一定关系。

对于农业科研单位和农资生产单位而言，他是高素质的试用者、创新者、推广员。他经常协助科研机构做实验（例如协助山西植保所进行食心虫项目的数据采集和实验），帮助相关产品做推广（如示范使用频振式杀虫灯，利用生物雄性诱芯进行物理杀虫等），配合相关部门做项目落实（如配方施肥，沼渣、沼液生态循环利用项目）。他善于钻研，勤于学习和总结，掌握了很多农资用品的作用机理和作物生长与生产知识，在多年的实践中摸索出多种实用新技术。2006 年他通过自己多年的技术积淀，以激发生物潜在抗逆、防病机制，强化光合作用效率为研发思路，将 S-诱抗素、激活蛋白、海藻酸、壳寡糖等先进生物技术材料开发成便于推广的实用技术产品"平衡液肥""保护细胞增强剂"，提高了红枣品质，降低了裂果率。在有机农业投入品阿泰灵的对比使用过程中，他发现厂方对产品的宣传推广并未抓住产品特性，过分追随了其他品牌宣传策略，无法形成区分度。相比很多不直接从事生产和研究的农资经营者，他能迅速抓住农资特性，给农民更好的指导。他能根据作用机制，迅速明白专家的建议，在市场上找到对等但价廉的农资，在保证效果的前提下降低生产成本；能在工厂化育苗过程中合理利用各种技术，提高种苗的抗病性和质量。他说自己不抽烟、不喝酒、不打麻将，就喜欢看书、做实验，如果能够发明实用技术，比挣了钱还高兴。良好的科学素养和积极钻研的态度使得他在农业专家和农资生产老板面前很有自信，结交了很多朋友。现在，他经常和专家们在微信群里交流互动，咨询问题。有时候还邀请专家朋友到农村传授知识，到碛口古镇参观考察。

可见，让农技推广人员能因农业技术服务而获得来自农民、政府官员、专家和企业家的尊重是有意义的，应该促进类似的机制发展。由于体制和风气原因，一些拿着大学文凭、吃着财政饭的农技推广者，花大量时间在农技服务之外的琐事上，不仅没有将自己当农民，甚至不看重来自农民的尊重，无所作为或者胡乱作为。这引起了农民和土专家的不满，他们经常能感受到某些政府官员对农民不够尊重，总是以一种怜悯、施舍的态度看待农民，认为农民没有文化和知识，看不到农民的创造性以及农民中的优秀者，也不会想着信任和支持这些人为农村服务。这种情况是值得反思的。

# 四　农民组织是农技推广的重要平台

一个人的力量是有限的，但通过合适的组织，能够得到放大。最开始，严林森和周边的邻居一样靠种菜为生，只是他技术更好、收成更高而已。他在村里没有职务、没有称号，农技推广完全靠个人声誉。在农技传播和推广过程中，严林森逐渐建立起了与村民的良好社会关系，并认识到将农民真正组织起来的作用。在和政府合作落实项目的过程中，他认识到行政命令对组织和发动农民是低效而不可持续的，只有真心了解农民需求，耐心做思想工作，系统地做教育工作，亲自做示范工作，让农民认识到新技术的好处，才能真正调动大家的积极性。

通过代购菜种、推广农技、引进外部技术支持，严林森与其他村民建立起较好的合作关系。而且，他会有意识地培养和强化这些关系。在农业示范项目的组织过程中，他坚持选择种植规模达标、配合度高的邻居和亲友参加，并且进行反复培训和教育，告诉参与者协调行动、服从安排的意义。遵守约定的农户不仅可能增产，还能获得持续参与的机会，得到项目免费提供的种苗、农资和技术。长期有规矩的互动合作，使得核心合作者之间形成了良好的协作关系，为此后碛口绿色蔬菜协会的成立和有序运作奠定了基础。2004年，严林森从凤凰卫视得知某地农民成立科技协会带领乡邻一起致富的故事，便开始组织成立蔬菜协会。历时3年，他最终注册成立了碛口绿色蔬菜协会。当时，地方政府甚至不知道如何成立和管理此类组织。

首先，协会的成立解决了农民自组织及其牵头人的名义问题。他们拥有了进行农资代购和零售的合法身份；他个人可以用一个好的头衔与政府部门、科研机构、农技农资单位进行交流合作，以组织代表的身份与政府部门对接，承接相关的项目。政府在推广农技、实施农村项目时不再唯一依赖原来的村委会、村民小组长等村民自治组织，而可以选择积极性更高、配合度更高的专业技术协会及其骨干。

其次，协会的成立为提高蔬菜生产—销售的统筹水平提供了力量。协会以更公开、更正式化的方式合作进行种子、农药的选择与集中采购，号召菜农进行无公害绿色蔬菜生产来提高农业附加值。协会成立后，相关农户将自己的土地纳入绿色蔬

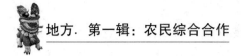

菜示范基地，按照相关规程进行生产，产出完全归自己所有。严林森进行义务技术指导和服务。他们通过将"平衡液肥""保护细胞增强剂"作为主要生产技术措施，将"乙蒜素""枯草芽孢杆菌""宁南霉素""甲氨基阿维菌素"等生物农药作为病虫害防治预案农药，降低了蔬菜生产中有毒农药的使用量。2008 年，基地生产的蔬菜抽样送省检测，各项指标完全符合无公害蔬菜生产的要求。新的种植方式不仅减少了农药、化肥的使用量，而且产品品质更好，成本上甚至有所下降。在蔬菜价格偏低的情况下，基地会员的蔬菜销路广，收入得到了保障。在国家农业项目的支持下，协会建立了培训基地、专业植保服务队、土壤养分化验室、农残监测室等，可以向协会范围内外的农户提供专业化农技服务和植保服务。在销售环节，协会在菜农和采购商之间充当中间人和协调人，保证交易的公正性，还提供装车之类的服务。

最后，协会为常规化培训的展开提供了组织支持。基层农技推广过程中，为了吸引农民参与培训，常常需要提供临时的物质刺激（如误工费、免费农资或礼品），尤其是当培训内容并非农民所需时。相反，协会组织培训时更为顺畅，因为这是农民在共同的长远利益基础上建立起来的，内部存在一定的关系网络和角色分工，参与培训是加入协会时承诺的义务，存在一定的群体压力，更为重要的是协会的培训总是针对大家的实际需求。严林森在组织培训时会根据成员蔬菜生产过程中的真实需求邀请专家，准备培训材料。而且他在邀请专家时，优先邀请对基层情况更了解、更懂农民语言的土专家而不是照本宣科的学院专家。现在，他推动的培训也会结合自己卖出去的种苗的定植、管理等生产环节的注意事项和原理。因为培训直接关系到收成，因此即便没有礼品，也有很多农户参加。在政府有关项目支持下，协会制备了与培训相关的设备和硬件，如投影仪、电脑、桌椅、图书等，从而可以更好地展开培训。协会内也成长出不少积极分子和志愿者，可以分担培训的负担。

农民组织是农民的利益共同体，可以汇集分散的农技需求，形成内部分工与协作制度，提高农技推广的针对性，降低农技推广的成本。国家农技推广人员如果不能将农民组织起来、满足农民的共同需要，不仅农技推广服务的成本很高，也难以起到服务农民、提高收入的效果。但需要注意的是，农民组织仍然相对松散，他们彼此首先是亲友、邻居、村民，然后才是协会成员。会员身份并不那么重要，会员和非会员的边界也不那清晰，协会制度的约束力有限。持续的共同利益才能保证农民对协会、合作社成员身份的重视。今天，很多农民协会都挂上了合作社或者公司的牌子，与其说是生产的需要，不如说是为了适应政府治理与制度的变化，以更好地争取政府的资源，或与其他市场主体互动。① 对于农民来讲，与科层组织进行形式化的交往，如开会，汇报，填写各种表格、申请，进行公务接待等都很费神。不是迫不得已，他们并不愿意与政府部门打交道。

## 五 结论

总结起来，现在严林森在碛口蔬菜产业发展过程中承担了如下几个角色。第一，通过工厂化育苗技术为普通农户提供高质量的菜苗，强化了当地蔬菜生产的专业分工，提高了农业生产的组织化水平；第二，通过新品种（农药、肥料）的试用、对比、示范，对科研成果进行了验证、转化，促进了新技术的推广，并在农资代购—销售过程中获得了一定回报；第三，作为联系政府资源、院校专家、农村土专家资源的结构洞，为相关技术传播提供了渠道，自己也在技术传播过程中得到了一定的补贴和更多的社会尊重；第四，通过长期为农友服务，积累了良好的信誉和农民内部的关系资源，促进了农民自组织的成长，推动了新型农业经营主体的形成。

在这种合作模式中，领头者实现了经济利益和社会地位，普通农户实现了增收，政府获得了政绩，蔬菜生产的组织化、专业化、科技化水平得到提高，村庄社会的关系得以协调发展。多个利益主体得以共赢，社会经济与农技推广得以持续发展。来自市场的激励是上述局面出现的基本原因，农民学习和传播新技术，首先在于它们有可能带来更高的收入。农技传播带来的社会声望与社会资本也是让个人参与农技传播的重要原因。既存的农村关系网络，以及新的社会组织架构为技术的传播提供了社会渠道。除此之外，一些基础性的因素共同推动了历史的发展。

一是历史传统与一定的需求规模。一个地区的历史并不是凭空产生的，与其长久的自然环境、社会历史紧密相关。碛口作为区域性的交通枢纽、工商业汇聚地，有着相对悠久的工农分工历史和晋商传统，即便在计划经济时代仍保留着比周边其他地区更高的工农分工水平。这里有蔬菜种植传统，较早形成了种植规模，甚至成

---

① 冯小：《农民专业合作社制度异化的乡土逻辑——以"合作社包装下乡资本"为例》，《中国农村观察》2014 年第 2 期；刘老石：《合作社实践与本土评价标准》，《开放时代》2010 年第 12 期。

为部分农户的主业。这样才能理解为什么严林森会为了一个西葫芦品种跑到太原市找研发单位，寻求专家指导和最先进的科学知识；才能理解为什么其他农户请他代购蔬菜种子的行为。没有相当的种植规模、一致的生产需求和发展预期，很难想象这样的代购能够持续，并逐步发展为后来的协同生产、专业化试种示范、工厂化育苗的阶段。没有传统，蔬菜种植很难凭空成为农民致富的一种选择，得到碛口镇政府、临县政府的重视与支持，逐步升级。

二是政府及相关社会团体对农技传播的支持。在碛口蔬菜种植的发展过程中，政府起到了重要的促进作用。面对分散的小农经济，培育新型农业经营主体，提高农业生产统筹水平、专业化水平，保障粮食安全和农业持续稳定发展是国家农业政策的重要导向。具体到作为人口大县和国家级贫困县的临县，农业还被当作经济发展的重要依托、政府出业绩的重要抓手，得到了相关领导及部门的重视。多年来，各级政府及有关组织（特别是农技协）在农业基础设施建设、农产品品种升级、大棚技术推广升级、土地流转、资金保障、合作社组建等方面和环节给予了大力支持。严林森义务参与的很多农技推广活动都是在这些部门推动下进行的；他的种植示范实验也部分得到了政府资金的支持；当地政府和中国科协的资金支撑更是育苗工厂最终建成的保障之一；对幼苗的财政补贴帮助打开了育苗工厂的市场。这些资金以农业示范项目或产业扶贫项目的名义免费投入，为新技术的推广和新生产体制的形成解决了成本问题，推动了农民对新生产方式的接受。

# 六　讨论与建议

课题组访问的多个合作社、农技协都存在严林森这样的关键能人。除了部分有着良好的外部资源、市场关系的返乡精英外，更多的是当年因为家境贫穷或高考偶然失利未能跳出"农门"的农民中的佼佼者。他们的成长经历各不相同，但总体而言，相对于其他村民，其文化底子更好，更善于学习和钻研，他们在不断自学、摸索和积累中成为农业能手。这些技能让他们在农业生产中脱颖而出，在民众中获得声望，并经常成为公共部门支持和市场机构合作的对象。通过经常与外界的联系，甚至接受专门的培训，他们获得了持续的相对技术优势。他们逐渐成为当地农民获取外界先进技术、进行本土化推广的结构洞式的人物。这种结构性位置在严林森身上表现得最为集中。

这些从分散小农中自发成长起来的农业能手、土专家与那些通过高等教育离开农村、离开农业、不再是农民的农技推广者相比有着自己的优势。他们的专业技能起点低，但经过长期的生产实践和摸索后，积累的技能甚至比农业专家更切合实际。他们不仅在农村有深厚的血缘关系，而且长期生活在农村，从事农业生产，与农民互动，有着平等的关系。他们属于同一个共同体，是其他村民的重要参照群体，同时有着内部人的优势，懂得村庄错综复杂的人际关系、家族历史和农民真实的需求。他们在农村有自己的土地，可以将之作为示范实验场所。他们是农技推广可以依赖的"乡土科普资源"！

这种自发成长起来的农业能手和土专家越来越少了。随着城市化和人口迁移流动的发展，留在农村的青年人越来越少，更不用说能力出众者。碛口蔬菜协会的很多技术和资源都过于依赖严林森一个人，尽管协会有不少农函大的毕业生。这与我们在其他农村专业技术协会和合作社观察到的情况类似，带头人在农村发展中起着重要的作用，但都面临着核心成员老化和后继无人的困扰。在当前城乡分化背景下，培育和留住农村能人、形成高质量的农业生产和农村管理团队是整个国家的挑战。让部分年轻人能够逐步成长为扎根农村，真正为农民、农业、农村服务的技术专家，靠专业技能在社会上得到发展和尊重，保证农村专业组织或专业人才的持续发展是有关部门的重要责任。

对这些有一定技术基础、较高社会声望、周边农户有需求的土专家，国家可以给予适当的支持，充分调动他们的积极性参与农技推广，加强与国家专业农技推广人员的协作，链接更多专业农技研究机构，提供必要的培训和学习机会。公共部门应该服务好农技协和合作社，以便让它们更好地服务农民。中国科协的科普惠农兴村奖补计划是一个很好的开始，但奖补评定过程、经费使用规则还有很多值得改进之处，既要找准人，又要给予信任、资源、成长的机会，建立起合适的机制推动他们进行农技创新和推广。

政府在推动这些新型农业经营主体成长、推动农业发展和技术推广的过程中，除追求农业产量和品质的提高外，还应该保障农民和农村的可持续发展。不同类型的农业生产适合不同的组织模式，不能盲目追求规模农业以及通过土地流转来实现规模化。在土地资源丰富的情况下，扩大经营规模问题不大，但在中国情境下，人口众多、土地分散，规模化生产存在人的障碍，盲目躁进不仅可能欲速不达，还会带来巨大的社会成本。众多农村居民的就业、发展与稳定始终应该被优先考虑。强势政府和外来公司为了能够办出规模农业，往往想流转大量的土地，雇佣劳力进行生产。这面临着土地成本和劳力成本高、生产管理困难的问题。如果给予的土地补偿过低，往往难以维持一个家庭的持续发展，给政府造成巨大的社会保障压力。土地补偿过高则意味着单位面积产量或产值必须更高。这些都是规模农业无法与精耕细作农业媲美的地方。分散经营基础上的协同合作——统一生产标准、统一品种、统一品牌和营销等同样能形成规模效应，方便品牌形成和分工专业化。此外，也能充分调动农户积极参与精耕细作，提高单位面积产量和产品品质，获得最大的个人产量和单位面积产值。这对设施蔬菜、食用菌、苹果、甜瓜、西瓜等生产周期各阶段都需要细心照料的作物尤为适用。

当这种分散小农联合生产达到一定规模时，社会化的、专业化的农业服务便成为需要。专业化的育苗育种就是在这种背景下发展起来的。掌握相关技术的先行者可以通过技术和资金壁垒保证收益，普通生产者可以依托自家既有土地或小规模流转的土地，掌握着整个生产的剩余索取权，进行精耕细作。既能保证自身充分就业，又可利用专业苗种获得更高的生产效率、最大的收益，从而出现育苗专业户和农户双赢的局面。这种情况出现在临县仁用杏、核桃种植和食用菌的推广过程中。创新者掌握相关技术之后，通过向普通农户提供苗种获得创新回报，相关的技术服务和指导往往是免费的、义务的。那些在农业产品加工和销售上有创新的人也因本地农产品产量增加而获益，同样有动力推动相关技术的使用。

一方面，和所有制度创新一样，这些创新有着巨大的社会成本，需要社会合作与政府支持；另一方面，这些创新一旦成功，有时会形成垄断，可能对弱小农民利益构成压制和侵蚀，又需要一定的规制和约束。部分农业生产、流通企业对分散农民的剥削是很多研究者反对资本下乡的重要原因[1]。在这种情况下，政府需要建立合理的投资机制，在推动农业技术创新和推广，生产规模化、现代化的同时，保证相关环节和市场的可竞争性，保证普通农户能够分享到发展成果。这些年，政府进行了大量非普惠型的农业发展投资，如扶贫开发和产业扶贫项目。大量公共财政资金被无偿让渡给部分企业和个人，很多不仅没有明确股权，甚至没有明确项目承接者的社会责任。政府在执行这些项目的时候，往往是花完钱、验完收就完事了。经常出现投资效率低下、项目质量不高、项目后续运行可持续性差等问题，甚至严重加剧了农村内部不平等，带来了资本主义的剥削

---

① 严海蓉、陈义媛：《中国农业资本化的特征和方向：自下而上和自上而下的资本化动力》，《开放时代》2015年第5期。

关系①，恶化了农村社会风气以及农民与政府关系。因此，亟须改善公共财政资金的投资监管和效用评估，提高公共资金投资和使用中的权责对等性，注意培育新型农业经营主体之间合理的竞争结构，提高财政资金的使用效率。

① 蒂姆·汉斯达德、罗伊·普罗斯特曼、李平：《中国农业的规模经营：政策适当吗?》，《中国农村观察》1996 年第 6 期；黄宗智：《"家庭农场" 是中国农业的发展出路吗?》，《开放时代》2014 年第 2 期；黄宗智、高原等：《没有无产化的资本化：中国的农业发展》，《开放时代》2012 年第 3 期。

# 合作社合并的一体化机制
## ——日本北海道洞野湖综合农协案例研究

## 潘　涛　仝志辉[*]

**摘要：** 本文通过对与合作社联合具有类似性质的日本北海道洞野湖地区农协的合并、一体化的案例研究，分析了洞野湖综合农协如何通过合并形式的横向一体化减少交易费用，以及组织内部纵向产业链一体化的实现规模经济问题。从而进一步解释了在横向与纵向一体化基础上农协品牌化战略的形成过程。

**关键词：** 综合农协　农协合并　横向一体化　纵向一体化

中国农民专业合作社普遍存在"经营规模小、服务层次低、规范化程度不高、带动能力不强"的问题。对于中国兼业小农的庞大数量来说，如何低成本地汇集规模优势实现合作组织的发展，是中国农民合作事业的核心命题。要想走出农业合作社的新道路，必须要以各个地域为基础，引导相当数量的合作社向综合性组织发展，根据不同地域的实际情况建立不同类型、不同机能的综合性联合社，将其作为中国未来合作社当中的主体进行发展。

日本农协一直寻求通过完善体制，以满足不同层次农户的需求。其解决办法除了发挥固有的综合性的机能之外，也通过合并方式不断提高经营效能。本文希望通过对这段历史中典型案例的梳理，挖掘出对当下中国合作社发展的一些可参考元素。

本文以北海道地区的洞野湖农协为例进行研究。北海道地区是日本农协数量最多的地区。1987 年，北海道地区的洞野湖农协由虻田町农协、壮瞥町农协、洞野村农协、熏萝卜咸菜丰浦农协、大水农协 5 个农协合并而成。其目的在于希望通过合并确立农业振兴型事业和改善运营体制。该合并以"强枝弱干"为基本理念，具体经营实行事业部制度，合并后成立分社，各分社对专业性的作物分别设立不同

---

\* 潘涛，华夏银行深圳分行客户经理；仝志辉，中国人民大学农业与农村发展学院教授。

的经营事业部、销售事业部，以产品类型制定区别事业部经营，具体来说，设置了本社的虻田杂粮部、丰浦畜牧业部、壮瞥果树五谷部、洞野旱田作物青果部、大水地区开发部。除了杂粮部，各自的分社长由事业部长兼任。在这种体制背景下，1970 年以后加入合并的农协有了独立的农业振兴政策制定权，销售部门的销售策略也结合事业部的特征进行展开。

# 一　日本农协的历史变迁和合并过程

## （一）历史变迁

### 1.《产业组合法》的制定

第二次世界大战后，日本于 1947 年制定了《农业协同组合法》，这是在联合国占领军主导下成立的法律。当时联合国占领军的目的是要把日本从军国主义变成民主主义，把农地均分给农民，而且价格非常便宜，甚至免费送给农民。

当时的农地改革有一个重要措施，就是把日本的佃农变成自耕农，核心政策关注农业协同组合的产业。他们采取的原则称为"协同组合法制度"，这个制度和战前日本的协同组合有一个不同，产业组合是各个行业的，分业组合法是按照职业分成不同的组合，比如有农业协同组合法，有渔业协同组合法，还有森林协同组合法，另外还有消费者的生活协同组合法、中小企业协同组合法。

组合重建的时候政府发挥了重要作用，政府制定大的方针由下面来推动，这和以前协同组合成立初期的方式不太一样。当时由政府来推进主要是因为战后日本的经济百废待兴，政府需要通过协同组合来征粮；另外把有限的生产物资以配给制的形式发给农民，同时把整个农业纳入政府体系。

### 2. 农协的发展和合并

进入 20 世纪 50 年代后，《农协合并助成法》于 1961 年施行，开始推进众多农协的合并。之后，为了改善农协事业规模过小的状况，1970 年出现了合并的第二、第三次高潮，金融自由化成为农协推进广域合并进行合作金融的契机。这样的广域合并，在市町村的行政单位内大范围推进。

当时法律允许协同组合兼营金融业务，因为从日本协同组合发展历史来看，如果没有金融业务，很多协同组合很难维持正常经营。

当时组合员分两种，一种是正组合员，一种是准组合员。正组合员必须是农业

的经营者，或者从事农业生产的组织；准组合员不是农业生产的经营者或者不是从事农业生产的组织。这种设立主要是因为日本战争的破坏，农村已经没有银行，也没有一般的商店，如果不让居民加入协同组合的话，居民就无法享受到服务。所以在当地居住的非农业人也可以使用协同组合的服务，但是没有选举权。同时，准组合员使用服务的总量不能超过总使用业务量的 20%。准组合员的数量不断激增也逐渐成为问题。

协同组织到 1940 年后期整体出现了经营不善的情况。当时的对策主要有两方面，一方面是政府的支援，另一方面是农协的自我改良。在政府方面，1951 年出台了《农林渔业协同组合再建准备法》，主要在金融方面给予农业协同组合一定的支持。在农协自身改良方面，1950 年日本农协倡导农协振兴于农，提出了工农销售的三原则："无条件委托"、"平均销售"、"共同计算"。无条件委托指农协的成员要求农协销售农产品的时候，农协不能拒绝，不能附加任何条件，只能全面接受；平均销售指不管质量好坏，农协会将所有产品混在一起统一销售；共同计算指因农产品价格波动较大，农户将产品交上去后，每笔价格都不一样，这样结算起来比较麻烦，"共同计算"就是不管多少，到了结账期平均计算一个价格。

### 3. 农协中央会制度

日本在战后禁止成立联合会，也禁止成立中央会，但是到了 1954 年的时候通过修改《农业协同组合法》废除了禁止条例，所以在 1954 年以后，日本首先在中央一级成立了全国农协协同组合中央会，主要为农协提供综合性的指导性服务，比如农信、农资，还有政策性的指导等。除此之外，各省市自治区也都成立农业协同组合。

## （二）农协体系的改革

### 1. 农业协同组合的垂直改革情况

垂直方向的改革主要集中在农业协同组合联合会跟中央会的改革。1954 年《农业协同组合法》修改以后，日本开始成立农业协同组合，并在国家层面成立了全国联合会，在都道府县层面成立了都道府县联合会，乡镇也有综合农协。这样就实现了跟国家政策相吻合的三级体系。

2015 年日本在农协领域发生了一个地震，这应该是 60 年以来发生的一次最大的改革——农协法允许农协变成株式会社，相当于股份有限公司；并且要求废除中央会制度，但只是法律上废除他的合法性，并不是废除中央会。这次改革是要把全国农业协同组合变成一般的社团法人，并将省一级的农业协同组合融入农业协同组合联合会里。

### 2. 农业协同组合的横向改革情况

日本综合农协在 1950 年共有 13314 家；1961 年日本出台了《农业协同组合合并助成法》，要求农业协同组合合并，合并过程中新建设施的费用由国家给予一定补助，这个法律至今为止仍然有效。

受这条法律的影响，日本协同组合数量从 1960 年到 1967 年减少了一半。从 80 年代到 2000 年的变化更大，减少到 1546 家，到 2000 年为 1424 家，减少了 2/3，主要因为第十八届日本农业协同组合大会提出一个市郡只有一个组合的目标，受此影响，整个数量大幅减少。2000—2015 年的 15 年间，日本农协的数量减少了一半。这是因为 1996 日本开始开放金融市场，随着金融市场的开放，农协的金融业务受到了很大冲击，经营恶化，所以农协开始合并，加速扩大自己的规模（见表1）。

表1　　　　　　　　　　日本综合农协数量变化　　　　　　　　　单位：家

| 年份 | 1950 | 1960 | 1970 | 1980 | 1990 | 2000 | 2010 | 2015 |
|------|------|------|------|------|------|------|------|------|
| 数量 | 13314 | 12221 | 6185 | 4546 | 3688 | 1424 | 725 | 679 |

## （三）北海道农协的合并

日本农协数量最多的地区是北海道地区，由于地形差异大，综合农协异质化程度相对较高。北海道农协中央会（简称北农会）在 1994 年大会中制定了以下战略：第一，地区农业振兴；第二，对成员的服务功能的强化；第三，成员负担最小化以及农协经营的效率化。为了实现这些战略，北农会对 37 家农协进行了合并。

从北海道农协合并的经过看，1994 年以前的合并，大多数为市町村内的合并，并且其中大部分农协在市町村的行政区域内已经存在过合并，如 1991 年由 3 家农协合并为"东本农协"、1993 年由 5 家农协合并成为"柔脆农协"等；于 1990 年之前 5 家农协合并而成的"洞野湖农协"是文中要讨论的案例，是其中的先驱。

1994 年以后，市町村行政区域的广域合并也开始急速前进。其中的逻辑仍然是对规模经济的追求，特别是日本农协从成立伊始，就具有典型的行政区域化的特征，其规模也与行政区域相对应，但是随着经济全球化等外部环境的变迁，很多行

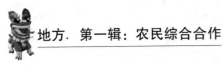
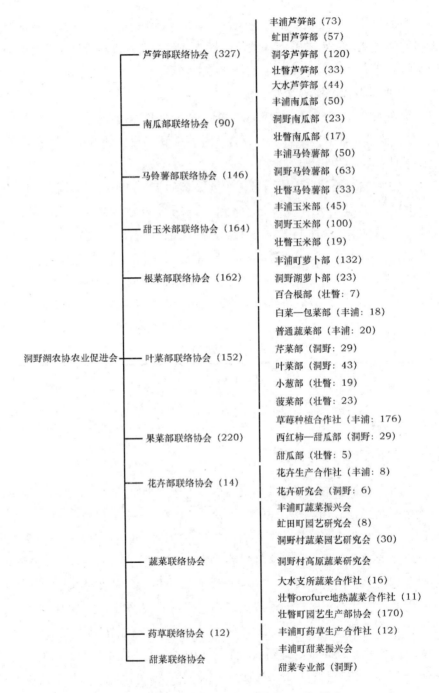

图1 洞野湖农协生产组织结构图（1989年）

政规定下的区域性农协已经与其发展不相适应，当然迄今为止的市町村行政区域的农协有着其特殊的历史形成过程，但是规模经济的要求、纵向一体化的需要，使其不得不顺应时代变迁的发展。

洞野湖农协作为农协合并的经典案例，其特殊性主要有以下几个方面。

第一，洞野湖农协是第一个打破市町村行政区划，进行广域合并的综合农协。

第二，洞野湖农协的合并以"小本社，大支社"为思路，横向上组织机构健全，纵向上产业链完善，发挥了横纵一体化相结合的优势，完整地表现了一体化的探索途径。这些可能对当代中国的农村专业合作社如何走向综合性的研究提供一些比较好的借鉴。

北海道农业协会中央会推行本社集中型组织体制的模式，本社集中型的联合效应对水稻主产兼营其他作物的联合效应，极大削减了成本，因而一直是主流。

农协间的合并本身是一种农协间的外部合并，这种外部合并有多重表现形式，比如横向兼并等。如1987年，洞野湖农协就是由虹田町农协、壮瞥町农协、洞野村农协、熏萝卜咸菜丰浦农协、大水农协5个农协合并而成的。此外，纵向兼并中如洞野湖农协于1988年以管区内公共牧场的高效利用为目标，成立了"洞野湖地域公共牧场重组整备联络协议会"，对全社的牧场进行整合，主要计划是各自的牧场农协批量管理，进行和牛交配、奶牛、乳羊育成等各自的专业化，解决了洞野的人工授精设施全牧场设置的问题。据此，公共牧场的全体工会人员可以自由有效进行利用。

## 二　合并的横向一体化效应

横向一体化是指生产和经营相同或类似的产品，或提供相似服务产出的农协之间的兼并，一般有两种模式：一是有两个以上业务相互竞争的合作社通过协商或者采取其他方式合并为一个组织；二是某个专业农协因为经营不善而面临破产或者经营终止，被其他大型的专业农协兼并，使竞争力弱的小规模农协数量减少，大型农协的规模扩大，结果是，这些农协的市场占有率不但没有下降，而且还有所上升。

单纯的横向一体化至少是一个科层组织，这个科层组织的功能一般是多元的，而不限于合作购销。通常，一个横向的经济合作组织至少具有三大功能：合作购销、资金融通和技术服务，而且常常也是一个社区性质的组织，具有公共服务功能。

农协横向兼并的原由主要也是那些规模较小的农协资金较少，营销网络薄弱，加之没有什么核心的生产技术，急切需要通过合并来提高其竞争力，而实力较强的综合农协则由于受限于自身规模，内部生产率饱和，无法更进一步扩大生产或者提高效率，从而产生了合并或者说兼并小的农协的需求。其主要原因在于市场的激烈竞争，资金实力较差、营销网络狭窄、农产品加工技术落后的小型合作社会面临破产风险，所以必须通过合并提高竞争能力，或者被实力较强的合作社兼并。

外部扩张的规模经济主要是针对兼并来说的，兼并最主要的动机是扩大合作社的市场力量，规模经济体现在兼并的各个环节中，比如投入农机采购、种植技术研发、市场营销和同行业竞争等。对兼并而言，合作社随着生产规模的扩大，劳动分工更加专业化，合作社更能充分利用大规模的土地和劳动力，最终使单位产品所负担的固定成本下降，所得收益率提高，即当两个产销品种相同或者相似的合作社兼并后，就可能在经营过程中的产、供、销任一个环节的人力、物力、财力方面获取规模经济效应。此外，兼并中实现规模经济的战略主要体现在以下方面。

第一，规模较大的农民专业合作社在农业投入要素采购方面具有大批采购的优势，可以降低采购成本，又由于具有生产规模较大的优势，就使单位产出产品的固定成本下降，兼并与被兼并双方可以减少复制性的运营活动，比如寻找买家和搜集市场信息等环节，从而节约了营销成本。

第二，农民专业合作社规模的扩大带来的经营优势。兼并后会有更多的资金，可以用来发展新的服务，同时，农民专业合作社抵御经营风险的能力可以获得提升。

第三，较大的农民专业合作社更容易获得政府的支持。在融资方面，规模较大的农民专业合作社在贷款等方面更易获得机遇。

第四，协同效应提高了整体竞争力，兼并双方就有可能达到比较优势互补。比如，交易成本相对较低的综合农协和经营能力较强的综合农协之间的兼并。

## （一）采购事业部合并后的横向一体化优势

一般的生活采购部门在农协事业中都属于非营利性事业部。也正是由于其赢利率低，因此在原先的每个农协当中都不受重视，然而，这一现象在1970年后发生了转机，1970年后开始生活用品中心、生鲜食品中心等在配送中心札幌等北海道各地整备，各个农协的生活购买事业部在采购方面进行了重组，横向合并为生活事业部中心。

在洞野湖农协成立不久后，为了合理化生活采购关系，着手统一采购。从而流通中心等开始进行生活用品的采购合理化，计划数量避免存货过多。在合并以前，每个农协进行单独采购，合并时的交易业者数，合计高达 404 个。因此，合并后的农协在某种程度上的采购大宗化是为了实现规模而做出的必要整合，对交易商进行了相应缩小。另外，合并后的洞野湖农协指定了家电代理厂商，降低了采购成本。

洞野湖农协成立以来，采购系统逐渐由依赖型向自主型转变，这可以看作是合并后降低成本和交涉能力强化发挥的作用。

从 1989 年 6 月开始成立生鲜食品中心，室兰市场在特卖的时候集中利用。以前主要是部分利用，由于各自的采购花费是一样的，因此最后单位的采购花费会越来越大。数据显示，1988 年，在室兰市场的采购费用包括加班补贴、车辆计提折旧费共计 111 万日元；生鲜食品中心的配送费用是 68 万日元。因此，仅仅生鲜食品中心全面使用这一项，就将采购经费实现了近六成的节减。

另外，旧洞野农协指定了大型家电厂商代理也为新农协管内采购价格的下降和缴清奖励金的加薪方面带来了益处。采购谈判力强化表现在，青水果配送费的折扣明显。也就是说，采购一体化由于交涉能力的不同，当初被提出的配送费 68 万日元，最终成功被压缩到 50 万日元。此外，关于一般食品，也通过扩大采购量，加强了采购价格交涉能力。

因此，合并降低了成本并强化了谈判力的采购功能，农协单独也可以进行合理的采购。其结果是，自主采购结构的倾向增强。

## （二）信用事业部合并后的横向一体化优势

信用事业部合并的益处主要体现在资金量规模的扩大和信用事业一体化带来的便捷两方面。

在洞野湖农协，与粗粮销售相关的信用事业的效果显著。洞野湖农协的合并通过有效使用各农协的富余资金减少了外部贷款。同时，这也对信用事业的收支带来了巨大的影响。表 2 显示了信用事业的损益。由于产地规模和农协事业区域扩大的销售事业的变化，合并增大了资金规模，扩充了事业资金，减少了信用事业的费用。这是以农协合并后的综合性为契机而发挥的结果。

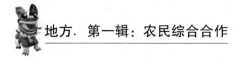

| 表2 | | | 信用事业的盈亏 | 单位：亿日元 |
|---|---|---|---|---|
| 科　　　　目 | 1986 年 | 1987 年 | 1988 年 | 1988－1986 年 |
| 信用事业收益 | 890 | 681 | 624 | －266 |
| 贷款利息 | 454 | 328 | 318 | －136 |
| 金融杂收益 | 49 | 58 | 60 | 11 |
| 信用事业营运 | 682 | 561 | 479 | －204 |
| 借款利息 | 209 | 129 | 80 | －129 |
| 信用事业利息 | 208 | 120 | 177 | －30 |
| 事业总利息 | 1089 | 967 | 985 | －104 |
| 事业管理费 | 1095 | 1088 | 1000 | －95 |
| 当期利息 | 1 | 50 | 53 | 52 |

资料来源：洞野湖农协业务资料。

各农协在合并前的 1986 年，为了缓和贷款回收困难的严峻形势，设置了针对回收困难的贷款的特别准备金和固定化债权的"重建整备资金"项目。

第一，将不能回收债权的坏账特别准备金在合并后作为各农协的财务调整。第二，合并后，进行固定化债权的条件转化。

根据这样的条件缓解债务，利息收入减少、利率下降、贷款利息减少。旧农协的贷款利息从最终年度末的 4.5 亿日元减少到 1988 年度末的 3.2 亿日元，最终减少到 1.4 亿日元。

那么，利息收入的减少对经营有何影响呢？洞野湖农协存在比较特殊的情况。比如说，短期借款金额大幅减少，农协支付约 1 亿 3 千万日元的借款利息，因此信用事业的收益、贷款利息收入的减少、贷款利息支付的减少，加上存款利息支付的减少，使信用事业利益与合并前和 1963 年比较，减收 31000 万日元。

根据负债对策的不同，信用事业的利益被压迫已成事实。不过，在这里以合并为契机，努力进行了消除固定的负债农户，以及不断扩充可能的信用事业的资金等方式。

## 三　合并的纵向一体化效应

在经济学上，沿产业链占据若干环节的业务布局叫作纵向一体化。纵向一体化是企业在两个可能的方向上扩展现有经营业务的一种发展战略，它包括前向一体化和后向一体化。

农协的内部合并表现形式为纵向一体化以及相关业务的多样化。洞野湖农协合并前，每个农协都有青果事业，合并后成为一个青果事业部。合并后，原来的几个农协相互融通资金共享利润使其资金池的规模扩大，资金池的规模扩大又可以吸收更多的会员，购销更多的农资，为农户提供更多的服务，这样就盘活了整个产业链。

农协合并完成后，新成立的农协的事业部可以对生产经营各个阶段进行集中控制，对部门中每个生产环节也可以进行统一的资源调配，这样就提高了在经营和管理上的综合效率。可以对生产经营的各个阶段进行统一的调配或者集中控制，从而提升了管理和经营的效率。在生产上就减少了农产品积压，有助于实现生产和销售活动的连续性，减少农产品积压并保证原材料的供应，提高合作社的整体运营效率，同时减少了农产品流转的中间环节，节约了交易成本，获得规模经济。如果把农协看成一个企业的话，两个有同业经营的合作社可以通过纵向一体化战略，强化自己的经营优势。

第一，内部协调与控制的经济性。合并后的农协内部权责分明，向下放权，总体协调，局部负责，使得内部佣金率下降，内部交易费用下降。农业指导由于有了合并的大舞台，经营指导事业较之以往也变得更加有成效。

第二，获取信息的经济性。在开放竞争市场，信息的获得性显得十分重要，合并的农协在区域中具有信息的内部垄断。

第三，节约交易成本的经济性。节省交易费用主要体现在统筹金融资源，先期农协总社对市场的拓展、基础设施的建设，以及统一的规划，总社已经代偿了首次交易费用，分社的交易费用在二次、三次中不断递减。

第四，稳定业务关系的经济性。这一点尤为关键。稳定的经济关系意味着收益共享，风险共担，尤其在农业中，稳定的经济关系对风险的防范尤为重要。

## （一）杂谷部合并后的纵向一体化优势

杂谷部运转资金的内部化由于各种销售、结汇资金的内部化运转，使得短期借款利息减少，这也是合并后金融一体化带来的益处。表 3 显示了粗粮部运作资金的季节变动。每月的必要资金量 = 收入额 − 销售金额 + 销售应收额。

对于合并前的虹田农协来说，信联的短期借贷达到了 10 亿日元，其借款额在 1986 年末达到 11 亿日元。因此它也被视为贷款依存性农协。表 4 显示了合并后发

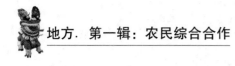

生的巨大变化，从资产负债表结汇资金的存货来看，1986 年合并前的 11 亿日元中，旧虹田农协占了 7 亿日元，而杂谷部又占了其中的多半。

表3　　　　　洞野湖农协杂谷部运转资金季度变动（1988 年度）　　　单位：日元

| 时间 | 买入 | 卖出 | 结余（A） | 未收金（B） | A + B |
|---|---|---|---|---|---|
| 1988 年 3 月 | 877939 | 2181928 | 659010 | 184558 | 843568 |
| 4 月 | 914024 | 436614 | 477410 | 207320 | 684730 |
| 5 月 | 965604 | 612313 | 353290 | 206302 | 559952 |
| 6 月 | 10009165 | 740625 | 268540 | 196355 | 464895 |
| 7 月 | 1031488 | 830583 | 200905 | 190348 | 391253 |
| 8 月 | 1042685 | 929360 | 113325 | 188230 | 301555 |
| 9 月 | 1139243 | 1087693 | 49549 | 194953 | 244502 |
| 10 月 | 1803587 | 1458583 | 345004 | 263206 | 608210 |
| 11 月 | 2372253 | 1899262 | 494990 | 296595 | 791585 |
| 12 月 | 2981468 | 2239584 | 741883 | 218813 | 960696 |
| 1989 年 1 月 | 3056138 | 2459983 | 597155 | 173117 | 770272 |
| 2 月 | 3146685 | 2622190 | 524495 | 128628 | 653123 |

表4　　　　　　　　　　　　　　借贷对照　　　　　　　　　　单位：百万日元

| | 科　　目 | 1986 年 | 1987 年 | 1988 年 | 1988 年－1986 年 |
|---|---|---|---|---|---|
| 资产 | 存　　款 | 6219 | 5390 | 5384 | －835 |
| | 贷　　款 | 5716 | 5574 | 5267 | －449 |
| | 成员账目 | 760 | 301 | 421 | －339 |
| | 金融资产 | 13209 | 11822 | 11750 | －1459 |
| | 盘　　货 | 1090 | 1175 | 1083 | －7 |
| | 经营资产 | 1846 | 1965 | 1613 | －233 |
| | 固定资产 | 1443 | 1526 | 1689 | 246 |
| | 计提担保金 | 276 | 765 | 819 | 93 |
| | 外部出资 | 314 | 341 | 380 | 66 |
| | 固定资产合计 | 1031 | 1102 | 1249 | 218 |

| 科　　目 | | 1986 年 | 1987 年 | 1988 年 | 1988 年 – 1986 年 |
|---|---|---|---|---|---|
| 负债·资本 | 储　　蓄 | 9871 | 10174 | 10954 | 1083 |
| | 成员账目 | 204 | 193 | 192 | – 12 |
| | 借入金 | 3078 | 1764 | 817 | – 2261 |
| | 短期借款 | 2124 | 1099 | 220 | – 1904 |
| | 金融负债 | 13845 | 12785 | 12500 | – 1345 |
| | 经营负债 | 484 | 681 | 761 | 277 |
| | 出资金 | 694 | 698 | 682 | – 12 |
| | 储备金 | 254 | 254 | 302 | 48 |
| | 资本盈余 | 1 | 51 | 56 | 55 |
| | 自有资本 | 949 | 1003 | 1040 | 91 |
| 合　　计 | | 16176 | 15134 | 14928 | – 1247 |
| 委托金 | | 5715 | 5678 | 5457 | – 258 |

资料来源：洞野湖农协业务资料。

专门借款的担保拆毁了存款，以致减少了借贷操作的结果。短期借款金 1986 年度末为 21 亿日元，在合并后的 1987 年度末达到 11 亿日元，1988 年度末到减少到 2 亿日元。也就是说，19 亿日元在 2 年内也减少到短期借款金几乎都不存在了。这样，合并后的农协存款担保资金信托方式的改变，在合并充裕资金量增加的基础上，形成营运资金筹措内部化。这一点，可以解释为农协合并后在金融领域所发挥的益处。

### （二）青果部合并后的纵向一体化优势

旱田蔬菜和水果部管理辖区内的蔬菜和水果的贩卖，是洞野湖农协中唯一顺利地提高销售额的事业部，合并首年度 1987 年的销售总额为 22.9 亿日元，合并第二年的 1988 年度达到 25.3 亿日元（见表 5）。其原因如下。

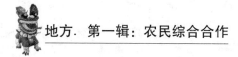

表5 洞野湖农协旱田果蔬部营业额变化图 单位：千元

| 地区 \ 时间 | | 1987 年 | 1988 年 | 1988 年/1987 年 |
|---|---|---|---|---|
| 丰浦 | 旱作 | 114253 | 151574 | 1.33 |
| | 果蔬 | 355454 | 389800 | 1.03 |
| | 合计 | 469706 | 541374 | 1.15 |
| 虻田 | 旱作 | 106597 | 105590 | 0.99 |
| | 果蔬 | 60275 | 44879 | 0.74 |
| | 合计 | 166872 | 150469 | 0.90 |
| 洞野 | 旱作 | 492501 | 624404 | 1.27 |
| | 果蔬 | 685514 | 710269 | 1.04 |
| | 合计 | 1178016 | 1334673 | 1.13 |
| 大水 | 旱作 | 13221 | 11322 | 0.86 |
| | 果蔬 | 22480 | 22045 | 0.98 |
| | 合计 | 35701 | 33367 | 0.94 |
| 壮瞥 | 旱作 | 185972 | 211563 | 1.14 |
| | 果蔬 | 253999 | 258607 | 1.02 |
| | 合计 | 439971 | 470170 | 1.07 |
| 合计 | 旱作 | 912544 | 1104453 | 1.21 |
| | 果蔬 | 1377722 | 1425602 | 1.03 |
| | 合计 | 2290268 | 2530054 | 1.10 |

资料来源：洞野湖农协业务资料。

第一，共选费用的下降。这主要是资本设备的不可分割性以及分摊股东成本。资本设备的不可分割性意味着某种投入不能按比例缩小到某一最小的水平。例如，农机设备不能拆分成更小的投入单位，要使分摊到单位产品上的固定成本变小，就要进行兼并，这一过程能够实现规模经济。合并也使产地扩大，筛选物数量的增加提高了部分进行分选劳动的效率。以管辖内代表性的蔬菜绿色芦笋为例，合并前（1986 年）的旧洞野农协的共选费，120 日元每千克，合并后首年度（1987 年）为 119 日元每千克，1988 年为 117 日元每千克，到 1989 年下降到了 112 日元。成本降低，其实也是增加了农民收入，关于这一点是洞野湖农协合并后的积极效果。

第二，使市场外流通体制的畅通真正成为可能。原因主要是减少竞争对手。在行业集中度较高的区域内可以获得较高的市场依附力量，获得更高的利润。市场外流通有特殊的意思，是指在批发市场对应的情况下，更稳定了持续性的出货体制，这确保了产地的稳定性。旧洞野农协，在合并以前开始摸索着各种各样的市场内外流通的道路，不过，由于参与生产者的不足和其结果的出货量不足成为瓶颈，直到合并之后才真正带来了市场外渠道。

第三，对联合会的依赖度下降，出货方面的自主性提高。旧洞野湖农协在道外对市场的开拓市场方面，是同也富良野农协、道北青果联合会等并列的先驱之一，根据合并前后向市场外流通的事，进一步确立了独自的销售体制，地域的销售对应能力也相应得到了提高。

总体来说，一方面，合并后综合农协通过本身的业务扩张，实现从农产品运输、仓储、加工、包装、零售和进出口等环节的一体化；另一方面，处于产业链上不同环节的事业部通过兼并，促进了农产品的销售和加工增值。

1989 年，市场外销售渠道的产品主要有绿芦笋、南瓜、哈密瓜等 5 个品种，合并后的农协成为全地区生产，而且有组织性的一体化提升品质中心。在销售数量占整个市场的市场外流通的比率，最先进军的绿色芦笋达到了 80%。市场以外的主要销售渠道有市民生协、邮局、分发会等。其中，市民协包括在店销售、共同购买、快递的内地发送 3 种类型都在洞野湖产的绿芦笋被广泛使用。另外，邮局销售是一个个包裹被寄到北海道外的消费者手中；在分发会上，公司制作商品目录，从消费者开始订货，到近年来的市场关系批发公司和加工公司的成立，都得利于农协合并后的规模化效益。

## （三）案例三：畜牧部合并后的纵向一体化优势

公共牧场共有丰浦町一处（丰浦町牧场）、洞野村三处（富丘牧场、成香牧场、洞野牧场）、壮瞥町两处（立香牧场、上久保内牧场）、大水村两处（大水村营牧野）共 8 处之多，由于比较分散，造成了管理混乱，合并前各个农协分别设置了各自的町村牧场。比较特殊的是，丰浦町牧场和大水村营牧野的两处是根据洞野湖农协委托管理，其他的公共牧场是畜产振兴会委托管理。

这些家畜牧场的收容能力共有 1700 头多，丰浦是奶牛，大水是乳牛和和牛，洞野是和牛。洞野村牧场是 100% 的利用率，其他的牧场则对收容能力还有相当的余力（表6）。目前管辖范围内的日本牛交配人工授精七成，放牧交配三成，不过，由于完全进行人工授精妊娠较为困难，公共牧场发挥着繁殖之后的重要作用。洞野湖农协拥有洞野 1 头，壮瞥 1 头种公牛，壮瞥的种牛是合并后不久的 1988 年 10 月

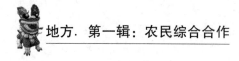

导入的优良品种。

表6　　　　　　　　　　　　各町村牧场的情况　　　　　　　　单位：公顷、日、头、%

| 牧场情况 | 丰浦町 | 大水村 | | 洞野村 | | | 壮瞥町 | |
| | 丰浦町牧场 | 大水村营牧野 | | 富丘牧场 | 成香牧场 | 洞野牧场 | 立香牧场 | 上久保内牧场 |
| | | 上野地区 | 昭园地区 | | | | | |
| 总面积 | 280.0 | 203.0 | 150.0 | 65.9 | 55.6 | 88.0 | 57.1 | 53.7 |
| 野草放牧面积 | 152.0 | 158.0 | 20.0 | 22.9 | — | 12.3 | 13.1 | 14.7 |
| 牧草种植面积 | 85.0 | 45.0 | 120.0 | 43.0 | 41.0 | 59.1 | 44.0 | 38.3 |
| 放牧期间 | 153 | 136 | 136 | 140 | 140 | 140 | 178 | 178 |
| 放牧头数（1988年） | 167 | 210 | 300 | 150 | 145 | 219 | 48 | 81 |
| 可放牧量 | 220 | 400 | 350 | 160 | 120 | 220 | 140 | 90 |
| 利用率 | 75 | 52 | 85 | 94 | 121 | 100 | 34 | 90 |
| 畜　　　种 | 乳牛、肉牛、马 | 乳牛、肉牛 | 乳牛、肉牛 | 肉牛 | 肉牛 | 肉牛、马 | 肉牛、马 | 牛、马 |

资料来源：洞野湖农协业务资料。

　　洞野湖农协于1988年以管区内公共牧场的高效利用为目标，成立了"洞野湖地域公共牧场重组整备联络协议会"，对全社的牧场进行整合。主要计划是，各自的牧场农协批量管理，和牛交配，奶牛、乳羊育成等各自进行专业化操作，洞野和丰浦的人工授精设施，公共牧场的全体成员都可以自由有效利用。

# 四　结论及政策建议

## （一）总结与思考

　　合并后仅仅两年，洞野湖综合农协已经对组合成员产生了实质性的好处。当然这也是建立在合并前各个农协积累的经营农业指导力和销售能力的基础之上。

经营农业指导方面，各事业部集中化、专业化。这在旱田作物青果部的组织化例子中有所体现，比如新研发出四种新果种比预想的还要早半年，在全地区被实施。畜产部中的经营农业指导方面也是如此。

对于销售事业，旧农协的销路成为基础，在杂粮部高级蔬菜豆的案例中，销售力度得到了强化。因此，蔬菜豆类的市场占有率提高，价格优势被保障。因此，这并不是单纯的销售能力，同时也是产地规模扩大后的溢出效应。在基本经营农业指导体制的基础上销售能力的积累，使销售能力进一步得到了提高。资金方面也在渠道上不断地合并，给农协运营上带来新的灵活性。其最大的成果是使得内部化运用的大量资金成为可能。

农产品品牌化也结合横向农协间的合并协调了农协组织间计划生产的问题，同时结合纵向一体化控制数量，按照一定标准形成对质量上的提升，从而推进了品牌化运营。它告诉我们，农协通过合并减少地域内农协之间的竞争，有利于形成纵向的量上的规模经济，从而提高某项产业在市场上的竞争力与占有率，然后结合地域特点通过规模化对产品进行统一标准、统一品牌的建构。

这样，洞野湖农协合并的好处是使得各个事业部扩大，这种地域振兴农业和生产规模扩大化的结合将专业农协的功能包含其中，北海道的洞野湖农协做出了农协方向性的探索。

## （二）政策建议

### 1. 自上而下的组织体系设置与组织内部活性化相结合

通过本文的分析可见，大多数西方合作运动是"自下而上"的组织形式，即先有基层社，待基层社发展数目增多，通过联合组成联合社。以德国的农业合作社最为典型。当基层社发展到一定程度后，因业务发展的需要，基层社通过自发联合建立起了联合社。

"自下而上"的联合确实有很多优点，但是借鉴日本综合农协的经验，同时立足国情，"自上而下"的发动方式可能更适合中国情况，原因如下。

第一，支持"自下而上"模式的可能担心"自上而下"的形式组建合作社联合社会事倍功半，不仅不能促进联合社健康、有效地运转，而且可能导致行政干预色彩过浓，违背了合作社联合社自由、民主的基本原则。然而这些只能是预期的后置效果，相比于合作社在初期的无组织、自由、随性、盲目的发展，可能会造成更大的资源浪费，而对农民经济上的伤害则会更多地伤害农民对合作社的认同。

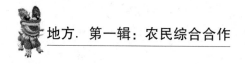

第二，现实中可能会有一些农民自发探索的好方式与路径，但是这些好的经验完全可以作为好的政策参考，作为以后推行的依据，并没有必要让每个合作社都独自去探索出自己的道路。

第三，"自上而下"的模式确保了资金专项在内部流通，避免了合作社遇到了好的项目，才开始向各个部门寻求资金支持，造成部门推诿扯皮的现象。

当然，"自下而上"也有其优势，如针对不同地区不同产品，由基层社组建符合地方特色产业的联合社，发挥资源优势，协调和整合基层社之间的矛盾和冲突，在更大范围内实现规模经济，促进农民增产增收。这些优势完全可以通过组织内部活性化的方式来解决，洞野湖农协组织结构的探索就是兼顾了北海道农协中央会的方针，走出了自己"小支社、大本社"的特色战略。

### 2. 合作社联合社法律法规的制定和完善

十八届四中全会强调依法治国，合作社联合社无论是从国际经验还是中国实际，都已经具备入法的条件，可以说，对联合社作出法律规定正当其时，只有国家制定出了相关法律条文，合作社联合社的成立、发展才能做到有法可依、有法必依。

为了适应地方上联合社的发展，很多地方都出台了地方性法规，比如浙江省、甘肃省相继出台了《农民专业合作社联社登记管理办法》，这些法律法规的出台，承认了联合社的法人资格，确立了联合社市场化主体的地位，确立了联合社成立的条件，规定了联合社成立的基本组织架构和章程、财务管理以及会计方式，这些都将为联合社的设立和发展提供指导和帮助。

我们可以借鉴日本综合农协的经验。日本 1947 年制定了《农业协同组合法》，配合当时的农地改革把日本的佃农变成自耕农，核心政策关注是农协的产业。1951年出台了《农林渔业协同组合再建准备法》，主要在金融方面给予农业协同组合一定的支持。1954 年以后，日本首先在中央一级成立了全国农协协同组合中央会。进入 20 世纪 50 年代后，1961 年《农协合并助成法》施行，开始了很多农协合并。可以说每一次日本农业的变革都伴随着法律条文的制定得以完善。

所以，立法机关应当加快合作社联合社的立法进程，给予合作社联合社明确的法律地位，特别是要加强对农民专业合作社合并为联合社给予指导，这样才能避免"无法可依"的困局。

### 3. 建立健全内部信贷服务机制

从洞野湖综合农协合并的案例中可以看出，除了规范的治理机制与政府、协会的大力支持外，联合社的内部信贷服务为推动联合社发展、增强成员凝聚力起到了极为重要的作用。这给予我们的启示是要建立健全内部信贷服务机制。

联合社通过提供内部信贷服务，一方面可以帮助成员社或社员绕开金融机构借贷壁垒，有效解决其资金需要，促进成员社或社员的进一步发展；另一方面，联合社通过资金借贷获取息金，可以为联合社提供一项新的收入来源，提高联合社资金使用率，促进联合社的发展。

洞野湖综合农协运转资金由于各种销售、结汇资金的内部化运转，使得短期借款利息减少，并且专项资金有专门的科目支出和使用，这样就有效地保证了资金使用的安全性，将资金严格限于综合农协内部发展资金的用途，避免成为民间金融机构，甚至非法集资的工具。因此根据洞野湖综合农协的案例，中国合作社在内部信贷服务机制可以借鉴成员社担保、专门理事会对贷款审批、专门内部监督和独立外部审计监督等制度方式，来保证信贷资金安全、有效地使用。

# 政府驱动：韩国农协发展机制及其启示

## 孙炳耀[*]

**摘要：**中国农民合作组织发展欠佳的关键在于政府驱动力不足。韩国政府推动形成的兼有合作经济与社会企业性质的农协，一方面弥补了农民合作自组织不足，另一方面便于形成官民二重治理结构，提高治理绩效。同时，韩国行政、技术机构与农协分工协作，提供了健全的涉农服务。因此，中国农民合作组织发展道路可借鉴韩国经验，建立农协以推动中国农业发展。

**关键词：**农协 社会企业 治理结构 公共服务

农民合作组织发展需要有来自农民的动力，还需要有来自政府的动力。两种动力组成的机制，对农民合作组织发展至关重要。中国自农村经济体制改革以来，农民的组织化发展经历了30多年，目前各类专业合作社数量不少，但组织规模小，发挥作用不够。相形之下，日本、韩国农协的组织化程度高，功能较充分。进行比较研究可以看到，中国农民合作组织发展进程与日、韩的不同，关键在于政府驱动的不足。以下围绕韩国农协的发展过程，分析政府动力在其中发挥的作用，从中启发思考中国农民合作组织发展的道路。

## 一 政府自上而下推动建立农协

韩国是在小农户基础上开展的农民组织化，这一点与中国的情况相似。日本农协及中国台湾农会发展的基础也如此。韩国于1948年建国，1950年即开始进行农地改革，形成众多同质性的小农户。其有三重角色：一是小规模土地所有者，1951年末，自有耕地不足1公顷的农户占总农户的78.5%；二是以家庭劳动为主的个体农业劳动者；三是自给与出售兼有的农业小商品生产者。几十年来，虽经历急剧

---

* 孙炳耀，中国社会科学院社会学研究所副研究员。

的工业化、城市化、现代化，但韩国小农户的基本格局并没有变化。现在韩国农户平均经营规模为1.4公顷。为防止农户分化，韩国长期限制大规模持有农地，规定最多不得超过10公顷；到年才放宽到20公顷。

小农户需要组织起来，但存在组织能力不足的缺陷。三重角色表现小农户的合作需求：小规模经营需要生产资料上的支持，家庭劳动需要有技术服务，小商品生产者需要有农产品销售服务；但这同时也限制了他们的组织能力。西方国家的家庭农场规模大、实力强、组织自我发展能力相应较强。在普遍存在小农的条件下，农民组织发展往往出现两个特点：一是组织做不大，功能微小。中国20世纪50年代农村土地改革之后的农民初级社就是如此，这也是随后向高级社过渡甚至发展到时人民公社的原因之一。二是组织为少数大户所控制，低端小农户难从中受益。日本农民组织发展较早，到20世纪初，合作组织的参与者主要为大户。中国改革以来农村专业技术协会及农民专业合作社的发展也存在大户控制问题。

20世纪50年代，韩国对农民合作组织发展的路线曾出现过争论。问题集中在三方面：一是靠农民自愿由下而上地组织还是由政府主导自上而下推动；二是利用原有的农民组织还是成立新的组织；三是设立专业的农业协会组织还是建立多业的综合农协组织体系。当时，国际上已有日本农协及中国台湾农会发展的经验，是由政府自上而下推动新建立的综合性农民组织。1955年，美国驻韩经济使团先后邀请了两位专家E. C. Johnson和J. L. Cooper（时任"国际合作社联盟"驻菲律宾官员）赴韩，他们提出的建议主要包括三点：一是要建立农业协同组合的全国层级框架：农协中央会、市郡农协联合会和基层综合农协；二是综合农协要经营信用、购销、共济等事业，办成综合性农协；三是国家的农业银行要给综合农协的信用组合贷放资金，助其成长。这些意见逐渐在争论中占据上风。

通过争论而形成的共识很快转化为政府行动，并通过立法的方式自上而下建设农协新组织。1957年，韩国颁布第一部《农业协同组合法》。据此，韩国第一个全国性的农协组织即全国农协中央会于1958年成立。1961年，朴正熙政府颁布了新的《农业协同组合法》。根据新法规定，以前独立存在的农业银行并入全国农协中央会，成为其资本和信贷机构，建立了农协银行。一般认为，韩国农协为朴正熙政府1961年建立的，重要原因在于政府推动力的加强，特别是在于农协金融职能的形成，给农协注入新的活力。

韩国《农业协同组合法》的特点是针对特定组织的特别立法，而不是面向农民合作组织的一般立法。1957年之前韩国已存在众多的不同形式和职能的农民合

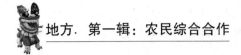

作组织，新的立法不是对其进行规范，而是另起炉灶，按照新的顶层设计，建设一个新的组织体系，使农协成为一个特别的法定机构。这个特点体现了政府对农民合作组织的强干预，不在于制定通用规则，而是直接用法律的形式确定农协的组织和职能。

## 二　法定机构造就农协超级规模社会企业

法定机构使韩国农协一开始就建成了一家全国性的、规模庞大的组织体系。在面（相当于中国乡级行政区划）或里（相当于中国村级区划）建立地区性综合农协，覆盖全国绝大多数农户，替代了农村原有的众多的合作组织；在上层建立了全国统一的农协中央会；并在市、郡（相当于中国县级行政区划）建立中层机构，形成三个层级、覆盖全国的统一的农民合作组织。三级组织各具独立法人资格。到1981年，韩国农协进行组织改革，撤销市、郡（县）组合的法人资格，改组为中央会下派的办事机构。其效果在于减少管理层级，加强中央会的宏观管理作用和服务能力，同时加强基层农协的独立性和服务能力。层级减少了，但机构并没有减少，机构空间布局并没有大的改变，庞大的组织体系一直在发展。

法定机构使韩国农协成为一个庞大的企业集团。法律授予农协综合经营权利，包括金融、流通、农业服务、社会服务，其业务范围比任何多样化经营的巨型企业更为宽广。基层地区性农协成为乡级地域范围内金融和零售业中的主角，还在农业服务和社会服务业中发挥重要作用。农协中央会及其分支机构办有大量经营实体，有农协银行；有庞大的农产品交易、加工、储藏和物流系统，其中包括85个农产品拍卖机构；还建有农协大学，以及9个培训中心，办有农民报刊；还直接经营肥料公司、农业合作市场有限公司、畜牧市场有限公司，以及一些零售企业。庞大的企业集团形成了为农服务的强大能力，这是任何自下而上发展起来的合作社所不能比拟的。

法定机构使韩国农协的经营具有合作经济性质和社会企业性质，其组织目标、资产性质、治理结构与私有企业及国有企业有明显不同。农协为非营利机构，按照合作社原则进行利益分配，基层农协的经营收益须按交易额进行二次分配；中央会及其分支机构的经营实体，在经营过程中向基层和会员让利，其赢利仍用于扩大农协发展。农协资产最初由社员股金构成，政府划转的农协银行成为最重要的资产；经过几十年发展，农协有了一定积累，其中主要依靠政府资助的建设项目成为农协固定资产的重要来源。在法理上，农协资产为全体会员共同所有，但并没有相应股权，而是农协法人资产。农协的治理结构保证了农民会员的参与。这些特点与合作社的原则是一致的，也符合社会企业的特点。

社会企业是20多年来日益引起关注的新概念，它突破长期私有企业、国有企业二元结构分析框架，强调社会价值观及社会机制在企业发展中的作用。合作社作为经济组织，具有明显的社会性，被认为是社会企业的典型形式。在普通企业基础上发展起来的社会企业，其社会目标、资产结构和治理结构都不及合作社的社会性充分；在非营利组织基础上发展起来的社会企业，其经营能力往往很弱。韩国农协作为社会企业，具有充分的社会目标；其资产形成机制更灵活，政府资金转变而形成的资产，不同于国有企业资产；农民参与治理，突破了资本权力与行政权力主导的企业治理结构，从根本上改变了企业的性质。

法定机构界定的韩国农协具有农民社会团体组织性质。农民是一种职业，加入农协的资格条件，首先在于有一定规模的农地、从事农业劳动的时间以及农业收入，因此，农协具有职业人群社团的性质。农协在维护农民权益及农民培训方面的职能，反映了职业人群社团的特点。若参照台湾农会经验，这一点就更明显，农会这个名称不强调合作经济，而强调农民职业人群。

## 三　官民二重性质的农协组织治理结构

韩国农协最初采取自上而下的治理结构。1961年，按照法律建立农协，由法律决定其组织架构，然后逐步向下创建下级组织，自上而下地进行人事任命，形成市、郡（县）级农协，并由其向里、洞（村、镇）农协提供指导。这样的治理结构由其发展路径决定的，权力来源于法律，由上级机构掌握，然后向下延伸。这种集权式的治理结构在组织发展初期起到了积极作用，为组织发展提供了强大的动力和执行力，使农协法迅速得到贯彻。在小农户组织参与能力不足的情况下，自上而下的治理结构就更为重要。

因此，韩国农协最初带有浓厚的行政色彩，具有半官半民的性质。作为公法人社团，它的权力来源与行政机构类似。虽然它的经费不由财政拨付，但法律授予它经营权，例如最初具有化肥专卖权，实际上是通过公权而获取赢利，以补偿农协的运作成本。农协的人事管理特别是中央会、郡（县）农协的人事管理，与公务员的管理体制相似。农协主席由农业部任命，农协每年的业务活动和经费预算必须得

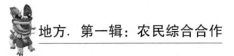

到政府的批准。这也形成了相应的理念，将农协工作人员视为准公务员。我们在韩国考察期间，农协干部给我们讲了一个例子：中央会一位干部触犯法律，其判决量刑比企业干部为重，与公务员相当，罪加一等。

不过，自上而下行政化管理只是历史暂时现象，韩国农协进行改革，建立了自下而上的治理结构。1987 年修订《农协法》，允许农民会员竞选基层农协主席，也可以直接参与中央会选举。农协业务和预算计划不报政府批准，只需备案。农协中央会董事会成员从 6 人增加到 19 人，其中 11 人为非常务成员，由基层组合的领导人构成。另外 8 名常务成员为专业的管理者。1994 年再次修订农协法，中央会的总裁必须是一个农民，成员组合长在农协董事会中的比例增加到 2/3 以上。这样，由农民会员选举产生基层农协理事会，由理事会选举产生组合长，由组合长构成农协全国代表大会，选举农协中央会的理事会，其中大多数名额及主席必须由农民担任，形成了自下而上、权力来源于农民并由农民掌握的治理结构。2004 年修订《农协法》，不再设常务主席，引入 CEO 制度，农协主席脱离日常管理，以加强会员合作及决策、监督，提高管理的透明度，并进行独立的审计。

基层农协采取民主管理、权能分设的治理结构。由农民会员代表大会选举产生的农协理事会是基层农协的最高权力机构，负责组织决策和监督。从理事会当中选举产生组合长及监事长，具体执行相关职能。实行管理权与经营权分离，农协聘用专职人员，将经营权交给他们，由他们为会员提供服务。权能分设的治理结构一方面保证了农民的权益，另一方面则可利用各类专门人才，提高服务质量。这不同于一般的互助性合作组织，完全由会员提供自我服务。自我服务受农民会员知识及能力限制，他们参加农业生产，可用于经营的劳动时间亦受限制。聘用专职人员提供服务，解决了农协合作组织能力不足的问题。组织规模越大，职能越多，权能分设的作用就越明显。

农民合作组织的根本特征在于农民所有、农民管理、农民受益，民主管理保证了农协的合作组织性质。农民会员是农协的主人，职员是农协的雇员。农民要求职员提供更好的服务；职员则要求提高效率，增加工资，甚至建立工会，以维护员工利益。如何解决这一矛盾，我们在考察韩国农协时就听一位基层农协的总干事讲过一个故事：当地有农协办的一个农泡菜工厂，当年韩国大白菜歉收，价格上升，中国进口大白菜价格便宜，但为了保障会员利益，理事会规定泡菜工厂必须保证收购会员大白菜，不得使用进口原料。

韩国农协治理结构转型体现出运用集权、走出集权的改革过程，这与韩国的政治环境及走向是一致的。1961 年朴正熙运用集权推动农协发展，农民合作组织得以在短期内迅速成长，其运作也带有明显的行政色彩。随着农协的发展，集权及行政化的缺陷日益明显。到 80 年代，韩国政治民主化加快，折射到农协组织，国家主动地、有意识地进行农协治理结构改革，改变自上而下的治理结构，几年之内就建立了自下而上的民主化治理结构。

## 四　政府公共目标与农业公共服务

韩国政府很重视农业公共服务，除了对农协的支持外，还直接举办农业服务技术机关。于是，在农户之上有基层农协，在农协之上有技术机关和行政机关。基层农协一般设在"面"上（相当于中国的乡镇），技术机关则设在郡（县）和州。

一个典型的案例是骊州郡农业技术推广中心。该郡是韩国著名的大米产地，所以推广中心的主要工作是围绕大米来做的，俨然是一个水稻研究所。中心是一个政府拨款的技术机构，30% 的经费由国家给，70% 的由州地方政府给。中心在编员工39 人，聘用 12 人，一共 51 人。一年费用共 70 亿韩元，其中 18 亿是人员工资，40亿是给农民的推广费用。他们的主要任务就是推广技术，包括种子、肥料、技术指导，还有就是发放政府给的技术推广补贴。襄阳郡农业技术中心也类似，共有 30个公务员，设 2 个课长和 7 个系。其中农业职员课有三个系：实验示范系、职员后勤保障系和农业技术培训系；技术推广课有四个系：园艺特作系、环境农业系、农机械管理系和粮食作物系。

另一个典型案例是南扬州农业发展中心。它分为农业技术课和农业振兴课两部分。中心制定南扬州农业的品牌化战略，内容包括如何提高农民的素质、能力和技术；利用农村资源为居民提供服务，例如热爱自然教育、传统风俗体验等；促进环保健康的农产品的生产环境建设；开展差异化的农场体验项目服务；实现梨、大棚蔬菜、牛肉等产品的品牌化生产。他们投资 4 亿韩元，建成了由 6 个区域的体验式农业自然（植物、昆虫）教育和传统民俗教育区域，免费对社会开放，是非常好的旅游教育设施。

政府技术机构的研发项目需要有农户的参与 需要有农协的配合。例如"优质大米"项目是韩国政府实施的项目，许多郡（县）都在做。骊州郡农业推广中心主持的项目由 19 位农户组成，他们种的大米统一打"TOPRICE"品牌，直接由农协定价，由农协办的大米加工厂收购。农技推广中心每年给这个项目组织 1 亿韩币

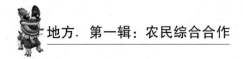

的补贴，提供种子化肥、病虫害防治、质量标准等技术服务。这是一种以项目为龙头的组织形式，农民各自对自己的生产负责，共同享受政府的补贴和技术指导。在这种形式下，农民不用为技术和市场发愁，只是单纯地种好地，就能享受到稳定的收益。

政府行政机构、技术机构与农协三者的涉农服务，应当有适当的分工与协作。韩国的实践表明，三者大体上的分工是：行政机关制定政策，进行规划，提供设施援助，发放政府补贴；技术机构负责农业技术应用研究、实验示范、推广应用、教育和培训；农协的作用主要是为农户提供生产指导，收购、加工、销售农产品。就农业技术推广而言，政府技术机构偏重于研发和培训；农协偏重于直接服务，面向农户，将技术与生产实践结合起来。其中可能出现的问题是，政府自上而下地提供技术服务，脱离农民及农协的监督，甚至脱离生产实际。例如，围绕农业机构化，政府技术机构与农协都提供服务，需要二者协调。

韩国政府公共服务还触及农产品批发，农协在其中也发挥一定作用。首尔可乐洞果蔬水产批发市场是全国最大的农产品批发市场，由首尔市政府投资933亿韩元（约6亿5千万人民币）建设，占地28万平方米，日进出车辆达4万辆、顾客13万人，日成交农水产品7500吨。政府对市场进行管理，允许6农公司进驻经营，其中对农协给予特殊政策，指定中央农协的公司常驻市场；而其他5家商业性公司则需要通过竞争获得5年合同，期满后重新洗牌。我们在考察中看到，在政府开办的批发市场中，农协的服务与商业公司略有不同，显示出一定优势，对农户有利。它可利用农协的信息系统对农户出售的物品进行实时结算。它按交易额的4%提取中介费，扣除成本后，盈余大部分返还给农户，体现了合作组织按交易额进行二次分配的原则。

## 五 借鉴韩国经验推动中国公法人合作组织

从韩国经验看，农协这个公法社团兼具三重性质，既是直接代表农民利益的自主性社团；又是受国家委托、协助政府实施三农公共服务的经济、社会机构；还是驰骋于国内外市场兼具金融、流通、加工的巨型企业，是横跨政府、市场、社会三大部门的跨界机构。

这种跨界机构能整合三大部门的优势，依托国家授权、政策支持和农民信任建立强大的公共资产，在资源禀赋、资源配置、组织制度、人事调配、运营机制等诸方面集政府、企业、非营利组织之长，因而具备一般企业和社团都无法比拟的市场竞争力。加之这样的公法社团是一个统一的独立体，既能贯彻国家意图又有自己的独立意志，利于处理好政府、市场和农民三者间的关系。

韩国经验证明，以立法推动一元化的综合农协组织的体制建设，有益于通过农协系统将政府投资的所有农村基础设施和农产品流通设施形成由农协管理和运营的公共资产，这比起中国目前多少万亿元投给农村的公共投资要么化公为私人资产，要么成为产权不明、无人管理的无主公共资产而日渐贬值不知要高明多少倍。

韩国经验证明，强势政府立法推进综合农协，建制度、建组织，给资源、给政策、给投资、给人力，均要以政府和农协系统的清正廉洁为前提。同时，通过农协加强对农民的教育和培训，让农民认识到组织综合农协的必要性，产生自主、自立、自治的动力，也非常重要。这种教育和培训不能讲空话，而是要像韩国农协做新村运动那样，将教育贯彻到农民组合员相互担保贷款、共同还款、共同运销以及社区教育等各种活动中去。民主的意识和氛围就是在农民之间互相认识、互相鼓励、互相教育、互相监督的过程中养成的。

农民的自主、自治意识和基层民主的养成需要有一个相当长的时间，韩国对于农协从开始的直接统治方式到后来的放开治理，经历了约40年时间。如若中国要做公法社团的农协，采取怎样的方式还需深入研究。即便开始阶段政府主导，政府将各类涉农资源、农协组织框架和基本制度链接，也无须经过40年才放开治理。重要的是，尽管政府主导可能是一个比较快速的路径，但如果各级政府做不到清正廉洁，还要进入农协做支持，那么对农民而言不啻于雪上加霜。

韩国的这些经验启发我们，中国若真的要按照公法社团模式设置综合农协体系，一定会有一场大争论，尤其若以立法方式将原始资产本属于农民的农村信用社和供销社系统连资产带人统统归入新设置的中国农协，一定会刮起狂飙巨浪。显然这绝非一蹴而就，需要相对长期、艰苦的工作，甚至需要一场思想政治革命。

在改革的试点推进工作中通常有两种做法：一是摸着石头过河，通过做试点探索积累经验，再以点带面进行推广；另一是先做顶层设计，实施中牵动全身、形成改革系统工程。

日本、韩国、中国台湾设立农协都属后一种做法，而中国1978年自小岗村开始发动的农村改革属前一种。

采用第一种方法试点存在两个问题：一是谁来支付改革所需要的代价和成本，当支付者不是政府而是社会的某些机构甚至个人的时候，一旦现有条件不许可而无

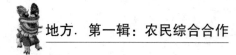

法支付，改革就只能放慢进程甚至不得不放弃。二是当试点取得一定经验，能否及时获得政府的支持并在扩展中改进。由于局部试点往往牵涉重大制度的调整的观念、利益和冲突，在关键时候若得不到必需的政策支持，试点就阻力重重，无法突破甚至难以持续。中国社科院社会政策研究中心和北京农禾之家咨询中心在湖北建始县接力进行的"河水坪地区新农村综合发展与乡村治理试点"，就同时遇到了第一种试点方式的这两类问题。这个试点是在建始县委、县政府主导下进行的，2007年中调研，2008年启动，曾经有过不错的成绩，但是目前进展缓慢甚有所倒退。

在考察了韩国农协之后，我们认为，中国三农事业的改革应该是顶层设计、重大决策与基层的试点和探索相结合。所以，尽快启动顶层设计的战略研究，同时争取在两三年内将设立公法社团的综合农协列入国家层面的综合改革配套试点，形成对基层政府既有约束又有激励的乡村治理新机制，可能是一条可行且必走的道路。

# 书与书评

主持人：仝志辉

# 农村经济中纵向集中的概念以及进程：
# 作为替代选择的农民合作社

亚历山大·恰亚诺夫[*]

王东宾　贾　开　译[**]

当本书的许多读者——农业经济学家、工程师、教师和那些在农村工作的人们——面对俄罗斯农村现代化的障碍时，很可能不止一次地感到绝望。

必须认识到，这种状况有其内在根源。谁也不能否认当前经济学关于组织形式的基本理念是崇尚大规模的生产组织方式，囊括进成千上万的工人、上千万卢布的资本、大型技术设备和标准产品的大规模制造。福特机器生产车间，Volkhovstroi和其他的大型蒸汽动力厂，越洋运输公司提供的远洋运输线，筹资巨额资本进入新兴经济区的银行——这些都是今天经济管理者所痴迷的经济现实。

也难怪我们很多同志，尤其是年轻同志，脑袋中仍旧憧憬着现代工业经济的美好蓝图和目标，但却没有耐心在其本地实现类似的目标，他们往往工作几个月后就意志消沉。当他们在 12 月的雨夜中，坐在颠簸的农家牛车上，从 Znamensk 经由 Buzayevo 去往某地如 Uspensk 的过程中时，他们会近乎绝望。他们途经之处，不仅缺少良好的马路，而且到处是贫穷且冷漠的农民居住在没有多大差异且堆满农作物的小房子。这些农民，也就是房子的主人，往往被称为"愚昧的纯粹小资产阶级"，蜷缩在狭小的房屋内。

我们应该理解感到绝望的同志，他们看到了福特车间的状况，而在实际工作中，他们却不得不和两个用一头牛耕种五英亩土地的人打交道，他们甚至连一匹马也没有！

当然，不争的事实是，农业国家的经济生活——中国、印度、苏维埃共和国和

---

[*] 亚历山大·恰亚诺夫（1888—1939 年），苏联著名农业经济学家，实体主义经济学的代表人物。

[**] 王东宾，北京大学经济学院博士后；贾开，清华大学公共管理学院博士生。

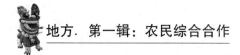

东欧、亚洲的许多国家——并没有向我们展现在西方国家很容易看到的现代组织方式。

然而，任何经济现象都应放到它所演化的历史进程中去研究，而且只要有可能，就应该进行深度研究。如果农业国家采取这种方式，结果会令许多人大吃一惊。我们将发现，农业并不是毫无希望运用大规模组织方式，准确地说，在我们的时代里，正在发生急剧的变化。这些组织形式变化的重要性并不亚于工业中的大规模生产。因此我们失望的读者应该充分相信，这些落后地区具有实现这一目标的巨大潜力。

问题在于，到目前为止，这些变化仅仅处于发展初期，它们并不能给我们提供一幅完整的画面。

本书的目的在于展示出苏联农村地区发展的道路及其组织方式。它们无声无息、不为人所见地默默发展，但实际上，他们却正在以一种近乎激进的方式重建乡村组织基础。仅仅在一二十年前，农村地区仍是充满散漫、渺小和半开化农民的无政府状态，现在却正在经历着多层面的结构性变化，并具备了展开大规模经济活动的基础。

如果我们基于实证材料去研究城市工业和银行发展的历史历程，我们将很容易发现令人羡慕不已的现代组织方式，尽管他们的力量和规模并非与生俱来。它们是逐步形成的，事实上也只是最近的发展成果。在并非太遥远的过去，大约150年之前，纺织业甚至金属加工业也是采用手工作坊的组织方式，通常以家庭作坊为基础。只有当资本主义不断发展壮大之后，以学徒为基础的封建制生产组织方式才开始解体；在资本家首次控制贸易后，才以纺织工厂的形式创造了第一批大规模企业，随后再进一步把它们组织成现代工厂，然后在最后阶段，将它们联合起来形成各种形式的托拉斯或辛迪加。

我们无须详细描述这个过程：从任何一本政治经济学书中读者都可以了解到。[1] 对于本书而言，重要的是农业领域的资本主义发展进程比较缓慢；并且在许多地方，它的演化呈现出非常不同的形态。

当然，毋庸置疑的是，农业和工业一样，大规模经济组织可以获得显著优势，并具有较低成本。然而，在农业中这种优势不如工业中那么明显。

---

[1] Reference can in any case be made to the excellent new book by V. S. Bernsein-Kogan, Vvedenie v ekonomiku promyshlennosti〔Introduction to the Economics of Industry〕, Moscow, 1926.

原因在于农业生产所面临的技术条件。工业领域的生产集中和规模扩大可被称为"横向集中"，比如，大量小规模且位置分散的工厂不仅在经济意义上而且在技术意义上合并成大工厂，并把大量的人力和机器资源集中到有限的空间内，进而大幅降低成本。在农业领域，实现这种规模的横向集中是不可想象的。

"农业"的基本概念是指通过人力利用达到地球的太阳光能。辐射在 100 英亩土地上的太阳光不能集中到一英亩土地上。只有种植在光辐射土地上的农作物中的叶绿素才能吸收这些光能。农业由于其天然特性，不能与大面积的土地分离；从技术角度来看，农业企业规模越大，它就必须占有越多的土地。在这种意义上，它就不可能实现空间上的横向集中。

我们举个简单的例子来说明。拥有 100 马力设备的工厂主，如果想要产出增加 10 倍，可以安装 1000 马力的设备，并可以大幅降低成本。但假设只有一匹马耕作土地的农民希望产出增加十倍的话。他当然不能购买一匹十倍大的马：他必须购买十匹与第一匹同质的马。用拖拉机代替马，会降低一些成本。但拥有一辆拖拉机的农民，如果想要产量增加十倍，同样不能把拖拉机的马力增加十倍：他必须购买十台类似的拖拉机，同时在不同的耕地上作业，这也会带来成本的显著降低。这对于其他要素同样成立——种子、化肥、耕牛，等等。

农民要增加产量，大部分情况下是增加投入要素的数量，而不是扩大规模。因此以数量形式计的农业规模收益较小。更需要指出的是，农业的特殊属性也为农业企业的扩张施加了天然限制。

假如农业生产被不可避免地分散在广袤空间，农民也随之不得不在这一空间中不断移动生产资料，这不仅包括马和其他牲畜，同时也包括机器、肥料以及最终形成的农产品。

农户家庭的农场规模越大，它所耕作的面积越大；因此产品数量也越大，同时运输距离也越远；而且不管是对农场经济活动整体而言，还是对于单位最终产品而言，农场内运输成本也都随之显著增加。

农场经济越集中，土地耕作会越来越细致，肥料使用量也会增加。因此，大量物资从农仓搬运到农田的频率会增加，这些来回运输活动同样会增加生产成本。

在 Orenburg 省或 Samara 省，谷物经济是基于大农场经营的，经营者只要两次运送物资：到田里播种，到田里收获粮食。但只要他进行秋耕，种植春季作物，运送肥料到田里，运送次数便会增加数倍——正如我们在中央农业大省中所看到的那样。任何进一步精耕的办法——用甜菜、芜菁、土豆代替谷物，都会增加运输成

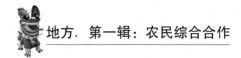

本，以至于从农场到耕田距离的任何增加，都会让人难以承受。

生产规模扩大的全部收益，都会被农场内运输成本的增加吞噬掉，农场规模越大，吞噬的速度更快。在 Orenburg 省和 Samara 省，家庭农场规模通常在 5400—8100 英亩（在 Voronezh 省，实行三区轮作制后，耕作的最优面积降到 2160 英亩）。在 Poltava 省，规模扩张已经不可能。在基辅省和西欧，农场内运输成本仍在进一步减少家庭农场的面积，达到最优水平 540—675 英亩。

在早先时候，这一情况并不经常发生。当家庭农场规模扩张后，大土地所有者不得不将地产划分为一些独立的农场。尽管他们是大土地所有者，但他们是小规模或中等规模的土地耕作者。

因此，农业企业的特性使得它的扩张受限；在数量上，大家庭农场较之小农场的优势永远不会太大。

因此，即使农业中大农场比小农场无疑具有优势，我们也必须承认在数量上，这种优势没法与工业领域的优势同日而语。

就数量而言，农业领域的规模经济优势不如工业领域的规模经济优势明显，家庭农场也并不那么容易被大农场主冲垮；相反，家庭作坊却很容易被大工厂摧毁。同时需要指出的是，家庭农场有着超乎寻常的忍耐力。由于困难年月经常忍饥挨饿，所以他们竭尽全力地劳作，有时会雇佣劳动力，因此带有半资本主义性质。他们到处置地，某些地方他们的地产甚至超过了大型资本主义农场。战后席卷西欧的农业革命浪潮，其影响甚至波及莫斯科地区。

然而，事实上尽管为了谋生，农民会表现出超强的生存能力，但这并不必然意味着他们会在世界资本主义发展过程中不受任何冲击。资本主义——由于上面提到的技术条件限制——不能按照横向集中原则组织农业生产，并不得不需求其他方法控制无政府状态的农业生产活动。与不是非常契合农业的横向集中相比，纵向集中反而更为适合控制农业生产。

事实上，农业领域资本主义发展情况的最新研究表明，农业卷入资本主义体系的方式，绝不是按照资本主义原则成立农业企业并依靠雇佣劳动来实现。农业资本主义的发展过程重复了工业资本主义的发展阶段史。首先是半自然经济状态，然后从属于商业资本主义。后者——有时是大型商业企业——将大量分散的农户置于自己的势力范围之下。通过控制小农与市场之间的联系纽带，商业资本迫使小农屈从其经济影响；并且通过发展信贷体系，将农业生产体系转变为榨干小农经济的剥削机器——这有时等同于奴隶制。关于这一点，有人可能会想起莫斯科棉纺企业

"Knopa" 对棉花种植者的剥削：在春节订购棉花；发放预付款；以种子和农具形式发放贷款。这样的商业企业，希望它们收购的商品标准化，经常会干预生产过程，实行它们的技术标准，发放种子肥料，决定轮作方式，将小农变成它们经济计划的执行者。在苏联这种形式的典型案例就是在糖厂或商人合同控制下的甜菜种植。

在控制市场销路并为自己打造了原材料基地后，农村资本开始自己涉入生产环节，并将某些环节从农户中剥离出来。主要是农业原料初加工，以及能够使用机械的环节。辗转俄国南部提供服务的蒸汽动力脱谷机，19 世纪末西伯利亚的小型黄油厂，在弗兰德（Flander）和苏联某些亚麻种植区的亚麻处理厂，都是活生生的例子。

如果谈到最发达的资本主义国家的例子，比如北美地区，我们还必须增加广泛发展的抵押信贷的内容。它们为家庭提供劳动资本，并在运输、仓储、水利和其他企业中提供具有控制力的资本投入。由此我们可以发现资本侵入农业领域的另一种形式。这些抵押信贷将农民变成劳动力的来源，依赖属于他人的生产工具进行生产。尽管表面看起来，劳动者还是分散和自治的小商品生产者，但抵押信贷已经将农业变成几个大企业按照资本主义原则控制的经济系统，并最终由最高形式的金融资本所控制。按照 Makarov 的计算，在美国农产品各个环节产生的总收入中，只有35% 流到了农民手中，其他 65% 的收益在铁路、仓储、灌溉、金融和商业资本中进行分配。

相对这种纵向集中而言，家庭农场由 24.7 英亩扩大到 247—1235 英亩，以及相伴随的大量农民从半无产者变成无产者的转变过程看起来就是小儿科。如果不看表面现象，实质原因则在于纵向集中过程中资本主义剥削份额要比横向集中大得多。通过这种方式，很大一部分经营风险由企业家转嫁到了农民身上。

以上所描述的农业生产集中方式包含了几乎所有农业国家卷入规模生产方式的过程，而这种生产方式的目的在于出口远方市场，通常主要是海外市场。

但有些时候，在国民经济中，纵向集中并非源于资本主义，而是以合作社方式，或者混合形态。在这些情况下，对于商业、仓储管理、土地优化、信贷和农产品初加工企业体系的控制权，不再属于贪婪的资本家，而是可以完全或部分属于小商品生产者。为了达到这一目的，他们可以自我组织，把钱投入企业，或者为此目的建立社会资本。

农业纵向集中过程中合作社因素的出现和发展，只有在这个进程某个阶段才会

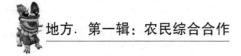

自动出现；合作社因素只有在当地资本相对薄弱的情况下才会出现。这里，我们需要强调"相对"一词。因为当地资本主义企业家相对薄弱，不仅是由于他们绝对数量上的薄弱，也可能是因为家庭农场的兴盛导致它的薄弱（如在丹麦），或者合作因素可以受到国家金融资本的支持，或者由需要半成品原料的国外资本或工业资本来支持。

一个现实的例子就是西伯利亚黄油制造合作社。19 世纪末西伯利亚铁路建成后，西伯利亚缺乏种植草料的土地，因而发展出口用的黄油非常有利可图。在 Kurgan、Ishim 和其他地区，小企业接连成立。小黄油厂商迅速覆盖了这个地区，因此在西伯利亚开始了农业纵向集中的资本主义方式。

最初以众多小企业起家的西伯利亚黄油制造业，经过几十年的发展之后，市场已经饱和并变得无利可图。大量建成的工厂在牛奶供给和黄油销售上的残酷竞争，使得市场上出现了严重的过剩危机。工厂依靠商铺出租所获得的利润以及用实物产品来支付牛奶收购费用，而不是通过黄油生产带来的收入勉强维持。在苦苦挣扎几年后，工厂开始大量倒闭。对于已经被卷入市场的奶农而言，工厂倒闭蕴含着蒙受巨大损失的威胁。他们不希望回到自然经济状态，他们面临着抉择，是否要接管这些即将倒闭的企业，并按照传统农民合伙制原则（artel'）运营。

合作社企业由此兴起，并且由于他们的奶油质量远高于其他私人企业而得到了市场认可。他们的发展得到了来自丹麦和英国的商业资本的支持，后两者在 Kurgan 和其他城市都有西伯利亚办事处。他们迅速把私人企业挤出了黄油制造业。

这样，西伯利亚黄油制造业的集中过程，由小规模工业资本开始，后来由在大商业资本支持下的合作社体系接手。"西伯利亚黄油制造合作社联盟"进入了伦敦市场，并且依靠银行贷款完全摆脱了当地商业资本的影响。

尽管存在几种不同形式的农业合作社，但它们的动态发展过程基本一致。也是在不同时期与资本主义集团建立各种联系后，发展出了其他形式的农业合作社。

上述案例已经足以让我们领会，在农业纵向集中过程中，合作社也可以是其中一条路径。然而需要指出的是，合作社路径下这一进程比资本主义路径要深入得多。因为这是由农民自己组织的，而资本主义依靠强力迫使农民也不能做到这一点。这就是在资本主义社会中，我们所理解的农业生产纵向集中过程——这种理解既扩展了资本主义，也扩展了合作社。

当查阅合作社的统计数据时，我们发现目前农业领域以合作社方式的纵向集中已经达到了惊人的规模。苏联目前的农业合作社拥有几百万农户成员，并得到了成百上千亿卢布资本的支持。

正是在研究苏联农村合作社扩张的进程中，我们提醒失望的人们注意——这只是万里长征的第一步，它能使农业国彻底重组为大规模生产组织。

就目前的形式中，这一进程并非那么显而易见。的确，一个农村妇女，在农场挤完奶后，清洗奶桶并把牛奶送到邻村的收购中心，这怎么能引人注目呢？或者一位种植亚麻的农民，没有把纤维拿到集市上，而是拿到合作社收购中心，从这样的事情上能看出来什么呢？但事实上，那位拎着小桶的农妇背后有两百万相似的农妇和农民，他们组成了黄油制造合作社体系，并拥有世界上最大的奶牛农场，且正在整个农场区域重组家庭生产结构。那个种植亚麻的小农，作为合作社成员已经拥有足够的经济实力。代表亚麻合作社的一分子，亚麻合作社体系已经构成世界亚麻市场的重要力量。

这些仅仅发生在合作社运动的初期，但其未来蓝图无比宏大。然而当纵向集中采取合作社方式时，我们必须认识到，这个过程将持续一个相当长时期。就像资本主义发展的连续阶段一样，从商品资本主义萌芽，发展到今天的工厂制，再到覆盖整个工业的托拉斯体系——苏联农业纵向集中的合作社方式，也不可避免地要经历几个连续的历史发展阶段。

从为了购买农业生产资料而联合在一起的小生产者开始，合作社迅速转变为组织农产品市场的合作社体系，并发展成为连接成千上万生产者的大型联盟。作为中间商运营的这种模式，要求具备必需的稳定性和规模，他们是建立平稳运行且有力的合作社机构的基础。尤其重要的是，它们也是采用类似于资本主义的方式完成资本的原始积累——合作社资本。在这一发展阶段，农业合作社处于市场压力下，要按照市场需求进行经营活动，并进行农业原材料的初加工（包括黄油合作社、马铃薯粉丝合作社、罐头合作社、亚麻制衣合作社等）。这是历史的必然。它们将农户经济活动的某些环节剥离出来，并且通过乡村工业化进程在农村经济中取得控制地位。在苏联的实际情况中，由于国家扶持和信贷支持，合作社这一进程正在被加速完成，并且相互交错、互相影响。

合作社体系从初加工扩展到技术加工和市场销售环节后，农业合作社给农业生产组织和集中化带来了更新和更高级的形式，并使得小生产者不得不改变生产计划，与合作社的销售和加工计划相一致；同时改进其技术，采用更先进的耕作和养牛技术，而这也将保证产品的标准化。

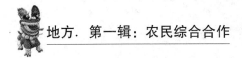

然而，要达到这一目的，合作社就不得不涵盖更广的农业经济部门（农机合作社、组装车间、动物检疫和育种协会，以及联合加工、土地改良等合作社）。在这些合作社中发生的费用，必须由合作社在销售、收购和信贷过程中产生的利润来承担。

假设电气化、各种技术设备、厂房和公共基础设施体系、现代道路交通网和信贷合作体系都同步发展起来——社会经济因素在数量上发展到一定程度后整个系统将经历质变——合作社将从仅涵盖部分环节的农户家庭经营体系转变到基于合作社的乡村经济体系，而这一体系将建立在社会化资本基础上，把经济活动的某些环节留给私人农户成员，他们的作用仅仅是完成技术意义上的生产任务。

在详细解释合作社方式在农业纵向一体化进程中的重要性后，我们应坚信，从国民经济的角度来看，农业合作社出现的重要性，并不亚于一百多年前的工业资本。然而必须注意的是，直到现在，不论是农业合作社的重要性还是当前合作社运动一般意义上的性质，即使是合作社的创造者和参与者都还没有充分理解。顺便提一下，这也情有可原。因为事实上，所有经济现象中，理论都要比实践晚很多。

资本主义已经发展了一百多年，直到20世纪末才正式进入研究领域，许多错综复杂的问题，直到今天也没有完全得到研究。对于方兴未艾的农业合作社运动，我们没理由要求它们成为综合理论分析的对象。对于合作社运动而言，我们所有的只是合作理想而不是合作社理论。但对我们而言，尽可能详细地研究农业合作社在国民经济中已经发挥或能够发挥的作用，研究其组织形式和机制设计，都是非常关键的内容。在什么条件下、在什么因素的影响下，合作社能够产生并生存下来，而合作社运动的动力又是什么？

目前尚未形成最终的或广为接受的合作社一般理论，而我们的目的在于，论证在家庭经营纵向集中基础上形成的崭新的、逐步发展的国民经济体系的性质，因此，首先需要界定我们使用的"合作社"概念的内涵，即本书的研究对象。也就是说，必须界定我们所讨论的合作社体系的组织和经济性质，以及它们与其他相关组织形式相区别的标准。如果从日常生活中经常使用的名词"合作社"来看，这个任务似乎过于简单，然而事实远非如此。应该承认，这个概念是我们所用的最模糊不清的名词之一。

通常认为——这往往会混淆事物的本质——我们的农业合作社体系只是一般合作社运动的一种，后者也包括城市里面的消费合作社，以及各种各样的手工业者和技术工人合作社。它们的经济本质是一样的，即使在组织机构方面，在苏联的合作社机构那里（国内合作社委员，Mezhkoopsovet），以及国际合作社联盟那里，都将二者混为一谈。

或许正是由于这样的原因，直到今天我们也没有找到广为接受的定义"合作社"基本概念的方法。同样，无数人不断地尝试下定义，并在这个问题上争论不休。因此，我们在界定这个概念时，必须谨慎对待。我们要尽全力去研究，合作社成员和合作社运动者是如何界定合作组织的本质，以及按照他们的看法，什么是"合作社"、什么不是"合作社"。

过去15年中，笔者有机会同俄国、比利时、意大利、德国合作社运动者深入探讨各种问题。在什么是合作运动的本质这个问题上，笔者所听到的观点，最为纷繁杂乱，甚至彼此互相冲突。

有人坚持，合作社最重要的在于成员自愿参与原则，即成员独立并且民主管理。有人认为，利润分配原则很重要，并且合作社中资本居于次要地位。有人认为，合作社开放原则非常重要，如果拒绝新成员加入，就与合作社原则相违背。有人特别强调合作社由自我雇佣工人组成；他们不仅反对非工人加入，也反对合作社雇佣工人。有人认为，合作社的实质不仅在于他们的组织形式，更在于他们为自己设定的社会目标，例如在某些社会主义者或宗教信仰者看来，合作社要代表贫困劳苦大众。有人对合作社和公社做出区分，认为合作社仅仅是部分经济活动的社会化，而公社是把所有经济活动融入一个集体企业中。诸如此类，不一而足。

若我们去辨析刚才提到的合作社特点，并尝试把它们相互关联起来，然后与生活现象相联系时，就会发现它们不仅错综复杂，而且互相抵触。很多特点并不适合所有的合作社，而有些特点又完全经不起质疑。

例如，目前很难发现一家没有雇佣劳动力的合作社。传统手工业合作社（arte-li），还有许多其他农业合作社（如土地改良、农机、耕作合作社等），也经常有禁止吸收新成员的排外条款。消费合作社向各阶层人群开放则很常见。最后，合作社人员也并不总是为自己设立社会目标，或者即便他们这么做，目标也通常非常矛盾——例如比利时的某些带有宗教信仰的农民合作社，以及某些社会主义性质的工人合作社。因此，如果我们意图发现适用于所有合作社的定义方法，就必须概括所有合作社的共同特点，并且是那些最根本的特点。

合作社理论家就是这样做的——通过非常简明扼要的表述来下定义。就在1917年革命前，这些权威的基本准则被认为非常重要：它们变成激烈争论的问题。

在我们自己的文献中，也出现了大量不同的准则。

我们用表述最生动也最相冲突的两个定义作为实例进行对比。例如，巴拉诺夫斯基给合作社作了如下定义：

> 合作社是由自愿联合起来的人们组成的经济企业，其目标不在于使资本投资利润最大化，而是通过公共经济管理，增加其成员的工作收入，或者降低其生活费用（M. Tugan_ Barannovskii, Sotsial' no – ekonomicheskaya priroda kooperatsii［The Social and Economic Nature of Co – operation］）。

K. Pazhitnov 给出的定义则完全不同：

> 合作社是成员个人自愿参与，其目标在于，通过共同努力，在生产、交换和分配领域获得经济利益，即作为生产工人，消费者和销售工人，抵制资本主义剥削，改善成员的状况（K. Pazhitnov, Osnovy kooperatsii［The Foundation of Co – operation］）。

其他定义都是重复或发展上述二人的定义，或者尝试将二者糅合到一个定义中去。

比较上述定义的不同特点，我们很容易将它们分成两类：一类是组织和普通特点（资本的作用、利润分配方式、管理方式，等等）；另一类与社会目标相关（打破资本主义体系、阶级调和、把农民从经济依附中解放出来，等等）。

这当然会产生一个问题，即是否有可能把这两类特点整合到一个定义中去？另外一个问题是，这些定义特征是否与同样一种现象有关？我们确信合作社定义中必须要界定两方面的特点。一方面，存在合作社企业，作为经济实体，它可能没有为自己设定任何社会目标，或者它们设定的目标甚至与上面例子中的社会目标相违背。另一方面，我们发现了广泛存在的合作社运动，而每一个合作社运动都有其独特的思想观念，并把合作社这种组织作为其思想具体化的工具（有时是唯一的工具）。这些运动会主动设定这些不同的社会目标，没有这些目标，是难以想象的。

因此，在我们看来，"合作社"概念必须要分成两个概念："合作社企业"与"合作社运动"。然后再给它们单独下定义。

"合作社企业"可以由巴拉诺夫斯基那样的定义来表述。无论如何，总是可以找到几个典型的组织特点（如资本的作用、工人阶级社会状况，等等），使得我们能够给所有合作社下一个定义。

从正常的经济组织角度来看，比利时合作社是宗教性的——它们的合作社条例中前半部分规定，成员资格只向那些认可"家庭、财产和教堂是社会的唯一基础"的人们开放——工人的共产主义合作社可能也是如此。

若不能找出简明扼要又包罗万象的定义，我们仍然可以认为，合作社企业的典型特点是它永远不会是存在创立成员之外利益的自利企业。它服务于员工的利益，而员工同时也是企业的所有者，并且其管理方式使得企业直接对成员负责，并且只对成员负责。

我们下的定义已经涵盖了巴拉诺夫斯基的要素，以及从他定义中所演绎出来的要素；并且这也的确是所有合作社企业的共同特点。但当我们把合作社作为一种社会运动进行定义时，就很难找到唯一的答案。

首先，在文献上和理念中，合作社最初的确代表一种运动。但只要合作社深入到国民经济的深处并成为国民经济的根基之一，阶级分化和其他矛盾便开始出现，理想主义的幻影立马灰飞烟灭。有心之人会注意到，工人合作社会把他们作为整个工人运动的一部分；市民合作社、手工业者合作社还有农民合作社，每一种合作社如果真正融入生活、扎根社会，就会如同创造他们的阶级或阶层一样有血有肉。如果在这些阶级中产生自觉的社会运动，那么合作社必然成为这一运动中的组成部分。例如，工人运动具体表现为三种形式：工人党、工会和工人合作社。

在西欧（比利时、瑞士等）社会中，可以发现这种现象。农业合作社与工人合作社存在明显不同，且对后者怀有敌意。同时还有代表农民利益的政党存在。在这样的情况下，将合作社运动视为单一、整体的运动，并且把它们划入空洞的概念"为全体劳动人民的利益而奋斗"，便是很幼稚的。从科学研究角度来说，这意味着放弃深入细致的科学分析；从政治上来看，这也意味着无视那些反对阶层的不同利益。

因此，从社会角度来看，我们不能笼统地说合作社运动，而应该说哪一种合作社运动（或合作社运动者们）。我们同样确信，在合作社组织形式的分析中也应该做出这种区分。虽然有可能对"合作社企业"这一概念做出统一定义，但如果这是用于正式组织的行政管理分析，我们将仍然强调由于这一概念的一般性，它不得不丧失其具体的独特内涵。

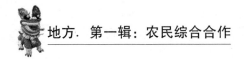

特别的，对于农业合作社而言，正规组织形式的定义完全舍弃掉了合作社在农业纵向整合进程中的组织经济方面的内涵。但农业生产的逐步集中和重组进程对我们而言才是最关键的，因为这意味着合作社是新农业的组织者。对我们而言，重要的是农业生产合作社与消费合作社相区别的那些要素，而不是它们的共同点。我们也不应忘记，合作社的社会属性必然会影响合作社企业的独特经济任务，因此也会影响合作社企业的组织目标。

对合作社企业在组织和经济认识上的偏差，将显著影响合作社成员在生产和商品流通中所发挥的作用。雇佣同样的工人，拥有同样的商品和技术，常常在一个社区内经营，这样的一家私人工厂和一家合作社工厂的确有很多共同点。当然，从普遍意义上讲，两种经济企业是相似的。但从政治经济学角度讲，他们的属性不仅是不同的，而且截然相反。

对于水果或蔬菜合作社流通企业而言，其组织倾向更为不同，这取决于他们是由消费者合作社经营，还是由生产者合作社来经营。

同样不该忘记的是，在计划经济或国家对生产和市场进行规制的经济体之外，合作社代表着一种按照集体原则组织、执行集体经济活动的基本单位，它们服务于，且仅仅服务于这个群体的利益。

工人消费合作社代表无产阶级的利益来组织购买活动，这里不存在无产阶级之外的利益。手工业者协会购买原材料，目的在于给手工业工人提供生产资料。农民合作社，正如我们所知，构成农民经济的一部分，是为了按照规模生产原则组织起来，并赋予农民经济一致性。

简而言之，合作社不能脱离具体存在的社会经济基础而进行思考；到目前为止，这些社会经济基础千差万别，合作社组织形式也随之非常不同。

合作社仅仅是统筹了某些社会阶层或群体的利益或生活，而这在合作社诞生之前就已经存在；在资本主义发展的早期阶段，合作社并没有引入阶级关系之外的任何新要素。

从我们现在的观点来看，农民合作社是非常完美的形式，能够使小商品生产者脱离自己的生产计划，而进入规模生产组织形式。在那些领域中，规模生产无疑比小生产具有优势——而这些是在没有损害其独立性的条件下完成的。他可以组织乡亲们建立合作社，以达到这种规模生产——同时也可以雇佣劳动力。

城市消费者合作社既没有保护家庭生产的整合，也没有包括生产活动的合理化。它们的目的在于成员联合采购，以减少成员的支出，而成员的收入是在合作社之外的生产活动中获得的。

手工业者、工匠和商人的合作制，并没有组建这样的独立经济单位的联合体，但通常能够在企业内部将成员的工作糅合在一起。因此，更确切地说，他们是联合生产而不是合作社。

为更形象地表达这种观点，请读者注意下面四个场景。

场景 A 假设初始一家农民黄油生产合作社，把黄油加工和销售环节从农户那里剥离出来，组织成合作社，并建立工厂、雇佣工人去生产黄油。合作社利用其成员提供的牛奶加工黄油，并出售给消费者。在它和消费者以及与自己的工人（生产黄油的工人）之间存在对立关系（从利益相对的意义上而言）。

现在假设合作社迫于某种原因破产清算，工人们买下了加工厂，并组成黄油加工工人合作社，其经济属性我们可以在场景 B 中看出。这样，合作社从农民手中购买原材料（牛奶），加工成黄油，出售给消费者。合作社与农民和消费者存在对立关系。合作社受工人意愿影响，并保护它自己工人的利益——并不保护农民的利益，也不保护城市消费者的利益。

假设工人消费社倒闭，城镇消费者组成的消费者合作社买下了它，希望能够向成员提供物美价廉的黄油。场景 C 刻画的是新条件下合作社组织的经济关系类型。管理职能完全脱离了黄油生产者，而由外界来实施。黄油加工现在按照近乎资本主义原则来组织，并且合作社与农民和工人之间存在对立关系。

场景 D 假设工厂落入私人企业家手中的情形——假设是发达了的工头——他将完全根据自己的意愿组织企业生产，并且与我们上述三个场景中提到的所有人存在对立关系。

工厂始终保持完整，继续开工，从技术角度来看，在四个场景中没有什么不同。但是，在四种情形下，利益相关者之间产生了不同的关系，即便他们自身并没有变化，只不过四种情况下的经济属性完全不同，受保护的利益也不同。农民黄油加工合作社，希望牛奶售价越高越好，支付给工人的工资越低越好；工人合作制企业（artel'）工人的收入来源于高价出售黄油并低价收购牛奶中的差价；消费合作社希望用尽可能低的价格购买牛奶，让黄油价格和工人工资尽可能地低。这与资本家追求的目标本质相同，但后者追求黄油售价最高。

不同合作社有不同的属性，也有不同的利益。赞成合作社运动同质性的人们把前三种合作社——至少是第一种和第三种——合并成一种合作社。这可能吗？

由于利益分歧如此之大，在不同阶级、不同合作社之间，进行了无数次组织整

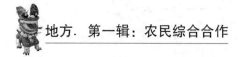

合并购的努力，但最终大多都归于失败。这提出了一个问题，大一统的合作社运动是否可能？

在乌尔干中部一个省份，有一家合作社，南部成员生产小麦、购买毛毡靴子，而北部的成员出售毛毡靴子、购入小麦；他们相信在互利前提下可以实现合作社的内部交换。合作社诞生三年后，我碰巧遇到了该合作社领导人，我问他计划进行得如何，"事情在变好，"他说，"我们在莫斯科出售靴子，在 Kazan 收购原材料毛毡。我们把南部地区的小麦运到莫斯科，在 Vyatka 为北部地区成员购买小麦。""合作社内部的交换如何呢？"那个人只是摆摆手。很显然，这就是现存的最有优势的联合方式。

我想刚才所讲的案例可以在一定程度上解答我们的问题，即大一统的合作社生产是否可能。

农民和城市的合作社可能不再互相敌视，能在平等互利的基础上交换，在某些共同理念或财务准则下进行组织上的联合。但是，它们所捍卫的利益冲突如此大，不可能合并成一个组织，因为其必然葬送在利益冲突导致的内部矛盾中。

这是我们的基本想法，这种考虑让我们承认农业合作社只是在外表或一般意义上与其他类型的合作社相似，但它们的属性如此不同，因此应成为单独研究的主题。

必须强调的是，上述所讨论的问题，都是从资本主义社会的国民经济角度来看的。

理清要讨论的范畴后，现在到了当前最核心、最重要的问题。

第一，当国家资本主义社会取代资本主义社会，并进一步被社会主义社会取代后，以合作社方式进行的农业领域纵向集中进程，应该实行什么样的内部交换？

第二，在我们今天的农业经济管理工作中，是否需要采用纵向集中方法？如果需要，采用什么样的方式？

回答第二个问题并不困难。

因为农业生产过程的组织管理，只有用集中化生产代替分散农民经济的方式才有可能，我们必须尽一切努力发展能促进这种集中的方式。

在包含大量小农经济的农业国家中，"横向集中"路径常常与农业领域的大规模生产联系在一起。从历史视角来看，它又往往与农民内部的自动分化相关。其中，最穷的农民会变成无产阶级，而中农会消失，生产资料会逐渐集中在按照资本主义原则经营并雇佣劳动力的富裕阶层手中。在这一进程中，会逐步产生规模很大且设备先进的企业。当社会主义经济形成时，这些企业可以被国有化并转变为谷物和肉类加工厂。

现在很容易理解为什么在 1924 年苏维埃土地法令中，当土地政策实行国有化后上述这条道路已经完全不可能了。在任何情况下，农民无产化都不会出现在苏维埃政策中。十月革命期间，我们不但不能集中分散的土地并形成大规模生产单位，反而还必须把相当数量的旧有大地产分开。① 这样，当前横向集中的唯一可行方式，就是按照集体农业方式把农民土地集中到大规模生产组织，以农业公社、合伙制和土地耕作协会等方式——当然，他们是基于农民的土地，而不是旧地产。

我们后面会发现，这一进程已经有相当规模；但它的规模并没有达到，也不可能达到农业生产集中化整体政策所需的规模。因此，农户家庭经营集中化的最重要途径只能是纵向集中，且必须采取合作社方式。因为只有这种方式才能与农业生产有机结合在一起，并达到足够的深度。换句话说，在苏联的条件下，将规模经济、工业化和国家计划引入农民经济中的唯一途径，是"合作社集体化"道路，将农户经营特定环节逐步、渐进地剥离出来，并把他们组织成公共企业。

如果能够理解上面所谈的道路，农业合作社便成为把农业整合进入苏联现有经济体系内的唯一方法。而在目前，这是我们的基本任务。

农业合作社早在 1917 年十月革命之前就已经兴起。它们在一些资本主义国家一直存在。然而，同其他资本主义国家一样，革命前苏联的农业合作社仅仅代表小生产者对于资本主义社会的适应，并作为抗争的武器而已。它们并不代表，也不能代表新的社会体系。在这方面，合作社的许多理想主义设想都是乌托邦。

但是局势在急剧变化。农业合作社体系，及其所包含的社会资本、高度集中的生产水平以及计划式的生产方式，不仅在资本主义社会出现，在社会主义社会条件下——至少在苏联目前的国家资本主义条件下出现了。在这样的条件下特别是由于其高度纵向集中化以及集权的合作社体系的缘故，农业合作社直接与国民经济部门联系在了一起。它从小生产者创造的为在资本主义社会下生存而抗争的简单武器，转变成为社会主义社会生产体系的主要部分之一。换言之，从一个社会阶层或阶级的技术执行角色，转变成新型社会结构的根基之一。

劳动阶级代替资本主义成为社会的统治力量，这种社会内部的转型进程和合作

---

① Editor's note: for contemporary discussion see V. P. Danilv, *Rural Russia under the New Regime*, London, 1987; O. Figes, *Russia's Peasant War*, Oxford, 1989. Also T. Shanin, *The Awkward Class*, Oxford, 1972, Part Ⅲ; G. T. Robinson, *Rural Russia under the Old Regime*, New York, 1966.

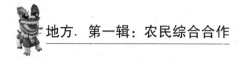

社运动的社会内涵，在列宁《论合作社》一文中得到了极其生动的表述。这篇文章是他在逝世前不久写的。在指出上面所解释的合作社的重要性后，在国家资本主义体系内，列宁预见了这种转型方式进一步发展的可能性，最后得出论断："在生产方式公有制的基础上，在无产阶级战胜资产阶级之后，公民合作社体系就是社会主义。"

对于农业合作社在国民经济中的重要性的阐释，决定了苏联农业政策的重要方面。在土地国有化和劳动阶级统治的前提下，这一经济体系，通过合作社联盟等方式引入国家计划经济体系，可以被视为与社会主义农业计划同等重要。

这就是基于纵向集中的新农业形式的发端。在其当前所处条件下，不同地区的合作社运动处于逐步发展的不同阶段。尽管在苏维埃的某些省份，我们只看到生产和销售合作社的萌芽，但远近闻名的 Shungen 地区或莫斯科省的 Velikiye Soli、Burtsevo 和 Kurovo 地区，则给我们展现了更多的合作社深入农业生产和市场销售核心的事例。通过追寻它们发展的足迹，我们可以在一定程度上探究农业合作社的未来形态。

# 从山东供销社土地托管看恰亚诺夫的
# 差异化最优理论

## 董　玄[*]

　　实现农业规模经营的一种思路，是通过土地流转，把土地经营权集中起来。但单靠土地流转，不可能实现规模化经营和农业现代化。截至2014年，中国农地经营主体中，农户经营的面积为11.61亿亩，占全部农地面积的87.36%，专业合作社、企业和其他主体只分别占了6.62%、2.93%、3.09%。截至2013年底，全国经营耕地50亩以下的农户仍然占家庭承包户总数的绝大多数（98.71%），10亩以下农户占85.96%。全国农地以家庭经营为主、超小规模经营的基本国情依然成立，在可预见的未来，也不太可能有大的改变。

　　除了土地流转来实现规模化，"服务规模化"的新思路逐渐从实践中浮现出来，山东省土地托管就是其中的重要代表。据山东省农工办统计，截至2015年6月，山东土地托管服务面积已达2000万亩，约占山东省耕地总面积的20%。仅供销社托管服务的种粮大户、家庭农场、专业合作社和农业龙头企业就有3万多家，服务面积占全省土地托管面积的65%以上。2015年6月，已经建立了450个规模适度、半径适宜的土地托管服务圈。按照计划，五年内山东要建成1500个这样的服务圈，让近千万户农民从中受益。到时，仅供销社提供的土地托管服务覆盖面积就达到近5000万亩，土地托管总覆盖面积达到7000万亩左右，占耕地总面积的70%。

　　土地托管完全不同于土地流转或土地信托，关键在于农户不需要长年地、完全地把农地经营权转让给其他主体，而是更加灵活多样。农民自愿出钱，请服务主体给自己打工，收获农作物收益则归农户支配。例如，一个农户选择耕、播、喷、收四个环节的托管套餐，按一亩麦子XX元交付给托管主体交（一般由供销社承诺比市场价低10%，实际价格由农民或农民的代表和作业主体商议，根据当天的天气

　　* 董玄，清华大学公共管理学院博士生。

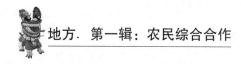

等情况确定），收获后农民可以选择要麦子，或者把销售环节也托管出去，直接获得出售款。

　　大部分托管合约都是一年一签，也有少数是更长时间，如三年一签、土地入股。土地托管分为"半托管"和"全托管"，半托管就是农民自己选择哪些作业环节需要托管，全托管就是从耕种到收割全程都托管出去。以下表1至表7是截至2015年6月的托管服务规模。

表1　　　　　　　　　　　山东省供销社土地托管情况　　　　　　　　　　单位：万亩

| | 托管总面积 | 不含复种指数的托管面积 | 全托管面积 |
|---|---|---|---|
| 服务规模 | 1124.09 | 826.62 | 137.74 |

　　资料来源：国务院发展研究中心农村经济研究部、山东省供销合作社联合社：《服务规模化与农业现代化——山东省供销社探索的理论与实践》，中国发展出版社2015年版，第21页。

表2　　　　　　　山东省供销社土地托管情况（不含复种指数）　　　　　　单位：万亩

| | 小麦 | 玉米 | 水稻 | 棉花 | 花生 | 土豆 | 瓜菜 | 果品 | 其他 |
|---|---|---|---|---|---|---|---|---|---|
| 规模 | 489.08 | 342.73 | 28.88 | 36.72 | 45.65 | 14.38 | 42.14 | 65.57 | 55.61 |

　　资料来源：国务院发展研究中心农村经济研究部、山东省供销合作社联合社：《服务规模化与农业现代化——山东省供销社探索的理论与实践》，中国发展出版社2015年版，第21页。

　　从已经实施项目看，每亩粮食作物通过节本增效净效益增加400多元。平均来看，其中30%—40%归服务主体，其余主要归农民为此专门成立的合作社，少部分提取归村集体作为组织协调费用。

表3　　　　　　　　　　土地托管与农户自己种植效益比较　　　　　　　　　单位：元

| 品种 | 农户 | | | 土地托管 | | | 净效益增加 |
|---|---|---|---|---|---|---|---|
| | 投入 | 产值 | 效益 | 投入 | 产值 | 效益 | |
| 小麦 | 960 | 1100 | 140 | 620 | 1250 | 630 | 490 |
| 玉米 | 880 | 1210 | 330 | 603 | 1375 | 772 | 442 |
| 棉花 | 1080 | 1760 | 680 | 710 | 1790 | 1080 | 400 |

续表

| 品种 | 农户 | | | 土地托管 | | | 净效益增加 |
|------|------|------|------|----------|------|------|------------|
| | 投入 | 产值 | 效益 | 投入 | 产值 | 效益 | |
| 水稻 | 860 | 1100 | 240 | 610 | 1265 | 655 | 415 |
| 花生 | 1167 | 2220 | 1053 | 1030 | 2470 | 1440 | 387 |

资料来源：国务院发展研究中心农村经济研究部、山东省供销合作社联合社：《服务规模化与农业现代化——山东省供销社探索的理论与实践》，中国发展出版社2015年版，第21页。

土地托管节本增效的根源是供销社实现了"差异化最优"，充分利用了各个环节的规模经济。农业生产由许多不同性质的技术流程组成，可以分为四类。

第一，由于土地的空间延伸这一事实而产生的机械流程（翻土、播种、运输、收获、赶牛等）。

第二，作物种植和养牛的生物流程（作物培育、奶牛育奶、牲畜育肥等）。

第三，收获原材料的初级再加工的机械流程［打谷、乳脂与牛奶分离、黄油加工、打麻（即通过敲打取出纤维）等］。

第四，连接农户家庭与外部世界的经济运作（购买与销售、信贷关系等）。

恰亚诺夫认为，不论实体规模大小，第一类的绝大多数流程均可以执行得同样好。应用复杂机械方面，大规模企业具有明显优势；内部运输方面，小规模企业具有优势。第二类流程更适合小规模农场，因为它们要求更多的关照和个体料理。更适合大规模农场的唯一事情是牲畜饲养流程，因为雇佣饲养员超出小农户家庭主的能力。第三与第四类的全部流程显著地更适合应用于大多数大规模农场中。

山东省供销社土地托管中，服务规模最大的几个环节，是第一类（测土配方、智能配肥、飞防）、第三类（收割、烘干）、第四类（农产品收购）。主要托管作物，也就是第二类流程不需要人力或机械操作的大田作物。而对于需要在第二类生物流程里投入大量劳力的经济作物，土地托管开展的并不多，而且大多以传统的土地流转、土地入股形式进行。

表4　　　　　山东省供销社主要服务环节情况分地区统计（截至 2015 年 6 月底）

| | 鲁西北 | 鲁中 | 鲁南 | 半岛 | 总计 |
|---|---|---|---|---|---|
| 测土面积（万亩） | 143.62 | 136.6 | 205.20 | 216.83 | 702.25 |
| 智能配肥面积（万亩） | 125 | 101.8 | 103.08 | 170.15 | 500.03 |
| 飞防面积（万亩） | 49.5 | 178.8 | 60.2 | 68.1 | 356.5 |
| 农产品收购量（吨） | 33308 | 103737 | 28750 | 935017 | 1359312 |
| 农产品收购额（万元） | 64176 | 150565 | 157907 | 463032 | 835680 |

资料来源：国务院发展研究中心农村经济研究部、山东省供销合作社联合社：《服务规模化与农业现代化——山东省供销社探索的理论与实践》，中国发展出版社 2015 年版，第 22 页。

供销社的组织优势（健全的层级网络和双线运行体制）可以较充分地运用"差异化最优"组织原则，省、市、县、乡镇、村各级有分工。省（市）龙头企业主要承担农资统采分销、日用品统采分销、农产品流通、融资担保、统防统治（飞防）、96621 服务热线 6 个功能；县农业服务公司主要承担承接政府惠农政策和购买服务、农资仓储服务、大型农机具服务、对接二三产业融合发展、关键技术培训、分项创新成果 6 个功能；乡镇分公司作为二级法人建设运营为农服务中心，主要承担测土配方和智能配肥、统防统治、农机作业、烘干贮藏或冷藏加工、庄稼医院、农民培训 6 个功能。村一级成立各类种植专业合作社，很多村进行"社村共建"形成紧密利益联结，村集体负责协调农民、日常管护（并得到托管利润 20% 作为组织费）。

规模经济很大的环节，例如病虫害飞防，就是主要由省级供销社层面来协调投资和设备。飞防作业比传统农药喷洒作业提高效率 300—600 倍，节约农药 20%，降低成本 40%，防效达 96% 以上。省供销社农业服务公司在已有 42 架飞机的基础上，通过整合租赁购买飞机，日作业能力由现在的 20 万亩能提高到 100 万亩。按照全省一个防治周期 15 天、有效作业时间 10 天计算，每个防治周期可为全省提供飞防作业 1000 万亩。其中，小麦"一喷三防"、玉米"一防双减"在内，两季共 4 遍喷药，每亩传统防治成本 88 元，飞防作业可降到 58 元（剔除跨区作业成本 5 元/亩），飞防作业 300 万亩，共可降低成本 0.9 亿元；棉花飞防作业每亩 6 遍药可降低成本 40 元，全托管 150 万亩可降低成本 0.6 亿元。①

---

① 国务院发展研究中心农村经济研究部、山东省供销合作社联合社：《服务规模化与农业现代化——山东省供销社探索的理论与实践》，中国发展出版社 2015 年版，第 163 页。

供销社在土地托管的机械设备投资布局，也体现着差异化最优。不同作物的作业单元面积不同。对于小麦、玉米，每 10 万亩为 1 个作业单元。全省计划全托管小麦、玉米 300 万亩，就分为 30 个作业单元。同理，棉花按照 5 万亩为 1 个作业单元，配置采棉机、打包机、清洗加工机等。花生每 1 万亩为 1 个作业单元。水稻每 2 万亩为 1 个作业单元。

表5　　　　　小麦、玉米 10 万亩 1 个作业单元需要配置设备投资测算

| 主要环节 | 作业周期（天） | 所需机械（台套） | 单价（万元） | 价值（万元） | 其中：社会整合 | 其中：需要投资 |
|---|---|---|---|---|---|---|
| 耕地 | 15 | 130 | 10 | 1300 | 910 | 390 |
| 玉米播种 | 7 | 204 | 3 | 612 | 428 | 184 |
| 玉米收获 | 15 | 85 | 10 | 850 | 595 | 255 |
| 小麦收割 | 7 | 140 | 12 | 16680 | 11676 | 5004 |
| 飞机喷药 | 15（跨区） | 10 | 65 | 650 | 455 | 195 |
| 烘干及周转仓 | — | — | — | 750 | — | 750 |
| 合计 | — | — | — | 20842 | 14064 | 6778 |

资料来源：国务院发展研究中心农村经济研究部、山东省供销合作社联合社：《服务规模化与农业现代化——山东省供销社探索的理论与实践》，中国发展出版社 2015 年版，第 165 页。

表6　　　　　花生 1 万亩 1 个作业单元需要配置设备投资测算

| 主要环节 | 作业周期（天） | 所需机械（台套） | 单价（万元） | 价值（万元） | 其中：社会整合 | 其中：需要投资 |
|---|---|---|---|---|---|---|
| 耕地 | 30 | 30 | 6 | 180 | 126 | 54 |
| 扶垄覆膜 | 15 | 40 | 1.5 | 60 | 42 | 18 |
| 移动喷灌 | 10 | 10 | 15 | 150 | — | 150 |
| 机械收获 | 10 | 25 | 10 | 250 | 175 | 75 |
| 合计 | — | — | — | 640 | 343 | 297 |

资料来源：国务院发展研究中心农村经济研究部、山东省供销合作社联合社：《服务规模化与农业现代化——山东省供销社探索的理论与实践》，中国发展出版社 2015 年版，第 166 页。

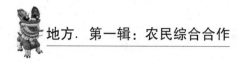
表7                            水稻2万亩1个作业单元需要配置设备投资测算

| 主要环节 | 作业周期<br>（天） | 所需机械<br>（台套） | 单价<br>（万元） | 价值<br>（万元） | 其中：<br>社会整合 | 其中：<br>需要投资 |
|---|---|---|---|---|---|---|
| 圆盘育秧 | | 46万个 | 0.6 | 27.6 | — | 27.6 |
| 机械插秧 | 10 | 35 | 2 | 70 | 49 | 21 |
| 机械收割 | 15 | 5 | 10 | 50 | 35 | 15 |
| 筛选加工 | 全年 | 1 | — | 2000 | — | 2000 |
| 合计 | — | — | — | 2147.6 | 84 | 2063.6 |

资料来源：国务院发展研究中心农村经济研究部、山东省供销合作社联合社：《服务规模化与农业现代化——山东省供销社探索的理论与实践》，中国发展出版社2015年版，第166页。

不同作物、环节的差异化最优，被恰亚诺夫推崇为"农业合作背后的基本组织理念；只有通过合作才能将理论付诸实践"。"由于把组织计划分解为单独部分技术上可行的事实，农户家庭就能把那些技术最优规模超过农户家庭的所有机械和经济经营从其他经营中分离出来。并且还可以同其他类似的农户一起，以合作社的形式，在更大规模且是最优规模上组织这些经营。但是，那些最优规模没有超过农户家庭的经营仍全部持在农户家庭手中"①。

供销社土地托管的实践较充分地体现了差异化最优原则，发挥了各个环节的规模经济，"不流转土地搞规模经营"，也获得了农民接受，促进了农业现代化。未来，随着对全程托管和土地连片托管的努力，农民将与供销社、村集体发生更加紧密深入的合作；更多环节、更多作物、更多主体，都将充分地体现出"差异化最优"原则，告别"小而全""大而全"的生产方式。

---

① 详见"实验主义治理"公众微信号第69期。

# "新综合小农"视野下的合作社真实秩序

## ——《中国农民专业合作社运行的民间规则研究》读评

李展硕<sup>*</sup>

## 引 言

王伦刚先生任教于西南财经大学法学院，虽素未谋面，但文笔中可见其"身在红尘内，心住水云间"的情怀和志向。《中国农民专业合作社运行的民间规则研究——基于四川省的法律社会学调查》一书是王先生在课题组对四川省 8 个（地级）市 33 个农民专业合作社进行调研的基础上形成的科研成果。调研工作于 2013 年 10 月始，历时 10 个月。该调研兼顾了地理分布和经济发展程度的差异，样本遍布四川省主要地理分区，涵盖发展最好、中等偏上、中等以及较差地区，具有较强的代表性。需要指出的是，样本选取的合作社均为大户或龙头企业领办型种养殖合作社。因为大户或龙头企业领办型合作社在实践中占绝对主导地位，同时，在各种类型的合作社中，从事种养殖业的合作社数量最多。[1] 对这一类型合作社的研究，是认识中国合作社实践的重要方面。

本书要解决的主要问题是，中国农民专业合作社运行的民间规则是什么。之所以提出这一问题，是因为当前对合作社运行规范的研究大多从国家法的角度进行，得出的结论无非是对《农民专业合作社法》的补充、完善。[2] 这些研究大多停留在"应然"层面，没有认识到合作社运行实际中所遵循的规则。然而，既有针对合作社"实然"的研究大多局限于对合作社不规范运行的社会结构原因和微观影响因

* 李展硕，中国人民大学法理学博士，研究方向：农民合作化经济和法学理论。

① 参见王伦刚：《中国农民专业合作社运行的民间规则研究——基于四川省的法律社会学调查》，法律出版社 2015 年版，第 10—11 页。

② 同上书，第 5—7 页。

素的分析①，并没有揭示合作社运行所遵循的"实然"规则是什么。更重要的是，上述研究均受到一种前见的束缚：没有遵循合作社原则的合作社，是不规范的，甚至是"假"的。然而，合作社不规范的"事实"，首先是学者们主观构建的结果。无论是国际合作社联盟规定的合作社原则，还是《农民专业合作社法》规定的合作社原则，均在很大程度上反应了西方合作社发展经验，用这些原则作为中国合作社运行的规范与否的标准，是值得商榷的。因此，王伦刚先生首先从调研资料中发掘现实中的民间规则，进而对这些规则生成的原因进行解释，并最终提出自己的反思和建议。

# 一　分化的农户：骨干成员和普通成员

农户分化是中国农村经济的重要现实，也是合作社运行的经济背景。诸多学者对此做出了研究，得出了大量有益的结论。② 王伦刚先生从农户分化的背景出发，将合作社成员区分为骨干成员和普通成员。实践中，骨干成员既是合作社的大股东，又是合作社的管理者；同时，他们也是合作社的相对贤能者，掌握着一定的种养殖技术和经验、管理经验或者人际关系。骨干成员通常是农业合作社中的大户，与之相对的普通成员大多是农业合作中的小户。

区分骨干成员和普通成员，是本书的逻辑起点和分析框架。合作社运行的三个民间规则（收益保底合同、威权式管理结构和差序化权义结构）均是在骨干成员和普通成员之间发生和运作的。收益保底合同本质上是骨干成员和普通成员的利益联结和分配机制；威权式管理结构赖以存在的基础在于骨干成员与普通成员之间的领导—追随体制；差序化权义结构意在表达骨干成员和普通成员权利行使和义务履行的差异。

---

① 参见王伦刚：《中国农民专业合作社运行的民间规则研究——基于四川省的法律社会学调查》，法律出版社 2015 年版，第 8—9 页。

② 关于农户分化和成员异质性的研究，可参见仝志辉、温铁军：《资本和部门下乡与小农户经济的组织化道路——兼对专业合作社道路提出质疑》，《开放时代》2009 年第 4 期；黄胜忠、徐旭初：《成员异质性与农民专业合作社的组织结构分析》，《南京农业大学学报（社会科学版）》2008 年第 9 期；孔祥智、蒋忱忱：《成员异质性对合作社治理机制的影响分析——以四川省井研县联合水果合作社为例》，《农村经济》2010 年第 9 期；楼栋、孔祥智：《成员异质性研究回顾和展望》，《华中农业大学学报（社会科学版）》2014 年第 3 期。

## 二　新综合小农观

在区分骨干成员和普通成员的基础上，王伦刚先生用"新综合小农观"的理论假设概括分化农户的不同面向：合作社中的骨干成员（大户）作为"理性经济人"，是利润的追求者；普通成员（小户）主要作为"家庭生计的维持者"，生存是其第一位的伦理；同时，无论是骨干成员还是普通成员，都受到商业资本的剥削，是作为"受剥削者"而存在的。

与"综合小农观"①相比，"新综合小农观"的"新"在于：其一，普通小农主要作为"维持家庭生计者"，但也存在"利润追求者"的特性；其二，小农受到商业资本剥削，而不是受到地主剥削。诚然，当今中国小农面对的是商业资本在流通领域的不平等交易关系，不同于经典马克思理论中生产领域的租佃关系或雇佣关系。②小农受到商业资本盘剥，是"受剥削者"这一小农面向在当今中国的体现。然而，"综合小农观"和"生存小农观"将家庭小农户视为"生存小农"，并未否定小农"追求利润"的面向。恰亚诺夫在研究劳动农场资本的积累和更新时曾指出，劳动农场的全年收入首先用来满足家庭消费需求，在此基础上逐步增加经营支出。③其中，逐步增加的经营支出是小农追求利润的体现。可见，"新综合小农观"本质上是对"综合小农观"的延伸和阐释。

然而，上述概念理解上的微小差异对本书的论点无任何影响。无论是"新综合小农观"还是"综合小农观"，对于分析中国农业经济的现实来说，都是重要的理论假设。既有关于农民专业合作社的研究大多将"理性小农"作为一种不言而喻的假设，王伦刚先生在调研基础上选择适用"新综合小农观"，是对中国农业合

---

① 在农民学的理论传统中，小农有三种面向：其一，形式主义传统将小农作为理性经济人，追求利润的最大化；其二，实体主义传统将小农作为自家生计的维持者，尽可能地满足家庭消费需要、避免风险；其三，马克思主义传统将小农作为受剥削者，其生产剩余通过地租和赋税转移给地主阶级和国家。所谓"综合小农观"，是指综合小农三种理论传统的综合分析。参见［美］黄宗智：《明清以来的乡村社会经济变迁：历史、理论与现实（卷一）》，法律出版社2014年版，第3—8页；王伦刚先生在"综合小农观"的基础上，结合当前发展实际用"新综合小农观"阐释中国农户的合作经济行为，参见王伦刚：《中国农民专业合作社运行的民间规则研究——基于四川省的法律社会学调查》，法律出版社2015年版，第60—66页。

② 参见［美］黄宗智：《明清以来的乡村社会经济变迁：历史、理论与现实》（卷三），法律出版社2014年版，第190—191页。

③ 参见［俄］A. 恰亚诺夫：《农民经济组织》，萧正洪译，中央编译出版社1996年版，第190—200页。

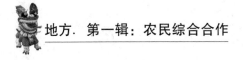

作实践深入思考的结果和体现。

# 三 民间规则体系及其生成、运行逻辑

王伦刚先生认为，农民专业合作社运行中的民间规则体系主要有三：其一，收益保底合同；其二，威权式的治理结构；其三，差序化权义结构。

## （一）收益保底合同

所谓收益保底合同，是骨干成员向普通成员做出的一项承诺，保证普通成员参加合作社之后的种养殖收入不会低于加入之前的收入。承诺可以通过书面的形式作出，也可以采取口头形式。收益保底合同主要表现为三种形式：固定的土地入股收益；保底价收购普通社员的农产品；普通社员的收入达不到一定标准时予以赔偿。

收益保底合同作为骨干成员和普通成员之间的利益联结和分配机制，其产生的直接原因是分化小农的相互需求。作为"生存小农"的小农户只有在获得种养殖收入的保障之后才会自愿加入合作社，成为普通社员；作为"理性小农"的骨干成员在承诺"保底收益"之后，可以通过合作社提高自己的议价能力，或者通过统一产品质量，获得品牌效应，或者获得农资购买的批零差价，或者获得国家补助等，这些都满足了骨干成员利润最大化的需要。此外，商业资本和家庭农户之间不平等的交换关系，迫使大户和小户为了拓展销售渠道和提高议价能力而联合起来，是联合的社员原因。合作社的法律制度为农村大户加入合作社并获得利润预留了制度空间。正是在商业资本的剥削和压迫、法律制度允许的情况下，收益保底合同才会应运而生。

王伦刚先生对于收益保底合同形成原因之解释，体现了其所述的"新综合小农观"。根据这种观点，收益保底合同是分化的农户各取所需的结果。对于大多数普通社员来说，生存和保底收益是第一位的，至于是否分红、赢利，并不在他们考虑的范围之内。因此，王先生认为，以小农受剥削为名指责合作社的功过成败，似乎是矫枉过正的。然而，需要指出的是，收益保底合同兼具包买合同的性质，这体现在骨干成员通过合作社提高议价能力、创造品牌效应等实际上。在这种契约关系中，弱势的小农户大多被排斥于盈余分配关系之外，他们终究未能摆脱"受剥削者"的命运。本质上，所谓的农民专业合作社，或者作为对抗垄断的"防御性机制"①，或者作为降低交易成本的工具②，是服务于（规模化的）农业大户和（资本化的）农业企业的合作社。究竟是满足于当前合作社的现状还是追求合作社的理想，实在是一个两难的问题。

## （二）威权式的治理结构

农民专业合作社的治理结构以骨干成员与普通成员之间的领导—追随体制为基础，骨干成员与普通成员之间通过中层领导相互衔接。王伦刚先生以"威权式治理结构"的概念对此加以概括。进一步地，王先生根据胡安·林兹对"威权体制"的界定指出，"威权式治理结构"应当包括四个方面③：治理权力有限多元；有特定心态但是无理想主义色彩的意识形态；普通成员普遍政治冷漠；领导权行使的可预测性。

威权式治理结构通过圈层式推广决策机制得以运作。在圈层式推广决策机制中，合作社的决策者是理事会中权威最高的个人（通常为理事长）；理事会作为跟随者首先是一个推广机构，其次是决策机构和执行机构；监事会功能也不在于监督理事会，而是从事动员和信息沟通的工作；成员大会不议决重大事项，主要从事学习培训、通报合作社事务、推广理事会决议等。由此，理事长—理事会—监事会—中层干部—普通成员形成了一个从内到外逐层推广的体系。显然，这不同于"理事会中心主义"，位于中心的理事长才是合作社的领导和决策核心。

然而，这种威权式的治理结构也不同于合作社的"精英控制"。在合作社内部，骨干成员（尤其是理事长）虽然享有极高的权威，但其权力来源于个人的权威、声望等影响力。这种影响力就是骨干成员与普通成员"社会交换"的"报酬"。王伦刚先生在书中提到一例：合作社的理事长在理事会讨论相持不下、无法决策的情况下，通过召集理事会扩大会议并私下说服参会人员来通过与 L 公司签

① 参见 Nourse, E. G. , "The Economic Philosophy of Co‑operation", The American Economic Review, Vol. 12, No. 4 (1922): pp. 577 – 597.

② 根据科斯的企业理论，交易成本源于农业价格信息的不对称、不完全契约产生的风险以及政府区别对待的管制措施。参见［美］科斯：《企业的性质》，载科斯《企业、市场与法律》，盛洪、陈郁译，格致出版社 2009 年版，第 34—57 页。

③ 参见王伦刚：《中国农民专业合作社运行的民间规则研究——基于四川省的法律社会学调查》，法律出版社 2015 年版，第 153—155 页。

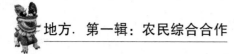

署合同的决议。① 而且，在权力有限多元的结构下，理事长也无法对合作社实现全面控制。也就是说，骨干成员与普通社员之间的关系并非精英与大众之间的对立、控制关系，而是同一利益共同体中的相互依存、帮扶带动关系，是"水"和"舟"的关系。

进一步地，王伦刚先生将这种治理结构产生的原因归结为骨干成员与普通成员之间不平衡的社会交换。骨干成员投入自己的时间、精力、信息等社会资源远远超过普通成员，普通成员只能选择内心的尊敬与服从作为回报。在这个过程中，普通成员感知到交换的价值并产生了继续交换的愿望，交换价值的激励和继续交换的期望决定了普通成员对骨干成员的服从程度。如此，骨干成员与普通成员之间产生权力分化，形成领导—追随的体制和威权式的治理结构。

## （三）差序化权义格局

"差序格局"是费孝通先生用来表示中国乡土社会人际关系的概念。在乡土社会中，每个人以自己为中心的社会关系呈波纹状逐渐扩散出去，形成差序化的格局。② 在差序格局中，公私的界限是相对的，对于每个人来说，向内看是"公"的，反之，则是"私"的。③ 在王伦刚先生看来，在农民专业合作社中，骨干成员与普通成员之间的权利和义务结构也构成了差序格局的结构。以理事长为中心，理事长—理事—监事—中层干部—普通成员由内至外权利（包括管理权、盈余分配权）义务（包括出资义务、亏损负担义务）逐渐变轻。

既有的经济学理论往往从"理性经济人"的假设出发，将合作社普通成员视为"搭便车"者。曼瑟尔·奥尔森在《集体行动的逻辑》中提到了"搭便车"问题，他认为，当集体规模扩大时，集体内部进行直接监督的可能性越小，在这种情况下，每个人出于个人利益的考虑，会尽量降低所付出的成本且试图获得更多利益。④ 对于"搭便车"的"理性经济人"来说，用最小的成本获取最大的利益才

---

① 参见王伦刚：《中国农民专业合作社运行的民间规则研究——基于四川省的法律社会学调查》，法律出版社 2015 年版，第 125—126 页。

② 参见费孝通：《乡土中国》，北京大学出版社 2012 年版，第 39—45 页。

③ 同②，第 47—48 页。

④ 参见［美］曼瑟尔·奥尔森：《集体行动的逻辑》，陈郁等译，上海人民出版社 2014 年版，第 71—95 页。

是他们的目标,这与差序化权义格局中普通成员权利和义务均较弱的实际不相符合。在差序化权义格局中,普通成员关心的是能否获得最低收入的保障,是自己所承受的出资、亏损负担等风险。但是,他们对于合作社盈余多少、是否分配以及管理权大小,却是漠不关心。

普通成员之所以接受这种差序化权义格局,是因为作为"生存小农"的普通成员既是一个消费单位又是一个生产单位,规避风险和生存是他们进行经济选择时的第一伦理。因此,他们更倾向于收益分配中的"保底",以避免在生产、销售过程中的亏损。此外,普通成员持有经济道义观念:他们不会因为骨干成员拿走太多而感到不公平,而会因为自己从合作社中的所得无法满足生存需要而感到不公平。对于他们来说,一个富有凝聚力的合作社,是能够保障他们基本生存收入的合作社;一个有威信的领导,是能够满足他们对生存和安全之期待的领导。

上述对于王伦刚先生成果的介绍、评价、反思和对话,大体上勾勒出这项成果的主要内容,也使王伦刚先生对于农民专业合作社规则研究的贡献得以呈现。然而,本书仍有一些不足之处,有待于更加深入的研究:其一,王伦刚先生将收益保底合同的订立、履行、变更和终止视为合作社成立、运行和终止的过程,这种观点无法解释合作社终止的诸多情形。倘若将成员永久退社解释为违反了收益保底合同的道德要求,那么大量成员退社后复又加入合作社,就无法解释为这些成员履行了收益保底合同或者复又订立新的收益保底合同。而且,合作社的生灭其实并不会因为普通社员的违约而终止,只有当理事长出现违约时,才可能发生合作社的终止。此外,合作社因清理贷款被重组与收益保底合同的履行和终止没有任何关系;合作社的僵而不死现象也无法用收益保底合同的终止来解释。其二,书中虽然列举了《农民专业合作社法》对于章程、管理机制和成员权利义务的规定,但是对于这些法律规定与民间规则之间的相互作用,并无详尽的解释和说明,也无调研资料方面的体现。对这一问题的研究,还需要从一些具体事件的经过中仔细考察。其三,正如上文中所提到的,究竟是满足于合作社的现状还是追求合作社的理想,是一个两难问题。王先生认为,合作社的本质属性无所谓存在与否,既有的关于合作社本质的概括是相对于企业、政府等组织而言的。诚然,不同社会环境中生成的合作社具有不同的本质属性,其发挥的功能各异,但是,倘若没有一个关于合作社本质的认识作为指导,就很难从各色各样的合作社形态中做出选择并加以引导。此外,合作社本质属性,不仅是不同组织形态之间的区分问题,还涉及合作社历史渊源、价值观念的考量和判断。①

## 四　法律对策

　　书中最后部分，王伦刚先生在前述研究的基础之上提出了相应的法律对策。首先，在立法上，王先生认为可以暂缓修改《农民专业合作社法》，原因有三②：其一，理论上，倘若合作社并没有按照现有法律规范运行，那么其运行的具体规则是什么尚未有充分的研究；其二，现有《农民专业合作社法》并未得到很好的执行；其三，现实中，合作社形态、运行尚在变动之中。上述原因导致《农民专业合作社法》的修改很难具有针对性。其次，在行政执法上，王先生在宏观和微观上提出了诸多法律对策。宏观上，一方面要针对纯粹以套取补助为目的的假合作社进行清理，同时查处涉农官员的腐败行为；另一方面要通过联席会议制度来协调管理机构，并通过制定合作社管理的行政规章来规范部门的管理、资助行为。③ 微观上，第一，政府及相关部门对合作社的运行规则予以确认，具体包括对收益保底合同引导提倡，对威权式管理结构认可激励，对差序化的权义结构保持现状、不作强行改变；④ 第二，书中提出了引导普通成员、增进其利益的具体措施，包括教育普通成员摆脱小农意识及其行为习惯，监督财务和决策的公开，建立成员账户，引导差序化权义结构的转型等；⑤ 第三，各地政府及相关部门跟踪收集合作社的微观数据，为立法和政策制定积累资料，微观的数据包括合作社内部管理数据、合作社动态发展数据、政府扶持管理的数据等。⑥

　　王伦刚先生关于法律对策的观点，与其关于合作社运行之民间规则的认识以及合作社本质问题的思考密切相关。他否定"法律即立法"的思维模式，认为国家法律之外还存在大量的非正式制度，这才是国家法律存在的社会基础。既有的学术成果并没有对这些非正式的制度进行充分的研究，也没有认识到合作社运行中真正需要解决的矛盾，因此可以暂缓《农民专业合作社法》的修改，而将诸多问题的

---

① 参见任强：《论合作社的组织基础》，《浙江学刊》2012 年第 5 期，第 188 页。
② 参见王伦刚：《中国农民专业合作社运行的民间规则研究——基于四川省的法律社会学调查》，法律出版社 2015 年版，第 225—227 页。
③ 同上书，第 227—232 页。
④ 同上书，第 233—241 页。
⑤ 同上。
⑥ 同上书，第 242 页。

解决诉诸法律的实施（行政执法）。在此，王先生认为针锋相对的价值判断问题是没有意义的，这与其对合作社本质属性的认识相一致，即合作社的本质无所谓存在与否，如此，试图通过修改法律解决合作社的问题似乎是矫枉过正、没有意义的。然而，这种主张法律之基础在于社会的观点，原本就包含着一种价值判断：龙头企业或大户主导的合作社作为本土生成的合作社模式，或许是与中国的实际最为契合的。书中提出的行政执法建议（如提倡收益保底合同、认可和激励威权式治理结构等）也表达了其思想的倾向。这与合作社本质属性的观点是针锋相对的①，也有别于合作社历史渊源和组织基础的认识②。而且，试图完全超脱价值判断而思考合作社的法律问题，就会在无意识中陷入法律实证主义的观点，后者主张法律独立于价值之外③，现行的实在法才是真正的法律。但是，这正是王伦刚先生意欲反驳的观点。

需要注意的是，王伦刚先生并非完全主张与现实妥协。他认为政府应当适时引领合作社逐渐缩小差序化的权义结构，并提出了诸多有益的建议，包括财务和决策公开、成员账户建立、引导合作社利用公共积累投资等。④ 可见，王先生在法律对策上总体持"支持现实、保持现状 + 温和过渡"的观点，其中，"支持现实、保持现状"是对策的主要方面。

读者明鉴，虽然本书存在些许不足，但无伤根本；本书的争议之处反而更显其价值和贡献之所在。书中提出的问题，即中国农民专业合作社运行的民间规则是什么得以完整地呈现。书中对问题鞭辟入里的分析和解释也令人受益良多。对于农民专业合作社的研究者来说，这是一部极具参考价值和启发意义的著作。

---

① 这种观点大多将经典合作社的原则（资本报酬有限原则、盈余按惠顾额分配原则和社员民主原则）作为合作社的本质属性以及真假的判断标准，参见应瑞瑶：《合作社的异化与异化的合作社——兼论中国农业合作社的定位》，《江海学刊》2002 年第 6 期，第 69—75 页；潘劲：《中国农民专业合作社：数据背后的解读》，《中国农村观察》2011 年第 6 期，第 6—8 页；马彦丽：《论中国农民专业合作社的识别和判定》，《中国农村观察》2013 年第 3 期，第 66—67 页；邓衡山、王文烂：《合作社的本质规定与现实检视——中国到底有没有真正的农民合作社?》，《中国农村经济》2014 年第 7 期，第 16—24 页。

② 这种观点将"劳动雇佣资本"作为合作社的历史渊源和组织基础，参见任强：《论合作社的组织基础》，《浙江学刊》2012 年第 5 期，第 188 页。

③ 参见［英］哈特：《法律的概念》，张文显等译，中国大百科全书出版社 1996 年版，第 153—176 页。

④ 参见王伦刚：《中国农民专业合作社运行的民间规则研究——基于四川省的法律社会学调查》，法律出版社 2015 年版，第 241 页。

# 《地方》稿约与体例

本刊是跨学科的中国社会科学研究集刊。本刊致力于构建研究中国问题、追求一流学术贡献的学术共同体。

为适应本刊发展需要和读者要求，本刊在接受来稿时，对内容和体例有如下要求，敬请作者留意。热诚欢迎国内外学者投稿。

1. 【栏目及内容】本刊刊登学术论文、研究述评和书评，以学术论文为主，不刊登国内外已公开发表的文章（含电子网络版）。所有来稿须为作者原创，行文请符合学术规范。论文须有观点、论证或资料上的创新，研究述评和书评涉及的著作简介不得超过文章总字数的四分之一。论文、研究述评字数以 8000—20000 字为宜，书评字数以 4000—10000 字为宜。

2. 【审稿】本刊暂定一年两辑。稿件来源为自由来稿以及编辑部约稿。自收到作者电子邮件来稿一个月之内，作者将得到初步编辑意见。所有稿件取舍惟以学术为标尺，所有稿件实行匿名评审稿件及三审定稿制。本刊不收取版面费和审稿费用。来稿一经采用，即奉当期集刊两册。

3. 【版权】文章一经发表，版权及著作使用权即归《地方》所有。凡涉及国内外版权及著作使用权问题，均遵照《中华人民共和国著作权法》及有关国际法规执行。本刊刊登的所有文章如需转载或翻译，须经编辑部书面授权。

4. 【数字化】本刊刊登的所有文章均将由编辑部通过微信公众号进行数字推广，若无此意愿请在来稿时注明，否则视为默许。网络版版权及著作使用权归编辑部所有。本刊将本着扩大学者学术影响力、营造学术共同体的精神进行传播。

5. 【稿件信息】稿件第一页应包括以下信息：（1）文章中文标题；（2）作者姓名、单位、电话、通讯地址、电子邮箱等。稿件第二页应包括以下信息：（1）文章中英文标题；（2）中文摘要（不超过 300 字）；（3）3—5 个中文关键词；（4）英文摘要（不超过 200 个单词）；（5）3—5 个英文关键词。

6.【字体】正文部分采用宋体五号字，2 倍行间距；注释采用宋体小五号字，1.5 倍行间距；英文全部采用 Times New Roman 字体。

7.【标题】正文内各级标题按"一、""（一）""1."的层次设置，不鼓励使用更小级别的标题。一级标题居中（四号黑体），二级标题左对齐（小四黑体），三级标题左缩进两格（小四宋体）。

8.【图表】各类图、表等，均分别以阿拉伯数字连续编号，后加冒号并注明图、表名称；图编号及名称置于图下端，表编号及名称置于表上端。对于图表的说明性文字，请置于脚注，以"说明："开头。图必须在一页内显示，表可以分页，但必须在下一页表格前加"续表"二字。

9.【注释】投寄本刊的文章凡采用他人成果或对文章内容有所解释务必加注说明。注释为非直接引用原文的，须注明"参见"，并尽量标明引用的起止页码或章节；非引用原始文献的，须注明"转引自"。应尽量避免使用转引。

注释全部采用脚注，文末原则上不出现参考文献。注释每页单独排序，序号用"①、②、③……"表示。正文中的注释序号采用右上角标。被注释内容为词、词组的，注释序号紧邻被引词或词组；被注释内容为句子或段落的，注释序号位于句子或段落的标点符号之后。

同页同一文献被反复引用或参见时，用"同上书""同上"的形式。

10.【中文注释示例】专著、译著、论文、学位论文、报纸文章、析出文献、古籍、网络文献等的注释形式，分别示例如下。

注释文献的作者、译者为多人的，各作者、译者之间以逗号分隔。同一注释中存在多个文献的，多个文献之间以分号分隔。

黄宗智：《华北的小农经济与社会变迁》，中华书局 2016 年版，第 10—12 页。

张晓山：《农民专业合作社的发展趋势探析》，《管理世界》2009 年第 5 期。

[美]亨利·汉斯曼：《企业所有权论》，于静译，中国政法大学出版社 2001 年版，第 5 页。

刘颖娴：《农民专业合作社纵向一体化研究——影响因素、组织绩效与发展模式》，博士学位论文，浙江大学管理学院，2002 年，第 12 页。

陈锡文：《农村土地制度改革，三条底线不能突破》，《人民日报》2013 年 12 月 5 日第 2 版。

仝志辉：《合作社治理与联合社功能》，http：//blog. sina. com. cn/s/blog_cf7b4f970102vz11. html，2016 年 8 月 14 日访问。

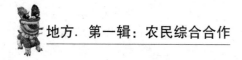

11.【英文注释示例】英文专著、编著、期刊论文、文集论文分别示例如下。其他语种注释文献请参照英文。

Theodore W. Schultz, *Transforming Traditional Agriculture* (University of Chicago Press, 1983), pp. 10 – 15.

K. E. Brodsgaard & D. Strand (eds.), *Reconstructing Twentieth – century China*: *State Control*, *Civil Society*, *and National Identity* (Claredon Press, 1998), p. 67.

Terry van Dijk, "Scenarios of Central European land fragmentation", Land Use Policy 20 (2003): pp. 149 – 158.

David Barton, "What is a Cooperative", in David W. Cobia (ed.), *Cooperatives in Agriculture* (Prentice – Hall, Inc., 1989), p. 20.

12.【投稿邮箱】稿件请直接投寄编辑部邮箱 localchina@ localchina. net，邮件主题请注明作者姓名和文章标题。请勿一稿多投。